Ingeborg Saval

Starke Kinder

Strategien für selbstbewusste und
ausgeglichene Kinder

TRIAS

9

Auftanken

Spielen, träumen, glücklich sein – das wünschen wir Eltern uns für unsere Kinder. Aber auch Kinder stehen unter Leistungsdruck, haben Ängste und Probleme. Wie können wir sie unterstützen und ihnen die Möglichkeit geben, neue Kraft zu tanken?

35

Angstmonster

Solche Gestalten kennt jedes Kind. Sie lauern hinter dem Schrank, verursachen Bauchweh oder schüchtern ein. Wie können wir unseren Kindern helfen, mit ihren Gefühlen und Ängsten konstruktiv umzugehen, sodass ihr Selbstvertrauen wächst?

Ich geh in die Schule

Der Schuleintritt verändert ein ganzes Kinderleben. Plötzlich darf man nicht mehr nur spielen, sondern muss sich konzentrieren und mit ersten Misserfolgen fertig werden. Wie können wir unseren Kindern helfen, mit diesen neuen Herausforderungen umzugehen?

Warum?

Trauer und Schmerz kommen in jedem Kinderleben vor, auch wenn wir versuchen, unsere Kinder davor zu bewahren. Wie können wir unsere Kinder in solchen Situationen begleiten und den emotionalen Stress ausgleichen?

Kinder und Gewalt

Alle Kinder werden irgendwann einmal wütend oder aggressiv. Das ist ganz normal und kein Grund zur Sorge. Manche Kinder müssen allerdings erst lernen, solche starken Gefühle in geordnete Bahnen zu leiten. Wie können wir sie dabei unterstützen?

Familienleben

Eifersucht, Neid und Streit unter Geschwistern – das kennen alle Eltern. Kinder brauchen in solchen Situationen Sicherheit und Halt, Einfühlungsvermögen und liebevolle Konsequenz. Wie können wir ihnen das vermitteln?

Liebe Leserin, lieber Leser.

Wir Eltern wünschen uns selbstbewusste, starke Kinder und bemühen uns tagtäglich, unseren Kindern beizustehen und sie fit fürs Leben zu machen. Vieles gelingt uns, aber manchmal kommen wir einfach nicht weiter: wenn Alpträume der Kinder die Nachtruhe der ganzen Familie stören, wenn Geschwister ständig streiten, wenn unsere Kinder in der Schule oder im Kindergarten von anderen dauernd geärgert werden, wenn die Hausaufgaben auch nach Stunden noch nicht fertig sind, wenn ein Umzug ansteht, wenn ein Haustier oder ein geliebter Mensch gestorben ist – sicher können Sie die Liste noch erweitern. Dann fühlen wir uns manchmal hilflos, wissen nicht, wie wir reagieren sollen, werden ungeduldig oder versuchen, die Augen vor dem Problem zu verschließen.

Dabei müssen wir uns mit solchen Situationen nicht abfinden, sondern wir können unsere Kinder unterstützen, sodass sie gestärkt und gefestigt aus diesen schwierigen Phasen hervorgehen. Haben Sie schon mal daran gedacht, ein Monster mit einem Bonbon in einen Schuhkarton zu locken und dort einzusperren? Wussten Sie, dass man Mut trinken kann? Und kennen Sie die Versteh-Fee, die gegen den Neid-Kobold kämpft? An einen großen starken Baum können unsere Kinder all ihre Sorgen hängen – und in jedem Kinderbauch wohnt ein kleines Lächeln, das viele dunkle Wolken am Kinderhimmel vertreiben kann. Sie brauchen es nur hervorzulocken.

Solche und ähnliche Persönlichkeiten und Tipps finden Sie in meinen Kraftsets, die ich Ihnen in diesem Buch vorstellen möchte. Ihr Kind wird die Kraftsets mögen. Jedes Set beginnt mit einem »Wohlfühltipp«, zum Beispiel eine Atemübung, eine Massage oder bestimmte Bewegungen. Dann folgt ein Zaubertext: Ihr Kind macht mit Ihnen eine Gedankenreise und hört eine Geschichte, die die jeweilige Situation aufnimmt und kindgerechte Lösungen anbietet. Zum Schluss kommt das »Stärkerezept«: ein Akupressurpunkt mit Zaubersatz, den sich Ihr Kind sogar selbst überlegen kann – dann ist er übrigens besonders wirksam. Und das Beste: Das Stärkerezept lässt sich immer und überall leicht einsetzen, wenn das Problem wieder auftaucht. Schnell den Akupressurpunkt klopfen und den Zaubersatz leise sagen oder denken – schon werden positive Kräfte freigesetzt und Ihr Kind wird die Situation viel besser meistern. Probieren Sie es einfach aus!

Viel Freude und Erfolg dabei wünscht Ihnen

Ingeborg Saval

Jedes Kind braucht Kraft-Tankstellen

Unbeschwert spielen, toben, glücklich sein – das wünschen wir uns für unsere Kinder. Aber auch Kinder haben Probleme, Ängste und stehen unter Leistungsdruck. Nicht vor allem können wir sie bewahren. Aber es gibt Wege, mit unseren Kindern gemeinsam Strategien und Alltagsoasen zu finden, in denen sie Kraft und Stärke tanken können!

10 Bausteine für starke Kinder und ihre Familien

Was hilft Kindern, stark zu werden, ihr Leben zu meistern? Diese Frage beschäftigt wohl alle Eltern. Leider gibt es keine Patentrezepte, denn jede Situation ist anders und erfordert laufend individuelle Entscheidungen. Auf den folgenden Seiten finden Sie zehn grundlegende Bausteine für eine gesunde Entwicklung und ein harmonisches Familienleben.

Alle Kinder sind verschieden und genauso unterschiedlich sind auch ihre individuellen Bedürfnisse. Manches aber ist bei allen Kinder gleich: Sie wünschen sich Verständnis, Halt und Geborgenheit. Unsere Aufgabe als Eltern ist es, ihnen diese Sicherheiten nicht nur in Krisen, sondern auch im Alltag so zu vermitteln, dass sie ein Leben lang darauf zurückgreifen können. Was lässt Kinder glücklich werden und zu einer optimistischen Lebenseinstellung kommen? Und was können wir in der Erziehung dazu beitragen?

Entwicklungsforscher beschäftigen sich seit vielen Jahren mit der Beobachtung von Menschen, die sich nach Krisen und Problemen in der Kindheit fröhlich, leicht und zuversichtlich durch das Leben bewegen.

Vor allem die so genannte Resilienzforschung hat sich intensiv mit der Frage beschäftigt, welche Faktoren sich stärkend auf Kinder auswirken. Resiliente Menschen können aus Krisen lernen und sie für ihre Entwicklung nutzen.

Resilienz – Das Immunsystem der Seele

Immer wieder schaffen es Kinder, Krisen zu meistern und gesund zu bleiben, obwohl ihre Lebensbedingungen nicht gerade einfach sind. Resilienz heißt der Fachbegriff dafür, zu übersetzen in etwa mit »seelischer Stärke« oder »innerer Widerstandskraft«. Was haben diese Kinder, was andere in vergleichbaren Situationen nicht haben? Was macht ihre Stärke aus? Was lässt sie immer wieder neu anfangen und nicht aufgeben? Welche inneren Einstellungen helfen ihnen dabei?

Während man früher annahm, dass die Fähigkeit zur Resilienz angeboren ist, belegt die Wissenschaft heute, dass sie zum gro-

ßen Teil in der Kindheit gelernt und trainiert werden kann. Die Forschung geht davon aus, dass jedes Kind gewisse Resilienzfaktoren mitbringt und dass diese bewusst und durch Hilfestellungen der Erwachsenen ausgebaut und erweitert werden können. Dieses Wissen stimmt zuversichtlich und macht Mut.

Von außen gestärkt und innerlich sicher, nehmen resiliente Menschen Probleme und Schicksalsschläge ernst, aber sie verzweifeln nicht daran. Sie akzeptieren, dass das Leben ein Auf und Ab ist und man nicht von allen gemocht und immer erfolgreich sein kann. Sie sind fähig, sich neu zu motivieren. Ein kritischer, aber liebevoller Blick auf sich selbst ermöglicht es ihnen, aus eigenen Fehlern zu lernen und sich realistisch einzuschätzen.

Darüber hinaus gibt es zahlreiche Forschungsergebnisse, die darauf hinweisen, dass resiliente Kinder über kreative Fähigkeiten und positive Fantasie verfügen, die ebenfalls spielerisch gefördert werden können. Das hilft ihnen, in Krisen neue und ungewöhnliche Lösungswege zu versuchen und auch in kritischen Situationen wieder lebens- und überlebensfähig zu werden, denn sie reagieren auch unter Druck flexibel.

Was tut Kindern gut und stärkt sie?

1. Halt und Sicherheit
2. Liebe, Respekt und Vertrauen
3. Klarheit und Kommunikation
4. Regeln und Werte
5. Wertschätzung und konstruktive Kritik
6. Optimismus und Humor
7. Das Kind Kind sein lassen
8. Positive Vorbilder
9. Bewältigbare Aufgaben
10. Eltern, die selbst gerne lernen

Wenn Sie die nächsten Seiten überspringen möchten, weil Sie der praktische Teil mehr interessiert, lesen Sie trotzdem bitte diese Worte von Gerald Hüther. Sie fassen das Allerwichtigste in einem Satz zusammen:

Kinder brauchen Gemeinschaften, in denen sie sich geborgen fühlen, Aufgaben, an denen sie wachsen, und Vorbilder, an denen sie sich orientieren können.

1. Baustein: Halt und Sicherheit

Ein wichtiger Faktor für die innere Stärke unserer Kinder ist das Vertrauen darauf, unterstützt zu werden. Ein Kind braucht zumindest einen Erwachsenen, dem es bedingungslos vertraut und von dem es sich mit all seinen Stärken, Schwächen und Eigenarten angenommen und beschützt fühlt.

Die innere Stärke von Kindern hat weniger mit bestimmten Persönlichkeitsmerkmalen als mit einer ausgewogenen Mischung von herausfordernden und Halt gebenden Faktoren im Leben zu tun. Lassen Sie Ihr Kind Sicherheit und Verlässlichkeit spüren, auch wenn Sie als Reibebaum herhalten, Konflikte aushalten und problematische Situationen auffangen müssen. Das gehört dazu. Das übergeordnete Motto dabei heißt: Hilfe zur Selbsthilfe. Denn nur das Erleben der eigenen Wirksamkeit macht Kinder mental fit und lässt echtes Selbstbewusstsein wachsen.

Die Kraftsets und Wohlfühltipps in diesem Buch sind eine Möglichkeit, Kinder und Erwachsene gemeinsam in ihrer Kompetenz zu stärken. Denn Resilienz lässt sich während des ganzen Lebens verbessern.

Sätze, die Ihrem Kind Halt und Sicherheit geben

- »Es ist so schön, dass es dich gibt und du zu mir gehörst.« – Auch wenn Ihr Kind gerade etwas angestellt hat oder Sie sich geärgert haben, das Gefühl der Sicherheit darf nicht darunter leiden.
- »Ich helfe dir gerne!« – Helfen ja, aber erst dann, wenn das Kind selbst versucht hat, zum Erfolg zu kommen. Unaufgeforderte, vorauseilende Hilfe verführt zur Unselbstständigkeit und Unsicherheit.

- »Das interessiert mich!« – Hören Sie zu, wenn Ihr Kind etwas erzählt, fragen Sie nach und bewerten Sie nicht sofort. Sonst wird es immer weniger reden und die Kommunikation wird erlahmen. Wenn Ihr Kind Ihnen etwas anvertraut, erzählen Sie es nicht gedankenlos weiter! Und schon gar nicht neben den Ohren Ihres Kindes.
- »Ich versuche, dich zu verstehen!« – Egal was vorgefallen ist, zeigen Sie Verständnis für Ihr Kind und seine Sichtweisen. Das heißt aber nicht, dass Sie alles gutheißen müssen. Verstehen heißt nicht automatisch alles akzeptieren.
- »Das freut mich sehr!« – Zeigen Sie Ihre Freude, wenn Ihrem Kind etwas gut gelungen ist oder es großen Einsatz zeigt. Das macht Ihr Kind stark.

2. Baustein:
Liebe, Respekt und Vertrauen

Akzeptieren Sie Ihr Kind liebevoll, so wie es ist, ohne Wenn und Aber.

Wenn Kinder spüren, dass sie prinzipiell respektiert und geliebt werden, wollen sie mit den Eltern kooperieren und vertrauen ihnen bedingungslos. Deshalb dürfen wir auch nie und nimmer, egal was passiert, mit Liebesentzug drohen. »Ich habe dich nicht mehr lieb, wenn du jetzt nicht sofort folgst«, ist eine der wenigen Todsünden in der Erziehung und in Beziehungen. Ein Kind will sicher sein, dass es auch mit Fehlern, Schwächen und Pleiten gemocht wird.

Bedenken Sie: Erst dadurch wird es einzigartig auf diesem Planeten.

Emotionale Intelligenz und Respekt
Auch die sogenannte emotionale Intelligenz ist ein wesentlicher Glücksfaktor. Und der kann sich nur gut entwickeln, wenn Kinder die Erfahrung von Respekt und liebevollem Vertrauen machen können. Das befähigt sie, intelligent mit ihren eignen Gefühlen umzugehen und zu erkennen, wie es anderen geht. Forschungen belegen, dass emotionale Intelligenz ein wesentlicher Erfolgsfaktor ist: Wer sich gut in andere einfühlen kann, hat prinzipiell die Nase vorn.

Respektieren Sie alle Gefühle Ihres Kindes, egal ob Sie sie verstehen können oder nicht. Das heißt aber nicht, dass wir in der Erziehung immer darauf Rücksicht nehmen sollen. Denn ein klares Nein ist manchmal wichtig, auch wenn das Kind darauf mit Ärger oder Traurigkeit reagiert. Wenn es weiß, dass seine Empfindungen nicht in Frage gestellt werden, kann es Enttäuschungen leichter verkraften und selbst Nein-Sagen lernen. Dies gilt zum Beispiel auch für »kleine Zärtlichkeiten«: Ein Kind soll nie Küsschen geben oder auf dem

Schoß sitzen müssen, wenn es das nicht von sich aus möchte.

Selbständigkeit ermöglichen und Interesse zeigen

Lassen Sie Ihr Kind so oft wie möglich selbst entscheiden und respektieren Sie diese Entscheidungen dann auch. Ein Kind darf zum Beispiel mitreden, wohin der nächste Sonntagsausflug gehen soll. Es braucht aber auch schützende Richtlinien: »Dieses Becken ist für dich tabu, bis du schwimmen kannst!« oder »Heute gehen wir nicht in den Zoo, weil du erkältet bist.«

Zeigen Sie Interesse an allem, was Ihrem Kind wichtig ist und wofür es sich begeistert. So fördern Sie seine Talente. Aber es ist auch wichtig, dass es sich nicht immer im Mittelpunkt des elterlichen Lebens sieht. Denn wenn ein Kind meint, dass das Wohlbefinden seiner Mutter oder seines Vaters nur von ihm abhängt, kann das zu einer übergroßen Belastung werden. Kindern geht es gut, wenn die Erwachsenen ein eigenes erfülltes Leben führen, von dem die Kinder ein wichtiger, aber nicht der einzige Teil sind. Deshalb überprüfen Sie regelmäßig Ihre eigenen Erwartungen an Ihre Kinder.

Geduld statt Vorverurteilung

Respekt haben heißt auch Geduld zeigen und die Kinder so annehmen, wie sie sind, und nicht, wie wir sie gerne haben möchten. Ein Kind ist kein Automat, der das auswirft, was wir hineingesteckt haben, sondern ein einzigartiges Wesen mit eigenen Gefühlen, Gedanken und Erlebnissen. Gute Noten und Wohlverhalten sind nur ein Teil seines Lebens. Es ist völlig normal, dass ihm nicht alles glückt und dass es manchmal nervendes Verhalten zeigt.

Kleben Sie Ihrem Kind kein Etikett auf. Wenn Sie zum Beispiel sagen: »Du bist immer ein Faulpelz, du machst niemals deine Hausaufgaben!«, wird sich dieses Verhalten sogar verfestigen. Richten Sie Ihre Aufmerksamkeit mehr auf das, was Ihr Kind gut kann, wozu es sich hingezogen fühlt. Ist es vielleicht hilfsbereit oder auffallend tierlieb? Kann es gut zuhören, zeigt es Mitgefühl oder liebt es, in der Nacht die Sterne zu beobachten? Bastelt es gerne mit Papa in der Werkstatt oder hat es immer wieder außergewöhnliche Einfälle und fantasievolle Tagträume? Die Stärken Ihres Kindes zeigen sich vor allem in seinen Interessen und sind die wirksamsten Helfer, um aus den Schwächen herauszuwachsen.

Tipp

Überprüfen Sie regelmäßig Ihre Wortwahl. Worte wie »immer«, »niemals« und »schon wieder« machen klein und schwach. Beobachten Sie, wie oft Sie für Ihr Kind oder für sich selbst diese Worte sagen oder denken. Und dann lassen Sie sie weg. Sie werden sehen – das ist gar nicht so einfach!

3. Baustein: Klarheit und Kommunikation

Eine klare Kommunikation ist Grundvoraussetzung für den Zusammenhalt in der Familie und gegenseitiges Verständnis. Im Gespräch mit Kindern sind klare Aussagen notwendig. Zu komplexe Fragen, zu vielfältige Wahlmöglichkeiten wie »Möchtest du Mikado spielen, dich ausruhen oder lieber vorher den ersten Teil der Mathe-Hausaufgaben erledigen?« verwirren Kinder. Das hat zur Folge, dass sie sich nicht entscheiden können, ihre Meinung ständig ändern und den Eltern mit ihren Launen das Leben schwer machen.

Vage Aussagen wie »Sei in der Schule brav!« oder »Benimm dich rücksichtsvoller!« sind zu abstrakt. Besser sind konkrete Hinweise:

»Melde dich im Unterricht, wenn du willst, dass dir zugehört wird« oder »Lass deinem Sitznachbarn genug Platz zum Schreiben.«

Zu sagen, was man nicht möchte, führt selten ans Ziel. »Die Musik ist zu laut!« ist weniger deutlich als »Ich bin lärmempfindlich. Bitte stell das Gerät leiser.«. Kinder brauchen Konkretes. Auf begründete, eindeutige Hinweise reagieren sie meist kooperativ. Unklare Formulierungen hingegen führen leicht dazu, dass sie nur das hören, was sie hören möchten und was ihnen gerade passt. Wenn wir einem Kind etwas mitteilen, ist es sinnvoll, es auf eine Art zu tun, die dem kindlichen Denken entgegenkommt. Auch Körpersprache, Mimik und Gestik sollten mit den Worten übereinstimmen. Wenn wir über eine ernste Angelegenheit reden, sollten wir auch eine ernsthafte Haltung und Mimik haben. Sonst widersprechen wir uns indirekt selbst und das Gespräch wird nicht den beabsichtigten Zweck erfüllen, weil das Kind uns nicht versteht oder nicht ernst nehmen kann.

Ein offenes Ohr im richtigen Moment

Wer sich wohlfühlt, kann auch besser reden. In einer entspannten Atmosphäre ist Bewegung, Kuscheln und Lachen ausdrücklich erlaubt. In einer Wohlfühlatmosphäre kommt man viel leichter ins Gespräch. Kinder wollen nicht mit Fragen bedrängt werden, dann reagieren sie meist mit Schweigen. Sie kommen von alleine, wenn wir ihnen Zeit, Raum und Aufmerksamkeit zur Verfügung stellen, sozusagen ein offenes Ohr im richtigen Moment.

Denn gelungene Kommunikation hat mehr mit Zuhören zu tun als mit Reden. Von Kindern wird erwartet, dass sie uns grundsätzlich zuhören, doch wir selbst rufen schnell mal etwas im Vorbeigehen ins Kinderzimmer oder schreiben eine E-Mail fertig, während unser Schulanfänger von der Turnstunde berichtet. Wir müssen unseren Kindern nicht permanent die volle Aufmerksamkeit schenken, sondern nur ab und zu. Als Mutter oder Vater spüren Sie sicher sehr gut, wann Sie nebenbei kochen können und wann es wirklich wichtig ist, sich dem Kind ganz zu widmen. Aber dann seien Sie bitte ganz da, hören Sie zu und lassen Sie Ihr Kind ausreden. Das hilft nicht nur beim Verstehen, sondern auch dabei, das Selbstwertgefühl Ihres Kindes zu stärken. Denn die Erfahrung »Ich werde gehört« schafft Vertrauen in sich selbst. Bewerten Sie nicht sofort und versetzen Sie sich in die Lage des Kindes. Auch wenn Sie zwischendurch immer wieder zusammenfassen, was Sie verstanden haben, erleichtert das das Verstehen. »Deine Freundin Susi wollte neben Eva sitzen. Deshalb hattet ihr Streit und du warst traurig. Dann habt ihr euch wieder versöhnt. Habe ich das richtig verstanden?« Es ist besonders wichtig, auf die Gefühle einzugehen. Auch wenn Ihnen manche Probleme Ihres Kindes unbedeutend vorkommen und Sie die heftigen Emotionen nicht verstehen: Ihrem Kind ist es in diesem Augenblick sehr ernst. Unterbrechen Sie es nicht, wenn es darüber berichtet, fragen Sie nach. Bieten Sie aber keine vorschnellen Lösungen an und halten Sie sich mit Ratschlägen zurück. Fragen Sie lieber: »Was hast du dir denn schon überlegt?«, »Brauchst du meine Hilfe?« oder

---

PRAXIS

»Vertrauensohr«

Suchen Sie sich gemeinsam ein »Vertrauensohr« aus. Wann immer Ihr Kind diesem Ohr etwas zuflüstert, kann es sicher sein, dass Sie es als Geheimnis behandeln. Sie hören dann einfach nur zu und bedanken sich am Ende. So können Kinder lernen, auch ganz peinliche oder beängstige Gedanken auszusprechen, ohne dass der Erwachsene sofort sein Wissen oder seine Sorge dazugibt.

»Schön, dass du mir das erzählt hast.« So lernen Kinder, dass man in der Familie über alles reden kann.

4. Baustein: Regeln und Werte

Erziehen ist eine herausfordernde Aufgabe, die nicht immer einfach ist, die Eltern aber auch mit vielen wundervollen Momenten belohnt. Kleine Probleme und so mancher Alltagsärger lassen sich mit Gelassenheit und klaren Regeln viel leichter bewältigen.

Auch wenn Kinder manchmal rebellieren, so wollen sie doch Erwachsene, zu denen sie aufsehen können. Wenn die Eltern Sicherheit ausstrahlen, sind sie wie eine Festung, die das Kind schützt und in Ruhe wachsen lässt. Eine demokratische Erziehung und viele gemeinsame Entscheidungen sind wichtig und richtig, dennoch dürfen Eltern die Rolle des Führens nicht abgeben und müssen Regeln aufstellen. Das sind Verhaltensvereinbarungen, die das Funktionieren einer Gemeinschaft erleichtern. So wie die Verkehrsregeln unser Autofahren erleichtern und wir nicht auf die Idee kämen, unser Fahrzeug in einem fremden Garten zu parken, so erleichtert es auch das Kinderleben, wenn wir deutlich machen, was erlaubt ist und was nicht. Ihr Kind möchte wissen, was es darf und was nicht und welche Folgen es hat, wenn wichtige Regeln nicht eingehalten werden. Auch sehr tolerante Eltern müssen Grenzen setzen, wenn zum Beispiel der Nachwuchs trotz höflicher Bitten die Füße nicht vom Esstisch nimmt oder den Fernseher auf maximale Lautstärke dreht, während das Baby schlafen will. Regeln müssen klar und verständlich sein, zum Beispiel: »Wir schreien uns nicht an« oder »Wenn du etwas ausräumst, legst du es auch wieder zurück.« Klare Absprachen helfen, sich in der Welt zurechtzufinden und mit anderen Menschen gut auszukommen.

Legen Sie zum Beispiel Essenszeiten fest, regeln Sie den Medienkonsum und sprechen Sie über den gegenseitigen Umgang miteinander. Werden diese Abmachungen nicht eingehalten, weiß Ihr Kind genau, warum Sie jetzt unzufrieden sind. Kennen sich die Kinder zu Hause gut aus, dann macht es ihnen auch keine Probleme, sich auf die Schulregeln einzustellen oder zu akzeptieren, dass jede Gemeinschaft ein wenig anders funktioniert.

Grenzen sind flexibel
Natürlich verschieben und ändern sich Grenzen. Bildlich gesprochen werden neue Schilder aufgestellt, alte entfernt. Vieles wird mit zunehmendem Alter der Kinder neu verhandelt, denn Kinder sind Grenzgänger. Sie wollen erfahren und austesten, was sie tun können, damit sich Grenzen verschieben oder gar auflösen.

PRAXIS

Denken Sie über Ihre persönlichen Werte nach

Nehmen Sie sich ein paar Minuten Ruhe und Zeit und schreiben Sie alle Eigenschaften auf, die Ihnen wichtig sind und die Ihnen spontan einfallen, zum Beispiel: fair, freundlich, ehrlich, hilfsbereit, ordentlich, selbstsicher, kreativ, fröhlich, fleißig, durchsetzungsfähig ... Dann suchen Sie die drei für Sie wichtigsten Eigenschaftswörter heraus und überlegen, wann und wie Sie mit Ihrem Kind darüber reden können. Dann kann Ihr Kind besser nachvollziehen, warum Ihnen gewisse Verhaltensweisen besonders wichtig sind. Übrigens sind besonders Grundschulkinder sehr empfänglich für tiefere Gespräche. Sie möchten größere Zusammenhänge verstehen und von den Erwachsenen ernst genommen werden.

Regeln, die Eltern aufstellen, richten sich vor allem nach dem, was ihnen wichtig ist, also nach ihren persönlichen Werten. Damit sind nicht materielle Güter oder ein volles Bankkonto gemeint, sondern vielmehr die Überzeugungen, die Erwachsene selbst vom Leben und von Richtig und Falsch haben.

Was sind Ihre wichtigsten Wertevorstellungen, die Sie in der Erziehung weitergeben möchten? Ist es zum Beispiel Bildung? Oder Höflichkeit? Soll Ihr Kind besonders durchsetzungsfähig werden? Wie wichtig sind Ihnen Genauigkeit und Pünktlichkeit?

5. Baustein: Wertschätzung und konstruktive Kritik

Um das Selbstwertgefühl eines Kindes zu heben und erwünschtes Verhalten zu verstärken, ist es wichtig, seine Fortschritte und Anstrengungen zu sehen und es ehrlich zu loben. Kinder, die zu wenig Wertschätzung erhalten, sind sich nie sicher, ob das, was sie denken und wie sie handeln, auch richtig ist. Loben Sie Ihr Kind für seine Ideen, Bemühungen und alles, worüber Sie sich freuen.

Loben ist wichtig, aber loben Sie richtig. Es kommt dabei nicht so sehr auf das Ergebnis, sondern auf die Anstrengung des Kindes an. Loben Sie den Eifer, mit dem Ihr Kind bei der Sache war, auch wenn das Ergebnis nicht so toll ausfällt. Gehen Sie ins Detail: »Die lustige weiße Wolke mag ich auf deinem Bild. Was gefällt dir denn am besten?« Schätzen Sie die gute Absicht hinter einer Tat, auch wenn etwas danebengeht: »Danke, dass du mir helfen wolltest. Nicht so schlimm, dass der Teller kaputtgegangen ist. Bitte frage mich das nächste Mal vorher.« Besonders wenn Kinder unsicher sind oder Misserfolge verkraften müssen, brauchen Sie Lob für kleine Schritte und Ihr felsenfestes Vertrauen

in ihre individuellen Fähigkeiten. Sie müssen es aber auch ehrlich meinen und nicht nur einfach so dahinsagen. Denn noch bevor das Kind die Worte hört, sieht es Ihre erfreute Mimik, spürt Ihr Lächeln oder registriert Ihren Tonfall. Das löst beim Kind Freude aus und motiviert es, sich weiterhin anzustrengen. Aber gerade in diesem Punkt liegt auch eine mögliche Gefahr.

Achtung Lobfalle!

Zu viel Lob könnte dazu führen, dass ein Kind sich nur anstrengt, um gelobt zu werden. Beobachtungen zeigen, dass unsichere Kinder zu wenig, zu viel oder zu undifferenziert gelobt werden und keine Form von Kritik kennen. Machen Sie Ihr Kind also nicht von Ihrer Anerkennung abhängig. Reagieren Sie nicht enttäuscht, wenn einmal etwas danebengeht, und richten Sie das Wort auch an das Kind: »Bist du selbst zufrieden mit deiner Note? Das ist wichtiger!« Dadurch lernen Kinder, Selbstkritik und eigene Ziele zu verfolgen. Denn schließlich soll Ihr Kind mit sich selbst zufrieden sein und sich selbst motivieren lernen. So gestärkt halten Kinder auch angemessene Kritik gut aus und lernen aus ihren Fehlern, was sie besser machen können. Denn faire Kritik ist erlaubt und wichtig.

PRAXIS

Schätze sammeln

Lassen Sie Ihr Kind seine Erfolge bewusst erleben und einen Schatz sammeln. Das Kind erhält ein leeres Wasser- oder Marmeladenglas. Für alles, was es gut gemacht hat oder worüber es sich selbst freut, legt es einen Stein oder eine bunte Murmel hinein. So kann es seine Erfolge jederzeit sehen und der Schatz wird immer größer. Wenn das Glas voll ist, wird darüber geplaudert und gemeinsam gefeiert.

Kritisieren Sie aber nur das Verhalten Ihres Kindes und nicht Ihr Kind selbst. Sagen Sie zum Beispiel nicht: »Du bist ein schlampiges Kind«, sondern besser: »Schade, dass deine Hefte so schmutzig sind. Bitte achte besser auf deine Sachen.«

Manche Eltern wollen es ganz besonders gut machen und loben prinzipiell alles, was von ihrem Kind kommt. Aber Lob nach dem Gießkannenprinzip verunsichert das Kind. Es wird sich irgendwann fragen: »Hat Mama nicht kapiert, dass ich mich gar nicht angestrengt habe? Oder traut sie mir nicht mehr zu?« Überzogenes Hochloben kann auch zu unechtem, überhöhtem Selbstwertgefühl führen. Solche Kinder überschätzen sich, obwohl sie nicht wirklich selbstsicher sind. Sie haben es im Kindergarten oder in einer Schulklasse oft schwer, denn die Einstellung »Ich bin der Größte und immer super« macht nicht gerade beliebt. Sie wirken eingebildet, haben aber innerlich eine ganz geringe Frustrationstoleranz. Deshalb reagieren sie schnell beleidigt, wenn sie erkennen, dass sie nicht von jedem so euphorisch gesehen werden. Sie wehren sich heftig gegen Kritik oder Tadel und versuchen dann mit allen Mitteln, Aufmerksamkeit zu erhalten. Auch Auffälligkeiten und Aggressionen können unerwünschte Folgen sein.

Dennoch dürfen diese kritischen Einwände nicht darüber hinwegtäuschen, dass Kinder in unserer Gesellschaft prinzipiell eher zu wenig als zu viel gelobt werden.

6. Baustein: Optimismus und Humor

Es ist eine Erkenntnis der Glücksforschung, dass zufriedene, erfolgreiche Menschen vor allem das Schöne in ihrem Leben bewusst wahrnehmen und dafür dankbar sein können. Mit Hilfe dieser inneren Haltung lassen sich die Herausforderungen des Lebens mit Gelassenheit und Optimismus angehen. Leider leben wir oft so, dass wir das Angenehme als selbstverständlich hinnehmen. Schlechte oder unangenehme Seiten hingegen fallen uns sofort auf, regen uns auf oder machen uns mutlos.

Bestärken Sie Ihr Kind in einer grundsätzlich positiven Lebenseinstellung und sehen Sie Krisen als Chance, um daraus zu lernen und daran zu wachsen. Kleine und größere Krisen gehören zum Leben und zum Erwachsenwerden dazu. Mit Optimismus und Humor lassen sie sich leichter und besser bewältigen. Und es ist erwiesen, dass Humor genauso wie die Sprache oder das Sozialverhalten zu einem großen Teil erlernbar ist.

Lachen und Leichtigkeit sind die Kennzeichen optimistischer Familien. Kinder von pessimistischen Eltern lernen von ihnen eine negative Erwartungshaltung und Übervorsicht.

Sie neigen dazu, sich und andere abzuwerten und eher mit Misserfolgen und Schwierigkeiten als mit Erfolgen und Glück zu rechnen. Oft folgen dann unbewusst Handlungen, die wirklich zu Problemen führen. Das erklärt das Phänomen der sich selbst erfüllenden Prophezeiungen.

Eine optimistische Haltung hingegen zeigt sich auch in unseren Formulierungen. Sagen Sie zum Beispiel nicht: »Das war nicht schlecht«, sondern besser: »Das hast du gut gemacht.« Zeigen Sie Ihrem Kind, wie man positiv auf enttäuschende oder unangenehme Situationen reagieren kann: »Benjamin will nicht mir dir spielen? Wahrscheinlich will er jetzt etwas alleine machen. Überleg mal, was du ohne ihn tun kannst, und frag dann noch einmal.« Oder »Schade, dass du heute Fieber hast. Mach es dir im Bett gemütlich. Keine Sorge, den Ausflug verschieben wir auf nächste Woche.«

Optimismus und Heiterkeit sind auch wirksame Mittel gegen Stress und Überforderungsgefühle. Lachen Sie oft mit Ihrem Kind und lassen Sie sich von seinem Lachen anstecken! Kinder lachen von Natur aus bis zu 400-mal am Tag, während Erwachsene das statistisch gesehen nur maximal 15-mal täglich tun.

TiPP

Mundwinkel nach oben! Überprüfen Sie regelmäßig Ihr eigenes Verhalten, Ihre eigene Mimik: Wenn diese hauptsächlich Sorge und Pessimismus ausdrückt, wirkt das auf ein Kind entmutigend. Bemühen Sie sich um Optimismus, eine fröhliche Stimmung und ein einfaches Lächeln im Gesicht.

Wie beim Loben so gibt es auch beim Lachen negative Kehrseiten: Fröhliches Lachen und eine optimistische Grundhaltung haben nichts mit Auslachen, Lächerlichmachen oder

zynischen Redewendungen zu tun. Das sind Waffen, die verletzen, klein machen und im Umgang mit Kindern nichts zu suchen haben.

Auch wenn ein Kind gerade traurig oder mutlos ist, braucht es Eltern, die es ernst nehmen und seinen Kummer nicht belächeln.

Lachen tut gut
Untersuchungen belegen, dass Lächeln und Lachen unter anderem
- eine optimistische Einstellung fördert,
- Glückshormone erzeugt und die Stresshormone reduziert,
- das Immunsystem stärkt,
- belastbar macht und die Zuversicht fördert,
- Aufmerksamkeit und Konzentration erhöht,
- Nervosität und Aufregung abbaut,
- beliebt macht und das Gemeinschaftsgefühl verstärkt,
- für den ganzen Organismus ausgleichend und entspannend wirkt.

Damit ist nicht gemeint, dass sich jedes Problem aus der Welt lachen lässt oder dass Sie das versuchen sollten. Aber weil Optimismus und Humor die Zuversicht fördern und kreativ machen, lassen sich Probleme so leichter lösen.

7. Baustein:
Das Kind Kind sein lassen

Ein Kind braucht seine Fantasiewelt und sein magisches Denken. Es ist völlig normal, wenn es mit Puppen spricht, sich verkleidet und sein Stofftier mit in den Schulranzen steckt, damit es die neue Freundin kennenlernt.

In der Kinderwelt ist eine Mischung aus Fantasie, Spiel, Magie und Realität je nach Alter und Entwicklungsstand normal. Kinder müssen fast alles, worauf es in ihrem späteren Leben ankommt, durch eigene Erfahrung lernen. Fördern können Eltern diesen Prozess, indem sie Gelegenheiten schaffen, in denen Kinder sich selbst erproben können. Am besten gelingt das im unbeschwerten Spiel. Deshalb darf ein Kind nicht von der Welt der Medien, des Konsums und der Sorgen der Erwachsenen überschwemmt werden. Zur Kinderwelt gehören auch viel Bewegung und das Spielen mit Gleichaltrigen.

Schützen Sie die Kinderwelt

Binden Sie Ihren Nachwuchs nicht in Entscheidungen mit ein, die ihn überfordern. Teilen Sie ihm nicht immer alles mit, was Sie denken und was Sie bedrückt. Natürlich können Sie Ihrem Kind sagen, wenn es Ihnen nicht gut geht, Ihr Kind merkt es wahrscheinlich sowieso an Ihrer Ausstrahlung. Und natürlich können Sie klagen, wenn Sie Kopfschmerzen haben, Ruhe brauchen oder sich Sorgen um den kranken Opa machen. Auch eine Familiensorge wie einen drohenden Arbeitsplatzverlust halten Kinder aus, wenn der Erwachsene dabei signalisiert: »Ich kriege es hin!« Aber sprechen Sie mit Ihrem Kind kindgerecht, machen Sie ihm keine unnötige Angst. Laden Sie Ihre Probleme nicht bei ihm ab und fragen Sie es nicht, ob Sie den Job wechseln sollen oder nicht. Wenn es sich gedanklich mit Problemen beschäftigen muss, die es nicht begreift und an denen es ganz und gar nichts ändern kann, fühlt es sich überfordert und wird möglicherweise von schlimmen Fantasien überschwemmt. Ein Kind fühlt sich zum Beispiel völlig hilflos, wenn Sie ihm erzählen, dass Sie sich Sorgen über die Aktienkurse machen und fürchten, dass das Wirtschaftssystem zusammenbricht. Auch Diskussionen über die Paarbeziehung der Eltern sind tabu und das Kind darf auf gar keinen Fall bei einem Streit zum Schiedsrichter zwischen Mama und Papa werden. Auch wie Geschwister behandelt werden, müssen die Eltern alleine entscheiden.

Immer in Bewegung

Die Kinderwelt ist eine bewegte Welt. Unsere Kinder haben von Natur aus Freude an der frischen Luft und an körperlicher Bewegung. Erst durch spätere Einflüsse von außen kommt es dazu, dass manche bequem und unbeweglich werden. Lassen Sie es nicht so weit kommen! Es gibt fast kein Wetter, das ein Kind abhalten sollte hinauszugehen, wenn es den Drang dazu verspürt. Laufen, Toben und Hüpfen machen den Kopf klar und Kinder zufrieden. Plakativ gesagt: Bewegung macht Kinder klug und fröhlich. Es ist erwiesen, dass sie auch die Sprachentwicklung, die Lernbereitschaft und die Vorstellungskraft fördert. Kinder, die ihren Körper beherrschen, können auch ihre kognitiven Potenziale besser entfalten. Wer sich im Raum sicher orientieren kann, hat auch im Zahlenraum meist die Nase vorn.

Bewegung erleichtert das Denken. Durch körperliche Bewegung werden im Gehirn Botenstoffe ausgesendet, die als »Glückshormone« bekannt sind. Die Durchblutung im Gehirn wird angeregt, die Neuronen erhalten mehr Nährstoffe, die Neubildung von Nervenzellen im Hippocampus, der im Schläfenlappen des Großhirns sitzt, wird angeregt. Und dieser ist für die Gedächtnisleistung und das Lernen zuständig. Auch Koordinationsspiele, Ballfangen, seitliches Hüpfen, auf einer Stange balancieren oder Schaukeln regen die kognitive Leistungsfähigkeit an.

Spielfreundschaften und Herzensbeziehungen

Kinderfreundschaften entstehen durch das gemeinsame Spiel. Manche dauern nur kurz, andere werden zu emotional wichtigen Beziehungen für einen ganzen Lebensabschnitt. Gerade in unserer heutigen Zeit, in der Kinder tendenziell weniger Geschwister haben, sind Beziehungen und Freundschaften zu Gleichaltrigen besonders wichtig. Es zählt zu den

Aufgaben der Eltern, diese zu ermöglichen und zu fördern. Nur Kinder teilen die Interessen von Kindern wirklich und von ganzem Herzen. Gemeinsam mit anderen Kindern können soziale Fähigkeiten erprobt und Werte wie Treue und Zusammenhalten erlebt werden.

Eltern dürfen ihren Kindern bei der Auswahl der Freunde nicht reinreden: »Spiel doch lieber mit Max, der ist so nett« ist vielleicht gut gemeint, kommt aber bei den Kindern meist gar nicht gut an.

Gemeinsam mit einem Freund oder einer Freundin an der Seite fühlen Kinder sich stärker und durchsetzungsfähiger. Es macht Freude, etwas gemeinsam zu unternehmen und die Erwachsenen einmal auszuschließen. In Kinderfreundschaften werden ewige Versprechen gegeben und Gefühle erprobt, man teilt Süßigkeiten, kleine Geheimnisse, Fantasien und Kinderängste. Gegenüber den Erwachsenen entsteht eine Art geheimer Raum, der nur mit den Freunden geteilt wird. Diese Kinderwelt können wir Erwachsene nicht erzeugen und nicht ersetzen, auch wenn wir uns noch so viel Mühe geben.

Tipp

Erinnern Sie sich an Ihre eigene Kindheit, an Ihre ersten Freundschaften. Was haben Sie gemeinsam erlebt? Was möchten Sie auf keinen Fall missen? Je öfter Sie darüber nachdenken, desto leichter wird es Ihnen fallen, Ihr eigenes Kind zu verstehen.

8. Baustein: Positive Vorbilder

Kinder sind Nachahmer und lernen am Modell. Ein Vorbild ist jemand, zu dem ein Kind aufblickt, von dem es lernt und an dem es sich freiwillig orientiert. Daher ist es für die kindliche Entwicklung wichtig, positive Vor-

bilder zu haben. Für Vorschulkinder sind das in der Regel die Eltern, ältere Geschwister oder andere Familienmitglieder. Je älter Kinder werden, desto mehr suchen sie zusätzliche Vorbilder auch außerhalb der Familie, aus dem Freundeskreis, aus Büchern, Filmen, Fernsehsendungen oder Computerspielen.

Nutzen Sie Ihre Vorbildfunktion, um Ihr Kind positiv zu lenken. Achten Sie darauf, was Sie sagen und vor allem wie Sie handeln. Wenn Sie Ihrem Kind zum Beispiel die Werte Rücksicht und Vorsicht nahebringen wollen, sollten Sie beim Autofahren besser nicht die Vorfahrt erzwingen. Denn Taten sind stärker als Worte. Der Spruch: »Was nützt die beste Erziehung – mein Kind macht mir ja doch alles nach« bringt es genau auf den Punkt.

Aber: Keine Sorge! Sie müssen weder perfekt noch immer ausgeglichen und problemfrei durchs Leben gehen. Gerade wie Sie mit Kri-

sen und Fehlern umgehen, ist beispielhaft für Ihr Kind. Ein selbstkritisches »Tut mir leid, da habe ich wohl einen Fehler gemacht« ist ein wunderbares Vorbild.

Der beste Weg, Ihr Kind zu stärken, ist das Vorbild einer positiven Lebenseinstellung: Wofür Sie sich einsetzen, wie Sie fühlen, welche Werte Sie leiten, woran Ihr Herz hängt, wofür Sie Zeit aufwenden – all das wird von Ihrem Kind zur Gänze registriert. Und was man selbst erfahren hat, kann man meist auch gut weitergeben: Durch die Erfahrung von verlässlichen Beziehungen lernt Ihr Kind, selbst verlässlich zu werden, durch erfahrene Gerechtigkeit entsteht der Wunsch, selbst fair zu sein, und die Erfahrung, dass Regeln das Leben erleichtern können, lässt Kinder selbst neue Regeln erfinden.

Tipp

Sie müssen nicht perfekt sein, aber halten Sie hier und da im Alltag inne und überlegen Sie kurz: Wie wirke ich gerade auf mein Kind? Bin ich im Moment das Vorbild und das gute Beispiel, das ich gerne sein möchte?

Kinder orientieren sich auch daran, wie die Altersgenossen sich verhalten. Nicht immer ist es das, was wir Eltern uns wünschen. Aber das gehört zum Abnabeln dazu. Eltern sollten nicht lautstark gegen andere Kinder wettern, sondern besser nur wachsam beobachten. Denn oft gibt das momentane Vorbild Aufschluss darüber, warum Ihr Kind sich gerade so verhält oder diese oder jene Schwierigkeit hat. Wenn zum Beispiel ein Schüler neu in die Klasse kommt, der besonders cool gekleidet ist und superlässige Sprüche draufhat, kann es sein, dass Ihr Kind sich plötzlich auch so verhält.

Auch Helden aus Filmen, Geschichten oder Abenteuerserien sind für Kinder Vorbilder.

Ein Held kämpft für das Gute, strengt sich an, meistert schlimme Rückschläge und gewinnt am Ende sicher. Nach diesem Prinzip funktionieren Märchen und Erfolgsgeschichten, von Schneewittchen bis Harry Potter. Ein Held findet für jede Schwierigkeit eine passende Lösung und setzt diese zielstrebig um. Egal ob er die Welt vor bösen Zauberern rettet, Popstar ist oder großartige sportliche Leistungen erzielt – ein Held wird bewundert und ist stark. All dies wollen Kinder auch können und sein. Helfen Sie Ihrem Kind, seinen persönlichen Helden zu finden!

9. Baustein: Bewältigbare Aufgaben

Ein Kind ist von Natur aus neugierig, beobachtet seine Umwelt aufmerksam und stellt viele Fragen. Es lernt von Vater und Mutter, wie man eine Mahlzeit zubereitet, eine Dose öffnet, wie man sich dem Wetter entsprechend kleidet, im Supermarkt Lebensmittel auswählt und technische Geräte bedient. Früher oder später wird es alle diese Dinge selbst erproben und vielleicht sogar besser machen.

Kinder lernen schrittweise, ihre eigenen Fähigkeiten zu erweitern und auf sie zu vertrauen. Dazu brauchen sie Erfolgserlebnisse. Um ihren Handlungsradius zu vergrößern, benötigen sie Aufgaben, die sie bewältigen können, zuerst im Beisein von Erwachsenen und dann alleine. Den Umgang mit einem scharfen Messer zum Beispiel wird ein Kind unter der Aufsicht eines Erwachsenen lernen. Wenn es gut klappt, braucht es später keine Anleitung mehr. Bei den ersten Schulaufgaben werden Mutter oder Vater danebensitzen, bald aber wird das Kind seine Hausaufgaben ohne Aufsicht schreiben und bestenfalls zur Kontrolle vorzeigen.

Kinder sind vor allem dann zufrieden und fühlen sich kompetent und stark, wenn sie sich weder über- oder unterfordert fühlen. Es ist schon gut, dass Eltern besorgt sind und Kinder schützen möchten. Es ist auch verständlich, dass sie Kinder vor unliebsamen Erfahrungen bewahren möchten. Aber Kinder brauchen auch ein angemessenes Ausmaß an Herausforderungen, damit sie zu den wichtigen Erfolgserlebnissen kommen können. Das wunderbare Gefühl »Ich hab's alleine geschafft!« kann sich nur einstellen, wenn eine neue Aufgabe mit Anstrengung bewältigt worden ist.

Nur ein Kind, das auf Bäume klettert, kann den Garten von oben sehen. Auch wenn es sich dabei einen kleinen Kratzer holt, hat sich die Anstrengung am Ende gelohnt.

Nur wer die Legoburg selbst in stundenlanger Arbeit zusammenbaut, kann ehrlich stolz auf sein Werk sein. So gut es der Vater auch meint, wenn er seinem Sprössling die mühsame Arbeit zur Gänze abnimmt – das Selbstbewusstsein des Kindes erhält dadurch keine Nahrung. Denn die Freude am Ergebnis ist nur nachhaltig, wenn es aus eigener Kraft geschafft wurde oder das Kind zumindest tatkräftig mitgearbeitet hat.

Achtung: Überfordern Sie Ihr Kind aber auch nicht mit Aufgaben, die es noch nicht schaffen kann oder die es gar nicht interessieren. Ein 1000-Teile-Puzzle wird einem Sechsjährigen nicht gelingen, und schon gar nicht, wenn er es sich nicht gewünscht hat.

Tipp

Bevor Sie Ihrem Kind automatisch helfen, fragen Sie sich selbst: Braucht es wirklich meine Hilfe oder eher meine Ermutigung und nur ein klein wenig Anleitung zum Selbertun?

10. Baustein:
Eltern, die lernen wollen

Erwachsene wollen ständig, dass ihre Kinder etwas von ihnen lernen. Aufmerksame Eltern lernen jedoch genauso viel von ihren Kindern und zeigen ihnen das auch. Sie entdecken mit den Kindern die Welt neu. Denn Erziehen ist ein gegenseitiger Lernprozess. Wenn wir unsere Kinder wirklich verstehen und ihnen Halt geben möchten, ist es unerlässlich, ihre Perspektiven einzunehmen und zu versuchen, die Welt mit ihren Augen zu sehen, von

PRAXIS

Versetzen Sie sich in Ihr Kind hinein, denn dann lernen Sie besonders viel von ihm:

- Wie würde ich mich jetzt fühlen, wenn ich mein Sohn oder meine Tochter wäre?
- Würde ich meine Jacke anziehen wollen, nur weil meinem Papa jetzt kalt wäre?
- Wäre mir das große Einmaleins wirklich ein Anliegen, nur weil ich es später im Leben in einem Beruf, den ich noch nicht kenne, vielleicht brauchen werde?

Mit Kindern, deren Probleme besonders schwer scheinen oder die nicht in einer angemessenen Zeitspanne damit zurechtkommen, sollten Sie besser einen Therapeuten aufsuchen. Das ist ähnlich wie bei körperlichen Beschwerden: Mit einem Husten, der trotz Ruhe und Pflege nicht vergeht oder sogar schlimmer wird, muss man zum Arzt. Mit einer schweren Grippe ebenfalls. Bei einer normalen Verkühlung hingegen, die das Immunsystem stärkt, wirken gute Hausmittel – wie die Ideen auf den nächsten Seiten.

und mit ihnen zu lernen. Eine Erziehung, die nur das Verhalten des Kindes steuern will, ist zu oberflächlich. Nur das ehrliche Bemühen sich in die Gedanken, Gefühle und Fantasien der Kinder hineinzuversetzen, führt zu einer tiefen, Halt gebenden Beziehung.

Der Alltag mit Kindern verändert das Leben der Eltern ständig, jeder Tag bringt neue Herausforderungen. Wir Erwachsene lernen von den Kindern zum Beispiel automatisch, geduldiger zu werden, andere Prioritäten im Leben zu setzen oder die eigene Kindheit in einem neuen Licht zu betrachten.

Was wir von unseren Kindern lernen können

Kinder bereichern unser Leben. Wenn wir es zulassen, sind sie in vielen Lebenslagen unsere besten Lehrer. Sie sind prinzipiell offen für Neues, leben in der Gegenwart und konzentrieren sich auf das, was sie gerade tun. Wenn wir sie nicht drängen, kennen sie keinen Stress und keine Hektik und lernen täglich Neues. Sie leben im Moment und bedenken nicht immer alle möglichen Folgen ihrer Handlungen. Uns Erwachsenen sind die kindliche Spontanität und der Zugang zur Intuition oft verloren gegangen.

Kinder richten den Blick auch auf Kleinigkeiten. Sie werten nicht und können versunken und fasziniert beobachten. Dazu reichen eine Fliege an der Fensterscheibe, ein Weihnachtsbaum oder eine Seifenblase.

Kinder sind ehrlich. Ihre Emotionen sind authentisch. Das Sprichwort »Kindermund tut die Wahrheit kund« drückt das gut aus. Ohne Diplomatie und Berechnung zeigen sie uns, was sie denken und fühlen. Versuchen Sie einmal, einem Kind Spinat als lecker einzureden, wenn es ihn nicht mag. Vielen Erwachsenen würde ein Schuss erfrischende Ehrlichkeit und Direktheit auch guttun.

Kinder freuen sich auf den neuen Tag, während wir Eltern unter Multitasking, beruflichem Ehrgeiz und täglichen Sorgen leiden. Eine Spur weniger Grübeln täte uns in vielen Lebenslagen gut. Das macht den Blick frei für die kleinen Freuden des Lebens.

Kindern können aus allem ein Spiel machen. Sie begeistern sich leicht und gehen darin auf. Lassen Sie sich von der kindlichen Begeisterung anstecken, ohne nach logischen Gründen dafür zu suchen. Ein neuer Ball, ein erfundenes Spiel, die Freude an Natur und Tieren, an alltäglichen Tätigkeiten – das ist der beste Motor für leichtes und erfolgreiches Lernen.

Kinder leben im Moment. Deshalb können sie auch leicht verzeihen. Auch wenn wir kleine Fehler machen oder einmal ungerecht sind, schenken sie uns weiterhin ihre Liebe bedingungslos. Das ist nicht selbstverständlich. Genießen wir diese gemeinsame Zeit und den Vorschuss an Vertrauen.

Kinder achten auf ihren eigenen Rhythmus. Während wir viele Dinge hauptsächlich nach Dringlichkeit erledigen und uns nach den Erwartungen der Umwelt richten, lernen Kinder nicht freiwillig bis spät in die Nacht hinein. Sie wollen Ruhe, wenn sie nicht mehr genug Kraft haben. Wie gut täte es uns manchmal, wenn wir die Signale unseres Körpers rechtzeitig beachten würden.

Kinder experimentieren gerne. Wenn sie auf etwas Neues, Unbekanntes stoßen, versuchen sie, mehr darüber zu erfahren. Sie wollen es anfassen, daran riechen und betrachten es ungeniert. Sie fragen drauflos und haben im Normalfall keine Angst, sich dadurch zu blamieren.

Stress auflösen durch Klopfakupressur

Stress wird durch belastende Gefühle, Probleme und negative Erwartungen erzeugt. In Maßen gehört er zu unserem Leben. Aber übermäßiger und vor allem dauerhafter Stress ist eine Gefahr für den ganzen menschlichen Organismus. Die Klopfakupressur gehört zu den ganzheitlichen Methoden und wirkt in vielen Fällen kleine Wunder gegen den Stress.

Wie hilft Klopfakupressur gegen Stress?

Klopfakupressur hilft, Stress und Belastungen besser zu verkraften sowie Gelassenheit und mentale Stärke zu finden. Und auch Sie als Eltern werden merken, wie sehr Sie vom Mitmachen profitieren.

Die Klopfakupressur enthält Elemente aus erprobten Therapieformen, wie Hypnotherapie, systemischer Therapie und neurolinguistischem Programmieren (NLP). Außerdem übernimmt sie die Sichtweise der traditionellen chinesischen Medizin (TCM). Diese sagt, dass es im Körper ein miteinander verbundenes System von Energieleitbahnen – die so genannten Meridiane – gibt, die bei Stress blockiert werden. Das führt dazu, dass wir uns energielos, unsicher oder ängstlich fühlen. Stimuliert man diese Meridiane, so lösen sich die Blockaden auf und die Energie kann wieder besser fließen – wir sind wieder handlungsfähig und fühlen uns stärker. Die Klopfstellen, die unter anderem im Gesicht, am Kopf, am Körper und an den Händen zu

finden sind, liegen auf den Meridianen und sind besondere Energiepunkte. Wird durch die Stimulation dieser Punkte der Energiefluss wieder aktiviert, wirkt das gleichzeitig entspannend und aktivierend.

Übrigens: Auch Akupunktur und Akupressur haben zum Ziel, den Energiefluss in den Meridianen wieder zu aktivieren und damit Anspannungen, Stress und Schmerzen zu lindern.

Mit ein bisschen Vorbereitung können Sie die Klopfakupressur mit Ihrem Kind leicht und völlig gefahrlos anwenden. Sie wirkt spielerisch, macht Spaß und bezieht Bewegung und Körper mit ein. Gleichzeitig werden Aufmerksamkeit und Konzentration hergestellt. Meine Methode der Klopfakupressur, wie ich sie Ihnen in diesem Buch vorstelle, habe ich speziell für Kinder vereinfacht und mit spielerischen Elementen angereichert.

So geht das Starkklopfen

Sie können diese Kraftpunkte aus der Klopfakupressur immer anwenden, zum Beispiel

wenn Sie keine Zeit für ein ganzes, passendes Kraftset haben oder wenn für die Problematik

„WIE FÜHLST DU DICH?"

1. 2. 3. 4. 5. 6. 7. 8. 9. 10.

Ihres Kindes kein spezielles Kraftset in diesem Buch angeführt ist.

Auch bei plötzlich auftretenden Ereignissen, zum Beispiel wenn das Kind sich wehgetan hat oder erschreckt ist, hilft das Klopfen der einzelnen Punkte und wirkt in den meisten Fällen sehr erleichternd. Dabei den Blick nach oben richten. Bitte machen Sie immer mit. Und fragen Sie Ihr Kind, wie es sich nachher fühlt. So werden positive Veränderungen sichtbar.

TIPP

Keine Sorge: Wenn Sie Punkte vergessen oder vertauschen – es kann absolut nichts Schlimmes passieren! Die positive Wirkung wird auch so spürbar.

1. Schritt: Ein JA einholen

Sie stehen sich gegenüber und sprechen mit dem Kind über das, was es belastet und warum es sich gestresst fühlt, zum Beispiel, weil eine Klassenarbeit bevorsteht.

Sie fragen anschließend:

》 Willst du diese Angst und Aufregung wegzaubern oder kleiner machen? Dann sag deutlich und laut JA.

Dieses JA ist wichtig. Dadurch werden alle Teile des Bewusstseins aktiviert und angesprochen. Alle wichtigen Rituale im Leben beinhalten ein klares, deutliches JA.

Erst durch die richtige Einstimmung schaffen wir die Grundlage, dass die Klopfakupressur wirkt.

TIPP

Stellen Sie ein Glas mit Wasser bereit. Wasser trinken hilft immer bei Veränderungen und bringt erfrischende Energie in den Körper.

2. Schritt: Wie schlimm ist es? Die Intensität des Gefühls messen

Stresspunkte werden durch Skalieren vergeben. Das heißt, das Ausmaß des empfundenen Unbehagens wird auf einer Skala bestimmt.

Fragen Sie Ihr Kind, wie schlimm der Gedanke, zum Beispiel an die Klassenarbeit, ist:

》 Ist dein Stress, wenn du daran denkst, gerade bei 1, 2, 3, 4, 5, 6, 7, 8, 9 oder 10 Punkten? Zeig es mit deinen Händen.

Oder:
》 Zeig auf ein Smiley-Gesicht, das zu deinem Gefühl passt.

Oder:

» Zeig mir mit deinen Händen, wie schlimm
deine Angst vor der Klassenarbeit ist. Ausge-
breitete Arme bedeuten 10 Punkte: Der Stress
ist ganz stark. Handflächen aneinander bedeutet: null Stress, du hast gar keine Angst
mehr.

Das Kind nennt oder zeigt nun einen Wert,
den Sie sich merken oder aufschreiben. Dieser
Stresswert ist deshalb wichtig, weil Sie Ihr
Kind nach der Übung erneut fragen werden,
wie hoch der Stresspegel nun ist. In den meisten Fällen hat er sich deutlich reduziert. So
merkt das Kind schnell, wie einfach es sich
selbst helfen kann. Das ist Hilfe zur Selbsthilfe. Diese Erkenntnis stärkt, schafft Zuversicht und Selbstvertrauen. Hat es sie einmal
kennengelernt, kann Ihr Kind diese Methode
dann auch selbst anwenden.

3. Schritt: Karateklopfen

Hier geht es darum, sich selbst zu mögen und
okay zu finden, auch wenn man gerade Angst,
Aufregung, Wut oder ein anderes belasten-
des Gefühl spürt. Das Karateklopfen ermutigt
Ihr Kind, sich genauso anzunehmen, wie es
ist und sich fühlt – mit all dem Positiven und
Negativen, das gerade da ist. Erst in einem
nächsten Schritt ist es möglich, Dinge zu verändern oder anders zu sehen, um schwierige
Situationen besser meistern zu können.

Das Karateklopfen geht so: Es klopfen die
rechte und die linke Handkante aneinander
und das Kind und der Erwachsene sagen dabei gemeinsam mindestens 3-mal den Satz:

» Ich mag mich so, wie ich bin (oder ich bin
okay), auch wenn ich noch Angst vor der Klassenarbeit habe. (Hier bitte den jeweiligen
Stressauslöser einfügen.)

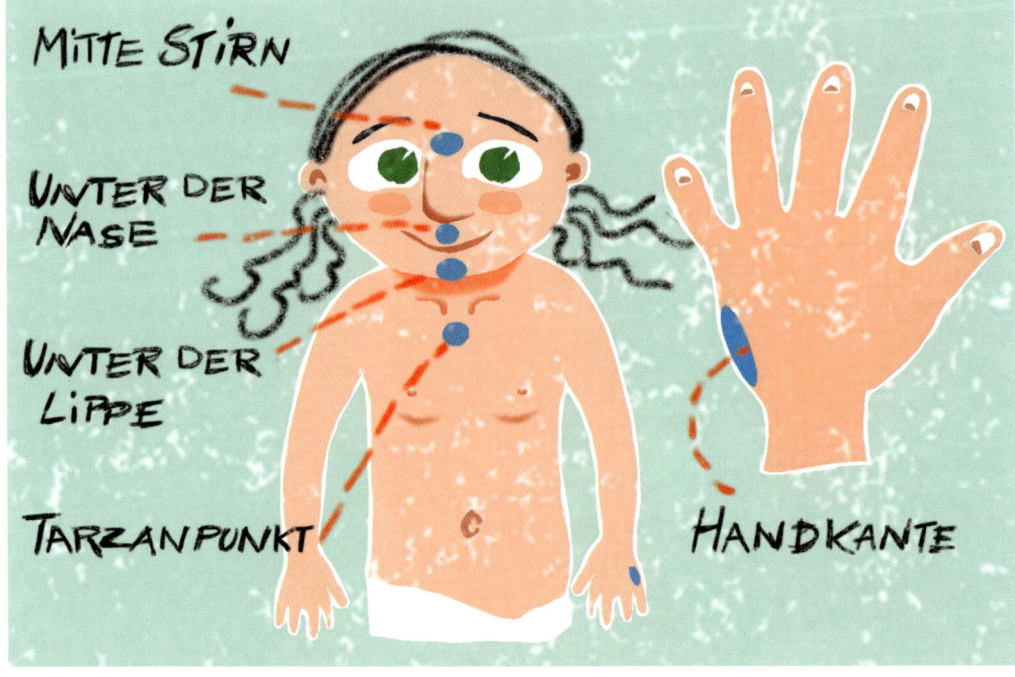

Wenn Sie wollen, können Sie als Elternteil am Schluss hinzufügen:

》 **Und ich mag dich auch, ich hab dich immer, immer lieb!**

4. Schritt: Die Kraftpunkte klopfen

Am besten ist es, Sie sitzen Ihrem auch sitzenden oder stehenden Kind gegenüber. So sind Sie auf Augenhöhe und nicht »von oben herab«. Suchen Sie gemeinsam einen guten Platz im Raum aus und schaffen Sie eine angenehme Distanz zwischen Ihnen beiden. Eine bis zwei Armlängen haben sich gut bewährt. Spüren Sie gemeinsam nach, welche Entfernung für Sie beide passt. Ein aufrechter Oberkörper mit geradem Kopf, leicht gegrätschte Beinen auf dem Boden und eine Sitzposition auf der Sitzkante des Stuhles schaffen von Anfang an Stabilität.

TiPP

Achten Sie darauf, dass die Beine des Kindes nicht in der Luft baumeln oder überkreuzt sind und dass es nicht im Sessel lümmelt. Jetzt ist nicht Bequemlichkeit angesagt, sondern volle Konzentration.

Wir sind ganz im Hier und Jetzt, daher bleiben die Augen offen. Vermeiden Sie bitte ununterbrochenen Blickkontakt, das engt ein. Lassen Sie besser beim Klopfen den Blick frei im Raum schweifen.

Auch im Schneidersitz am Boden lässt es sich gut klopfen. Wenn es nicht anders möglich ist oder Ihr Kind es so beschließt, können Sie beim Klopfen genauso gut beide stehen, gehen oder nebeneinander sitzen, wie zum Beispiel im Flugzeug oder im Auto. Sollte Ihr Kind einmal krank oder zu müde sein, darf es natürlich dabei auch liegen, am besten auf dem Rücken.

Wenn Ihr Kind es erlaubt, können Sie das Klopfen an seinem Körper übernehmen. Besonders kleine Kinder mögen es, wenn Mama manchmal selbst auf ihnen kraftklopft und Unangenehmes dabei »wegzaubert«. Kleine Kinder finden es auch zauberhaft, wenn eine Fingerpuppe auf die Fingerkuppe kommt und lustig mitklopft.

Ganz selten gibt es Kinder, die das Klopfen nicht mögen. Dann können Sie, statt zu klopfen, die Stellen auch massieren, fest pressen oder einfach nur halten.

Nun zu den Kraftpunkten, dem Herzstück der Klopfakupressur. Sie sagen:

》 **Mach nun alles nach, ich zeige es zuerst, dann machst du mit.**

1. Punkt: Mitte der Stirn
2. Punkt: Region unter der Nase

27

3. Punkt: unter der Unterlippe
4. Punkt: Mitte der Brust – der »Tarzanpunkt«

Während das Kind an sein »Problem« (zum Bespiel die Angst vor einer Klassenarbeit) denkt, klopft es auf jeden Punkt 7–10-mal leicht mit den Fingerspitzen. Die Punkte werden zügig nacheinander geklopft, ohne Pause, Sie bleiben ständig in Bewegung. Ein Durchgang dauert nicht länger als eine Minute. Sie können mit den Fingern beider Hände klopfen oder mit nur einer Hand – das bleibt Ihnen und Ihrem Kind überlassen.

Mehrere Durchgänge nacheinander sind ratsam und begünstigen eine nachhaltige Wirkung. Ob stärker oder eher leicht geklopft wird, ist nicht ausschlaggebend. Wichtig ist, dass die Atmung dabei nicht stockt und der Blick nach vorne geht.

Auch Summen oder Singen (das kann auch nur ein La-La-La sein) zwischen den Klopf-

durchgängen begünstigt den Erfolg. Dadurch werden musisch-kreative Bereiche im Gehirn angesprochen.

Ebenfalls förderlich wirkt es sich aus, wenn Ihr Kind nach jedem Klopfdurchgang die Augen bewusst bewegt, ohne dabei die Kopfposition zu verändern: Der Blick kreist nach links, nach rechts, nach oben, nach unten. Augenaktivität stimuliert die Gehirntätigkeit und hilft, negative Gefühle zu verarbeiten. Sie können das unterstützen, indem Sie Ihrem Kind mit Ihrer Hand große Kreise oder Linien in die Luft zeichnen, denen es mit den Augen folgt. Auch ein Stofftier, das lustige Luftsprünge vor den Augen des Kindes macht, zieht spielerisch den Blick auf sich.

Das Klopfen hat die unglaublich positive Nebenwirkung, dass auch Sie bald mehr Leichtigkeit und Entspannung spüren werden. Denn natürlich setzen auch uns Eltern die Nöte unserer Kinder zu. Wenn Sie beim Klopfen bewusst ein freundliches Gesicht machen oder ein Lächeln zeigen, ermuntert das Ihr Kind zusätzlich und beruhigt Ihre eigene Anspannung. Oft entsteht dabei das Bedürfnis, tief aus- oder einzuatmen. Dann atmen Sie laut und ermutigen das Kind, es auch zu tun. Das hilft dabei, Spannungen aufzulösen.

Sie beenden das Klopfen mit einem bewussten Augenblick der Ruhe und Stille. Geben Sie der Wirkung Zeit, um sich zu festigen. Wenn Sie möchten, fragen Sie dann Ihr Kind, wie es sich nun fühlt.

PRAXIS

Die richtige Klopf-Intensität

Manchmal müssen Erwachsene aufpassen, dass Kinder im Eifer nicht zu stark klopfen. Fragen Sie nach, wie es angenehm ist und wie schnell Ihr Kind gerne klopfen möchte. Dadurch lernt es auch, die Wirkung zu beobachten. Sie passen sich dann dem Tempo und der Klopfintensität des Kindes an und machen natürlich am eigenen Körper mit. Wenn Sie mehrere Durchgänge klopfen, können Sie auch ganz bewusst das Tempo variieren. Zum Beispiel: Der erste Durchgang wird rasch und zügig geklopft, die weiteren werden immer langsamer. Das ist auch eine zusätzliche Möglichkeit, Ruhe ins System zu bringen.

5. Schritt: Starke Sätze finden

Wenn Sie bis jetzt gesessen haben, stehen Sie nun beide auf. Wenn Sie beim Üben ohnehin schon stehen, strecken Sie sich einmal ganz durch, zum Beispiel, indem Sie sich ganz groß machen.

Finden Sie nun gemeinsam starke Sätze – die »Zaubersätze« – die zu der Situation passen, die Ihr Kind meistern will, zum Beispiel:

» **Ja, ich bin ein starkes, kluges Kind!**
Ich bin schlau und gut vorbereitet!
Ich spür Mut, der tut mir gut!

Ihr Kind entscheidet sich dann für einen Zaubersatz, der ihm besonders zusagt.

Finden Sie die richtigen Sätze

Sie können meine Beispielsätze aus diesem Buch verwenden. Jeder eigene, gemeinsam gefundene Zaubersatz ist jedoch noch viel, viel besser und wirksamer! Diesen Satz schreiben Sie – oder Ihr Kind, wenn es das möchte – nun in schöner Schrift auf ein buntes Blatt, das Sie extra dafür vorbereitet haben.

Achten Sie bitte darauf, dass der Satz wirklich eine positive Aussage hat. Also nicht: »Nein, ich bin nicht aufgeregt und habe keine Angst.« Die Worte NEIN, NICHT und KEIN/E sind tabu in starken Sätzen! Besser: »Ja, ich fühl mich sicher.« Oder: »Ja, ich bin konzentriert und ruhig.«

6. Schritt: Warme Hände

Sagen Sie Ihrem Kind nun, dass es die Hände fest aneinander reiben soll, wie beim kräftigen Händewaschen, bis es die Wärme, die Kraft – »die Energie« –, die dabei entsteht, wirklich gut spüren kann. Die warmen, aktivierten Handflächen klopfen nun auf die Mitte der Brust, auf den 4. Punkt, den Tarzanpunkt. Dabei sprechen Sie gemeinsam dreimal den vorher ausgewählten Zaubersatz. Gut ist es, den Satz mit möglichst viel Gefühl auszusprechen oder ihn mit einem JA davor besonders zu betonen.

Dann lassen Sie die Arme langsam sinken und genießen wieder ein paar Sekunden Stille. Sie beenden das Klopfen mit ein paar tiefen, hörbaren Atemzügen. Dabei richten Sie und Ihr Kind den Blick nach oben und richten den Oberkörper auf.

Zum Schluss zählen Sie gemeinsam von 10 auf 0 herunter. Das markiert das Ende.

Erklären Sie Ihrem Kind den Tarzanpunkt

Kinder wollen wissen, warum sie etwas tun. Erklären Sie es, zum Beispiel so: Der Tarzanpunkt ist eine ganz besondere Kraftquelle. Darunter liegt ein Energiezentrum – die Thymusdrüse. Diese hilft, Energie aufzubauen und Kraft zu tanken. Schon Tarzan wusste das und auch im Tierreich wird der Punkt geklopft – denke nur an die Menschenaffen.

Achtung: Weil dieser Punkt aktiviert und »energetisch auflädt«, ist es ratsam, ihn nicht direkt vor dem Einschlafen zu aktivieren.

7. Schritt: Ein ruhiger Ausklang

Fragen Sie nun Ihr Kind, wie es sich fühlt und was sich verändert hat. Fragen Sie, um wie viel der Stress weniger geworden ist. Lassen Sie es wieder mit den Händen eine Zahl zwischen 1 und 10 zeigen oder das neue Gefühl auf der Smiley-Skala einordnen. Lassen Sie sich überraschen, wie viel sich verändert hat.

Zwingen Sie Ihr Kind nicht, einen Punktewert zu nennen.

Wenn es nur erzählen will, wie es ihm jetzt geht, ist das auch in Ordnung.

Tipp

Es hat sich oft bewährt zu fragen, welchen Punkt das Kind am liebsten geklopft hat. Dieser »persönliche Kraftpunkt« in Verbindung mit dem aufgeschriebenen Satz eignet sich dann ganz besonders gut für Ihr Kind!

Zur Erinnerung können Sie Ihrem Kind das Blatt mit dem Satz als Talisman mitgeben, im Zimmer aufhängen, noch schön bemalen oder verzieren. Lassen Sie Ihrer Fantasie frei-en Lauf und fragen Sie Ihr Kind nach seinen Wünschen.

Sollte sich wider Erwarten keine deutliche Veränderung einstellen, bleiben Sie gelassen und bieten Sie Ihrem Kind an, noch weitere »Klopfrunden« zu machen, einen Wohlfühltipp auszuprobieren, eine Zaubergeschichte anzuhören – oder einfach nur zu kuscheln.

Klopfen auch für Eltern

Wenn Sie als Mutter oder Vater Stress haben, können auch Sie sich mit der Klopfakupressur schnelle Erleichterung verschaffen. Planen Sie 5–10 Minuten Ungestörtheit ein und führen Sie diese Übung für sich selbst durch. Wenn Sie sich selbst von der Wirksamkeit der Übung überzeugt haben, können Sie dieses positive Gefühl gut an Ihr Kind weiter geben.

Mögliche Turboverstärker

- Wenn der Stresswert noch nicht ausreichend gesunken ist oder Ihr Kind noch weitermachen möchte, schließen Sie weitere »Klopfrunden« an.
- Die Wirkung verstärkt sich, wenn Sie regelmäßig oder zu bestimmten Zeiten klopfen. Bei häufiger Anwendung sind erfahrungsgemäß immer weniger Durchgänge nötig, um auch bei neuen Schwierigkeiten eine positive Gefühlslage herzustellen. Das »Körpergedächtnis« vergisst nichts.
- Summen oder singen Sie zwischen den Durchgängen.
- Bewusste Augenbewegungen in alle Richtungen helfen zusätzlich, negative Gefühle zu vertreiben.

PRAXIS

In 7 Schritten Starkklopfen im Überblick

1. Ein JA vom Kind einholen, Wasser trinken.
2. Skalieren: Punkte für den Stress, für das Problem vergeben und/oder mit den Händen zeigen.
3. Karateklopfen (Handkante an Handkante): sich selbst lieben und annehmen.
4. Die Kraftpunkte durch Klopfen aktivieren.
5. Einen starken und kraftvolle Satz finden und aufschreiben.
6. Hände warm reiben und den Tarzanpunkt (Mitte der Brust) klopfen. Dabei den Kraftsatz mindestens 3-mal sagen.
7. Ruhig ausklingen lassen, gemeinsam von 10 auf 0 herunterzählen.

Kraftsets für kindliche Probleme

Spiel, Imagination, Fantasie, Beziehung und Bewegung sind die kindlichen Lern- und Erfahrungsquellen. Über diese Wege lernen Kinder, die Welt zu verstehen, und entdecken mit Leichtigkeit Lösungen für Hindernisse. Und genau diese Elemente sind in den Kraftsets enthalten.

Was ist ein Kraftset?

Jedes Kraftset in diesem Buch ist jeweils für ein spezielles Problem entworfen, zum Beispiel Angst vor Fantasiegestalten, Enttäuschung nach Misserfolgen oder Eifersucht zwischen Geschwistern.

Es umfasst
- einen oder mehrere Wohlfühltipps,
- bewährte Erziehungstipps für diese spezielle Schwierigkeit,
- einen stärkenden Krafttext,
- ein »Stärkerezept« zur Festigung: ein Akupressurpunkt mit Zauberspruch.

Das Stärkerezept ist umso wirksamer, je öfter und regelmäßiger es durchgeführt wird. Kinder können es später, wenn sie es verinnerlicht haben, auch alleine anwenden. Wenn das Kind den Zauberspruch und den Kraftpunkt gut kennt, reicht es auch, den Satz in der akuten Situation, zum Beispiel vor der Klassenarbeit, zu denken und die Finger kurz auf den Kraftpunkt zu legen, um die stärkende Wirkung wieder zu aktivieren.

Ideen für ein harmonisches Familienleben und kreative Gestaltungselemente runden ein Set ab.

Jedes Kraftset dauert in der Regel 20 bis 30 Minuten. Sie können einzelne Bausteine eines Kaftsets aber auch alleine verwenden, oder Sie kombinieren sie im Baukastensystem mit Bausteinen aus anderen Kraftsets, die Sie auch ansprechen und Ihrem Kind besonders guttun. Kinder entwickeln meist eine Vorliebe für spezielle Punkte. Vertrauen Sie der kindlichen Intuition.

Achten Sie bitte besonders auf Ungestörtheit während der gemeinsamen Aktivität. Planen Sie lieber mehr als zu wenig Zeit ein. Handys, liebe Haustiere oder laute Haushaltsgeräte haben jetzt Pause.

Tipp

Lieber eine Kurzübung zwischendurch als ein ganzes Set in Zeitnot und Hektik! Führen Sie ein ganzes Kraftset nur durch, wenn Sie genug Zeit und Ruhe dafür haben, damit es seine ganze Wirkung entfalten kann. Die besten Ideen verpuffen leider, wenn sie zwischendurch und auf die Schnelle durchgeführt werden. Kinder mögen weder Hektik noch Zeitdruck.

So funktioniert das Kraftset

Ein komplettes Kraftset dauert höchstens eine halbe Stunde und läuft immer nach demselben Schema ab.

Mit einem Wohlfühltipp einleiten

Durch eine entspannende und zentrierende Wohlfühlübung zu Beginn des Sets kommen Sie beide in eine leichte und doch konzentrierte Stimmung. Jeder Wohlfühltipp dauert höchstens ein oder zwei Minuten. Sie können den im Set vorgeschlagenen Tipp oder auch einen aus einem anderen Kraftset verwenden.

Eine bequeme Haltung und einen guten Platz finden

Schaffen Sie gemeinsam eine Wohlfühlatmosphäre. Ein selbstgebasteltes Schild an der Zimmertür: »Bitte nicht stören!« hält andere Familienmitglieder fern.

Sie und Ihr Kind liegen oder sitzen dann bequem an einem festen Platz, das kann eine Kuschelecke sein, das Kinderbett oder ein besonderer Stuhl. Besonders schön ist es, wenn Sie einen speziellen »Kraftort« finden. Das ist ein Platz, der nur für angenehme Dinge reserviert ist. Auf keinen Fall sollten Sie den Schreibtisch oder einen anderen für Arbeit bestimmten Ort aussuchen. Schon der Platz alleine wird für das Kind magisch, weil die Erfahrung ihn mit schönen Erlebnissen verknüpft.

Dann fordern Sie Ihr Kind auf, es sich ganz bequem zu machen, und leiten den nun folgenden Krafttext ein:

» Ich hab mir heute etwas ganz Besonderes für dich ausgesucht, das uns beiden guttut. Komm, wir machen es uns ganz gemütlich. Hör mir einfach zu …

Der Krafttext – ein zauberhafter Ausflug in das Land der Vorstellung

Der Krafttext, eine Geschichte, regt die Vorstellungskraft an. Einerseits entspannt er den Körper und beruhigt störende Gedanken und Gefühle, andererseits bietet er metaphorische, bildhafte Visionen an, die mentale und emotionale Kräfte kindgemäß stärken. Wünsche und positive Problemlösungen werden in magischer Art sichtbar und vorstellbar. Selbstheilungskräfte werden aktiviert. Die unbewussten Teile im Kind werden sich genau die Elemente aussuchen, die ihm bei der Problemlösung helfen. Viele Kinder berichten, dass die Krafttexte wie wunderschöne Träume nachwirken. Innere Bilder und Vorstellungen sind wie ein Programm, das unsere Stimmung und unser Verhalten steuert. Und wir alle wissen, welche Wirkung Träume auf unser Tageserleben haben. Manchmal beeinflussen sie uns den ganzen Tag lang, positiv und negativ.

Die bewährten, hier angebotenen Krafttexte sind ein Vorschlag zum Vorlesen. Wenn Sie jedoch einen Text gerne ausbauen, verkürzen oder sprachlich für Ihr Kind verändern wollen, können und sollen Sie das gerne tun. Und natürlich reagieren Sie auch auf die aktuelle Stimmung des Kindes, indem Sie Ihr Kind während des Lesens im Auge behalten. Wenn Sie merken, dass eine Geschichte an einem Tag wider Erwarten gar nicht entspannend wirkt, haben Sie den Mut, gelassen abzubrechen. Machen Sie dann mit einer anderen, kurzen Übung weiter oder fragen Sie Ihr Kind, wonach ihm der Sinn steht.

Nach der angeleiteten Rückführung ins Hier und Jetzt ist es den meisten Kindern ein Bedürfnis, über ihre Gedankenerlebnisse zu sprechen. Hören Sie zu, stellen Sie Fragen, aber bewerten Sie nicht und geben Sie keine »Rat-Schläge«. Akzeptieren Sie auch ein »Es geht mit gut und ich will jetzt nicht reden«.

Vertrauen Sie darauf: Ihr Kind nimmt sich genau das mit, was es braucht und was seinem Wesen und seinen persönlichen Befinden entspricht.

Das Stärkerezept

Das Stärkerezept festigt das in der Fantasie gewonnene Selbstvertrauen. Es besteht aus einem »Zauberspruch« – ein Kraftsatz mit einer positiven Botschaft – und einem »Kraftpunkt« aus der Klopfakupressur, der speziell diesen Vorsatz stärkt. Meistens werden drei Zaubersprüche angeboten – suchen Sie für oder mit Ihrem Kind den besten aus. Oder erfinden Sie selbst einen. Und auch jeder andere Kraftpunkt, den Ihr Kind besonders gerne klopfen möchte, kann verwendet werden.

Wenn Sie möchten, können Sie noch ein gemeinsames Erinnerungsbild malen oder das Stärkerezept auf eigene Art zauberhaft leicht ausklingen lassen. Je regelmäßiger Sie den Zaubersatz und den Kraftpunkt wiederholen, desto besser wird er sich einprägen und seine Wirkung entfalten.

PRAXIS

Das Kraftset im Überblick

1. Leiten Sie das Kraftset mit einem Wohlfühltipp ein und lassen Sie Ihr Kind einen Schluck Wasser trinken.
2. Finden Sie einen ungestörten Wohlfühlplatz und eine gute, bequeme Haltung.
3. Lesen Sie den Krafttext vor und, wenn das Kind es möchte, reden Sie mit ihm darüber.
4. Festigen Sie das Kraftset mit dem Stärkerezept.
5. Lassen Sie das Kraftset kreativ und entspannt ausklingen.

Kraftsets gegen Ängste und Unsicherheiten

Wie selbstbewusst und kraftvoll wir unser Leben meistern, hängt auch von den Erfahrungen in unserer Kindheit ab. Unterstützen wir unsere Kinder, sich konstruktiv mit ihren Gefühlen, auch mit Angst und Selbstzweifeln, auseinanderzusetzen. Das lässt ihre Persönlichkeit reifen und das Selbstvertrauen wachsen.

Ängste vor Monstern und unheimlichen Gestalten

Wilde Tiere unter dem Bett oder schaurige Geister im Keller – besonders in der Dunkelheit treiben sich diese Wesen herum. Alle Kinder leiden zeitweise unter den Ängsten aus ihrer Fantasie, genießen aber auch den Schauer und die folgende Erleichterung. Manchmal erreichen die Fantasien aber eine Bedrohlichkeit, bei der die Kinder Hilfe brauchen.

Was tun mit den Ungeheuern im Schrank?

Margit, 39

» Im Dunkeln treiben sich Ungeheuer herum

Mein siebenjähriger Sohn Harry ist ein mutiger Kerl, zumindest solange es Tag ist. Sobald es dämmrig wird, traut er sich nicht mehr in den Garten oder in einen unbeleuchteten Raum. Am Abend im Bett muss ich das Licht anlassen, ich darf lange nicht aus dem Zimmer gehen und die Tür muss unbedingt offen bleiben. Er fürchtet sich vor gelben, klebrigen Monstern, die im Schrank lauern. Manchmal sind es auch Gespenster, die unter dem Bett hocken, oder eine Fresshexe hinter dem Vorhang, die ihm Angst machen. In der Nacht schlüpft er oft ängstlich zu mir ins Bett und ist dann am ganzen Körper verschwitzt. Meine Nähe beruhigt ihn. Zuerst dachte ich, er wollte auf diese Art mehr Zuwendung von mir. Aber an seinem panischen Gesichtsausdruck merke ich, dass er wirklich Angst hat. Wie kann ich ihm helfen? ▬

Ängste haben eine Funktion

Angst ist ein Gefühl, das zum gesamten Leben gehört und in bestimmtem Ausmaß und gewisser Ausprägung auch gesunder Bestandteil der seelischen Entwicklung ist. Dieses Gefühl ist prinzipiell nicht negativ. Es hat Schutzfunktion und ist ein wichtiges Signal, das vor möglichen Gefahren warnt. Kinder können dieses Gefühl in der Fantasie sozusagen real sehen. In der Phase, in der das magische Denken typisch ist, stehen Ängste vor der Dunkelheit und vor bedrohlichen Fantasiegestalten besonders im Vordergrund. Im besten Fall lernt ein Kind mit zunehmender Logik und wachsendem Selbstbewusstsein, wie es seine Gefühle einschätzen und ihnen wirkungsvoll begegnen kann. Das fällt umso leichter, je geborgener es sich fühlt und je mehr Rückhalt und Hilfestellung es erhält. Ein verständnisvoller und gelassener Erwachsener ist die größte Stütze.

Ein wenig irreale Angst ist auch im Erwachsenenalter normal. Stellen Sie sich vor, Sie sähen alleine einen Horrorfilm in einer abgelegenen Berghütte und rundherum wäre es stockfinster. Vermutlich würde Sie auch ein schauriges Gefühl beschleichen. Sie könnten wahrscheinlich vom Verstand her alles als Unsinn abtun und trotzdem bliebe ein Rest von Unbehagen. Ähnlich, nur viel stärker, empfindet Ihr Kind. Deshalb ist es auch nicht sinnvoll, über Monster und Hexen und die Unmöglichkeit, dass sie unter dem Bett liegen, zu diskutieren. Manchmal ist das abendliche Jammern natürlich ein Versuch, Mama oder Papa zu sich ins Kinderzimmer zu locken, aber in den meisten Fällen steckt echte Furcht vor den eigenen fantastischen Vorstellungen dahinter, die auch das Einschlafen verhindert. Eltern sind Experten für ihre Kinder und merken an der Körpersprache ihrer Kleinen, ob sie sich wirklich ängstigen.

Jeder Schritt in eine neue Entwicklungsphase, längere Krankheiten oder einschneidende Veränderungen bringen andere Ängste ins Kinderleben. Sie können viel dazu tun, damit Ihr Kind damit besser klarkommt.

Tipp

Bei dem Gefühl der Angst schüttet der Organismus Stresshormone aus. Diese versetzen den gesamten Organismus in Alarmbereitschaft. Das verhindert Einschlafen und klares Denken. Dem Kind die Angst ausreden, sie ignorieren oder es dafür ausschimpfen führt nur zu mehr Stress und mehr Angst.

Margit, 39

» Wir vertreiben den Spuk gemeinsam

Harry und ich haben uns richtig viel Zeit genommen, um uns mit seinen Ängsten zu beschäftigen.

- Ich nehme Harrys Angst ernst. Klar und deutlich sage ich ihm aber auch, dass ich ihm fest zutraue, dass er diese Monster besiegen kann.
- Harry malt oder zeichnet nun regelmäßig, was ihn ängstigt. Wir betrachten seine Bilder gemeinsam und überlegen, wie er die Ungeheuer unschädlich machen und vertreiben kann. Mit einer Zauberschere zerschneiden wir das Monsterbild in klitzekleine Stücke.
- Kuscheltiere beschützen Harry in der Nacht. Der Stofflöwe Simba zum Beispiel, der schon in Kindergartentagen sein bester Freund war, hat besondere Kräfte. Er schläft nie, hat immer offene Augen und wacht jede Nacht neben Harry. Dann erzähle ich meinem Sohn eine Geschichte von den Eingeborenen im Urwald. Sie glauben fest daran, dass Löwen Geister vertreiben. Außerdem hat Harry noch andere Kuscheltiere, zum Beispiel die Ente Watschel. Sie ist besonders ängstlich. Watschel bittet Harry, ihr Tipps zu geben, wie sie mutiger werden kann. Und er hat viele Ideen: mit der Taschenlampe in der Dämmerung auf Geisterjagd gehen und mit dem Nudelsieb den unsichtbaren Geist einfangen. Auf diese Art gibt mein Sohn sich indirekt selbst Ratschläge und fühlt sich gleichzeitig stark, weil er Watschel helfen kann.
- Wir basteln zusammen ein Mut-T-Shirt: Auf ein weißes T-Shirt malen wir mit Stoffmalfarben ein lachendes Smiley. Am Abend lasse ich Harry entscheiden, ob er das Mut-T-Shirt anziehen möchte oder ob es ohne geht. Wenn tagsüber eine große Portion Mut gefragt ist, darf er das Shirt auch dann tragen.
- Und irgendwann wird er dem T-Shirt »entwachsen« sein, so wie er vielen Ängsten entwachsen sein wird.

So reagieren Sie auf Ängste

Ihr Kind erlebt seine Ängste als etwas ganz Reales. Indem Sie darauf eingehen, nehmen Sie Ihr Kind ernst und das tut ihm gut.

- Aussagen wie »So ein Unsinn, Monster gibt es doch nicht!« oder auch ein liebevolles »Du musst wirklich keine Angst haben« können die Ängste verstärken. Das Kind fühlt sich alleingelassen, unverstanden und stellt sich und seine Wahrnehmung in Frage. Möglicherweise führt es sogar dazu, dass es irgendwann gar nicht mehr über seine Gefühle spricht. Besser Sie sagen: »Hört sich ja grausig an. Lass uns mal überlegen, was du dagegen tun kannst.«

- Belastende Gefühle lassen sich leichter aushalten, wenn man aus eigener Kraft etwas dagegen unternimmt. Das gilt für Kinder genauso wie für Erwachsene. Wenn möglich präsentieren Sie dem Kind keine fertigen Patentrezepte, sondern überlegen Sie gemeinsam, was es zu seiner Erleichterung tun kann. Denn eigene Ideen sind immer Turboverstärker für das Selbstbewusstsein. Wahrscheinlich sind die Vorschläge Ihres Kindes ebenso magisch und irreal wie die Angst selbst. Kinder können zum Beispiel ihre Angstmonster mit einem Bonbon in einen Schuhkarton locken oder im Luftballon zerplatzen. Danach fühlen sie sich wie starke Helden, die in ihrer eigenen Fanta-

siegeschichte die Hauptrolle übernehmen und das Drehbuch umschreiben.

- Auch Singen, Musik und kraftvolle Rhythmen sind mächtige Verbündete gegen Angstgefühle und Ungeheuer. Erfinden Sie ein Angst-Lied, trommeln oder klatschen Sie mit Ihrem Kind einen speziellen Rhythmus auf einem Topf oder auf den Oberschenkeln. Das vertreibt den Spuk lautstark und macht den Kindern Riesenspaß.

- Auch Rituale helfen bei Kinderängsten, weil sie Sicherheit und Verlässlichkeit schaffen. Wenn Sie Ihr Kind in diesem Sinn erzogen haben, ist ein Schutzengel ein wunderbarer Helfer, der immer mit wachsamen und liebevollen Augen über seinen besonderen Schützling wacht.

- Lassen Sie sich niemals dazu verleiten, Angst zu Erziehungszwecken einzusetzen.

- Mitunter muss man jüngere Kinder vor den älteren Geschwistern schützen, wenn diese sie wegen ihrer Fantasien auslachen oder bewusst ein wenig ängstigen möchten.

Tipp

Erzählen Sie, wovor Sie sich als Kind gefürchtet haben, aber bitte bei hellem Tageslicht und auf lustige Art. Ihr Kind wird sicher neugierig und möchte erfahren, was Ihnen damals geholfen hat. So können Sie eigene Ideen präsentieren, von denen Ihr Kind vielleicht die eine oder die andere auch ausprobieren möchte.

Kraftset

Wohlfühltipp: Atemkraft

Stress und Angst beeinflussen den Atem in negativem Sinn. Er wird flach und verhindert eine ausreichende Sauerstoffaufnahme. Entspannung und tiefe Atemzüge vertreiben die Furcht ganz automatisch.

» Lege eine Hand auf dem Bauch. Atme so ein, dass die Luft in den Bauch strömt und deine Hand hebt. Atme nun laaangsam aus. Erst wenn keine Luft mehr in deiner Lunge ist, atme wieder ein.

Steigerung der Übung

» Atme durch die Nase ein und lass die Luft durch den leicht geöffneten Mund ausströmen.

Krafttext: Mut tut gut – du hilfst einem Angsthasen

» Suche dir eine bequeme Lage, in der du gut zuhören kannst.

Stell dir vor, du bist in einem wundschönen Zauberwald und besuchst deinen kleinen Freund, den Hasen. Er freut sich sehr, dich zu sehen, und drückt dich ganz fest. Zusammen lauft ihr zu einem kleinen Teich, aus dem er Wasser trinken möchte. – Ihr könnt das Wasser schon sehen. Es ist ganz ruhig und klar.

Der kleine Hase hält seinen Kopf direkt über das Wasser, um zu trinken, und erschrickt plötzlich fürchterlich. Aus dem Wasser schaut ihm ein anderer Hase entgegen, der offenbar im Wasser lebt! Ist das ein Wasserhase? Vorsichtig hält er den Kopf nochmals über das Wasser und – der andere Hase ist auch wieder da! Da bekommt dein Freund einen Schreck und große Angst! Er versteckt sich hinter dir und fragt dich mit zitternder Stimme: »Was soll ich nur gegen dieses schreckliche Wasserungeheuer tun? Ich habe so einen Durst, aber es lässt mich nicht trinken!« – »Lieber Freund«, sagst du, »du musst keine Angst haben. Es ist doch nur dein eigenes Spiegelbild, das du da im Wasser siehst! Atme ruhig ein und langsam aus, das macht mutig.« (Sie atmen hörbar.) »Jetzt spürst du deinen Mut, und das tut gut!« Und weil der Hase dir glaubt, atmet er tief ein und ganz langsam aus und sagt drei Mal: »Mut tut gut. – Mut tut gut. – Mut tut gut!« Nun fühlt er sich so mutig, dass er wieder ins Wasser schaut und seine weiche Hasenpfote ins Wasser hält. Augenblicklich löst sich das Spiegelbild auf.

Er versteht nun, dass er sich wirklich nur vor seinem eigenen Spiegelbild gefürchtet hat. Der kleine Hase lacht laut und beschließt, die Angst in Zukunft auszulachen. Und er spürt, wie gut ihm tiefes Atmen tut. Dann trinkt er endlich von dem frischen Wasser. Zum Schluss bedankt sich der kleine Hase bei dir und du schüttelst seine Pfote zum Abschied.

» Bleib noch ein wenig entspannt liegen und atme tief und ruhig. Öffne nun die Augen und schüttle kräftig meine Hand, so wie du sie dem Hasen geschüttelt hast. Wann ist es dir so ergangen wie deinem Hasenfreund und du hast später bemerkt, dass du dich ganz umsonst gefürchtet hast?

Wassergrimassen gegen die Angst

Füllen Sie eine Schüssel mit Wasser und lassen Sie Ihr Kind zum Ausklang das eigene Spiegelbild erleben. Es kann Grimassen schneiden, die Angst auslachen, ihr die Zun-

Stärkerezept

Zauberspruch 3x oder öfter
sagen und dabei klopfen:

1. Ja, mein Mut tut gut!
oder 2. Ich klopfe mich mutig und frei!
oder 3. Eins, zwei, drei, Mut herbei!

Kraftpunkt:

Leg die rechte Hand auf die linke Schulter und die linke Hand auf

die rechte Schulter. Nun klopfe dir selbst abwechselnd links und

rechts auf die Schulter. Bestimme selbst das Tempo und die

Stärke des Klopfens. Am Ende lass die Arme sinken, atme dabei

ruhig ein und aus und mach dich groß.

Lassen Sie Ihr Kind selbst entscheiden, welche Art des Klopfens

am meisten hilft. Kinder haben ein feines Gespür dafür, was

ihnen guttut.

ge zeigen … Versuchen Sie alles, was Spaß macht. Nichts vertreibt Ängste so zuverlässig wie Humor und Lachen.

Wenn Klopfen nicht möglich ist: Nicht immer, wenn es Angst hat, wird Ihr Kind klopfen können. Geben Sie ihm diesen Tipp mit auf den Weg:

» Wenn du einmal nicht echt klopfen kannst, verschränke die Arme vor der Brust, sodass die linke Hand auf der rechten Schulter und die recht Hand auf der linken Schulter ruht. Denke dir nun: Meine Arme schützen mich wie ein unsichtbarer Schutzschild vor Monstern und allem, was mir Angst macht. So bin ich sicher!

Schüchterne und ängstliche Kinder

Manche Kinder wehren sich nicht gegen Vordrängler und verstecken sich gerne hinter Mama und Papa. Sie möchten auf keinen Fall auffallen. Eltern sehen das meist mit Sorge: Wird mein Kind sich durchsetzen können? Warum ist es so ängstlich? Entwickelt es sich zum Einzelgänger? Wie kann ich mein Kind aus der Reserve locken und ihm Mut machen?

Ich trau mich nicht

Lana, 42

»Amelie hängt an meinem Rockzipfel

Meine sechsjährige Tochter Amelie ging schon im Kindergarten selten von selbst auf andere zu. Mit ihrer besten Freundin zusammen ist sie lebhaft und gibt auch manchmal den Ton an. Aber bei fremden Menschen und in neuen Situationen ist sie auffallend schüchtern und hängt ängstlich an meinem Rockzipfel. »Ich trau mich nicht« ist ihr Standardsatz. Sie möchte zwar gerne mitmachen, aber es fehlt ihr an Mut und Selbstvertrauen. Seit ein paar Monaten geht sie in der Schule. Ihre Lehrerin beschreibt sie als sehr ruhig, aber durchaus integriert. Amelie meldet sich leider nie, obwohl sie vieles weiß, und wehrt sich auch nicht gegen vordrängelnde, stürmische Altersgenossen. Sie sitzt neben einem netten Mädchen, traut sich aber nicht, sie einzuladen. Wie viel kann ich Amelie zumuten? Soll ich sie schützen oder herausfordern? Ich weiß nicht, wie ich mich verhalten soll. ▪

Schüchternheit hängt oft vom Umfeld ab

Jedes Kind kommt mit einer inneren Grundausstattung auf die Welt und formt seine individuelle Persönlichkeit erst allmählich aus. Ein schüchternes, leises Temperament ist mit Vorsicht und Zurückhaltung verbunden. Das hat auch Vorteile. Schüchternheit ist eine Art natürlicher Kindersicherung, denn diese Kinder verhalten sich achtsam und streiten meist viel weniger als ihre Altersgenossen. Sie denken erst gründlich nach, bevor sie handeln, und schätzen die Folgen vorher ab. Schüchternheit ist eine Art sozialer Ängstlichkeit und hängt vom sozialen Umfeld ab: Ein Kind, das zu Hause durchaus selbstbewusst auftritt, kann in der Schule sehr zurückhaltend sein. In einer neuen Umgebung und bei fremden Menschen ziehen sich schüchterne, ängstliche Kinder vor allem am Anfang besonders zurück.

Schüchternheit und übermäßige Vorsicht machen sich auch körperlich unangenehm durch Herzklopfen, nasse Hände, ein flaues Gefühl im Magen oder leichtes Erröten bemerkbar. Schüchterne Kinder nehmen sich vieles schnell zu Herzen und haben große Angst, abgelehnt zu werden. Oft kommen sie sehr gut mit wenigen Freundschaften aus, diese sind dafür meist tief und halten lang. Weil scheue Kinder ruhig sind und wenig auffallen, werden sie leicht unterschätzt. Umso beeindruckender ist, es wenn sichtbar wird, welche Fähigkeiten in ihnen stecken. Dennoch gehen diese Menschen tendenziell ein wenig langsamer an Neues heran. Auf lange Sicht meistern sie ihr Leben aber genauso erfolgreich wie ihre draufgängerischen, kontaktfreudigen Altersgenossen. Mit zunehmendem Alter und wachsendem Selbstvertrauen legt sich die extreme Form der Schüchternheit in den meisten Fällen und macht einer ruhigen Selbstsicherheit Platz.

Lana, 42

)) So wird Amelie mutiger

Ich weiß, dass Amelie vor allem Erfolgserlebnisse braucht, um über ihren Schatten springen zu können.

- Sie schafft es noch nicht, auf andere Kinder zuzugehen. Daher spreche ich die Mutter des Mädchens an, das meine Tochter nett findet, und lade sie zu uns ein. So ist sie nur mit einem »unbekannten« Kind zusammen, hat einen Heimvorteil und fühlt sich sicher.
- Ich führe die Zauberworte »noch nicht« ein. Wenn Amelie zum Beispiel im Urlaubshotel nicht alleine zum Buffet geht und sagt: »Ich trau mich nicht«, sage ich ruhig: »Okay, heute noch nicht. Vielleicht morgen.« Ich weiß, dass Amelie über ihren Schatten springen möchte, aber das braucht Geduld und Zeit. Als sie es dann am dritten Tag alleine schafft, lächle ich ihr anerkennend zu. Ich weiß, dass ihr lautes Lob vor den anderen Gästen peinlich wäre.
- Damit Amelie in der Schule nicht übersehen wird, mache ich mit ihr aus, dass sie sich in jeder Stunde zumindest einmal meldet, wenn sie ganz sicher ist, dass sie die Antwort weiß. Oft berichtet sie strahlend vom Unterricht, der ihr jetzt mehr Spaß macht, weil sie sich aktiv beteiligt.
- Wenn andere Leute sie drängen: »Du brauchst doch keine Angst zu haben, komm schon«, entgegne ich: »Meine Tochter möchte noch nicht mitspielen/herkommen. Vielleicht später.« So kann sie selbst überlegen, was sie möchte.
- Aber ich nehme Amelie nicht alles ab. Wenn sie zum Beispiel im Schwimmbad ein Eis möchte, muss sie es selbst holen. Wenn sie zum Kindergeburtstagsfest eingeladen ist, bleibe ich nicht als einzige Mutter beim Gastkind. Wenn ich sie dann wieder abhole, strahlt sie meistens.

So gehen Sie mit zurückhaltenden Kindern um

Schüchterne Kinder sind oft sehr empfindlich, haben wenig Selbstvertrauen und müssen oft erst lernen, sich selbst so anzunehmen, wie sie sind.

- Wer so geliebt wird, wie er ist, kann sich selbst lieben lernen. Helfen Sie deshalb Ihrem Kind, sich so zu mögen, wie es ist, und durch kleine Erfolge Mut zu gewinnen. So wächst das Selbstvertrauen langsam, aber sicher, denn kleine Schritte führen auch zum Ziel. Und: Bleiben Sie realistisch. Aus einem zurückhaltenden Kind wird keine Stimmungskanone.

- Schüchterne Kinder sind sehr empfindlich. Sprechen Sie deshalb die Schüchternheit Ihres Kindes nicht direkt an und reden Sie auf keinen Fall vor Ihrem Kind darüber mit anderen Menschen. Ihr Kind fühlt sich dann leicht bloß gestellt.

- Scheue Kinder nehmen Erfolge weniger stark wahr als Misserfolge. Oft sind sie unzufrieden mit sich selbst und meinen: »Das kann ich nicht.« Reagieren Sie nicht ungeduldig, sondern sagen Sie besser: »Schau mal, du hast schon so viel geschafft. Neulich zum Beispiel hast du … (nennen Sie ein konkretes Beispiel).« Das lenkt die Gedanken auf Erfolge. Durch Drängen und Ungeduld verstärken sie die Unsicherheit nur. Jeder Misserfolg schwächt ein schüchternes Kind unverhältnismäßig stark.

- Zurückhaltende Kinder haben ihr eigenes Tempo und entwickeln eigene Strategien. Häufig bewältigen Sie auf ihre Weise viel mehr, als man ihnen zutraut. Deshalb ist es wichtig, dass Sie Ihrem Kind nicht zu viel abnehmen. Angemessene, altersgerechte Herausforderungen bringen die Erfolge, die das Selbstvertrauen braucht, um zu wachsen. Ermutigen Sie Ihr Kind und bieten Sie Unterstützung an: »Meinst du, wenn ich mit dir hingehe, könntest du dem Jungen auf der Schaukel selbst sagen, dass DU jetzt dran bist?« Zeigen Sie jedoch keine Enttäuschung, wenn das Kind verneint. Sage Sie lieber: »Okay, dann noch nicht.«

Das Stärke-Wappen

Loben und Anspornen bringt bei schüchternen Kindern oft nicht so viel. Besser ist es, wenn ihnen bewusst wird, was in ihnen steckt. Sie können folgende Geschichte erzählen:

In alten Zeiten gab es Wappen. Darauf waren Zeichen zu finden, die an die Stärken und

besonderen Eigenschaften des Menschen erinnerten, zu dem das Wappen gehörte. Jeder Mensch, jedes Kind kann manche Dinge besonders gut und hat ganz besondere Stärken.

Was, denkst du, sind deine? Willst du auch meine Ideen hören? Wie könnte dein Wappen aussehen? Welche Eigenschaften und besonderen Talente wären auf deinem Wappen zu finden? Du kannst gut malen – dann zeichne einen Pinsel. Du kannst gut beobachten – zeichne ein Auge. Was kannst du noch gut? Frag doch auch den Papa, was er meint. Was, glaubst du, würde unsere Katze sagen, warum sie dich so mag?

Auf einem Zeichenblatt, das in Wappenform ausgeschnitten ist, werden nun alle Symbole gezeichnet oder gemalt. Das fertige Stärke-Wappen bekommt einen Ehrenplatz im Kinderzimmer. Und wenn das Kind es möchte, können Sie das Wappen fotografieren und als Minifoto ins Mäppchen legen.

Schüchterne Kinder haben häufig vorsichtige oder ängstliche Eltern

Reden Sie mit Ihrem Kind offen, aber locker über einige Ihrer eigenen Schwächen, statt ihm gute Ratschläge zu geben. Dann fühlt es sich wichtig und verstanden. Wenn Sie sich anschließend gemeinsam vornehmen, jeden Tag ein klein wenig mehr über den eigenen Schatten zu springen, kann das eine tolle gemeinsame Erfahrung werden. Sie sagen zum Beispiel: »Auch wenn es mir schwerfällt, sage ich morgen meinem Chef, dass ich am Freitag nicht länger im Büro bleiben will, weil ich mit dir gemeinsam ins Schwimmbad gehen möchte. Du gehst dafür morgen in der Pause zur Lehrerin und sagst ihr, dass Lars dich immer mit dem Buntstift piekst, und bittest sie um Hilfe.« Dann können Sie noch jeder für sich auf den Tarzanpunkt klopfen und 3-mal gemeinsam sagen: »Auch wenn es nicht einfach ist, bin ich mutig und sage, was ich will.«

Wenn diese Vorsätze umgesetzt werden, wird gemeinsam gefeiert und dabei der nächste Plan geschmiedet.

Schüchterne Kinder sind aufmerksam, gute Beobachter und hören alles. Wenn Sie in Gegenwart Ihres Kindes mit anderen Erwachsenen sprechen, betonen Sie mehr die Fortschritte und reden Sie weniger über Ihre Sorgen. Das Zitat: »Zum Wohle eurer Kinder lasst sie lauschen, wenn ihr bei anderen gut über sie sprecht«, bringt es auf den Punkt. Diese Art von indirekter Verstärkung hebt Selbstvertrauen und Mut.

Kraftset

**Wohlfühltipp 1:
Den eigenen Namen rufen**

Schüchterne Kinder sind leise Kinder. Helfen Sie Ihrem Kind beim Lauterwerden. Ermutigen Sie Ihr Kind, seinen eigenen Namen zu sagen, erst flüsternd, dann leise und dann immer lauter. Zeigen Sie mit den Händen wie ein Dirigent. Hände zusammen heißt: Namen flüstern, Hände auseinander: den Namen mit

PRAXIS

Den Misserfolg loslassen

Wenn etwas nicht geklappt hat und der Mut im Keller ist, braucht das Kind Ihr Vertrauen und Ihre feinfühlige Hilfe.
Das Kind zeichnet oder schreibt auf, was ihm nicht gelungen ist. Sie fragen: »Wie ist dein Gefühl auf diesem Bild?« Bitten Sie das Kind, das Blatt ganz, ganz fest zu zerknüllen. Dann darf es sich auf einen Stuhl stellen, das Papier in die Hand nehmen und die Augen schließen. Die Augen dürfen erst wieder geöffnet werden, wenn Sie es sagen. Sie sagen zu Ihrem Kind: »Wenn du bereit bist, dieses Gefühl, den Misserfolg, fallen zu lassen, dann lass das Blatt einfach los. Aber lass es nur los, wenn du es wirklich willst und wenn du wirklich dazu bereit bist.«
Wenn das Blatt dann am Boden liegt, entsorgen Sie es leise und wortlos. Wenn Ihr Kind die Augen öffnet, ist es verschwunden. Zerreden Sie diesen magischen Moment nicht, sondern genießen Sie ihn gemeinsam. Nehmen Sie Ihr Kind in die Arme oder tun Sie gemeinsam etwas, das Spaß macht.

voller Kraft rufen, vielleicht auch singen … experimentieren Sie!

Machen Sie zuerst mit, dann lassen Sie Ihr Kind seine eigene Stimme alleine hören.

Wohlfühltipp 2: Mut trinken

Mut lässt sich auch trinken. Dazu wird ein besonders hübsches Glas mit frischem, klarem Wasser gefüllt. Ihr Kind darf so lange umrühren, bis es kleine Bläschen sehen kann. Das sind die Mutbläschen. Schluck für Schluck trinkt es nun das Glas leer. Nach jedem Schluck richtet es sich ein wenig mehr auf. Am Ende fragen Sie: »Wie fühlst du dich jetzt?«

Noch ein Wohlfühltipp: Kopf hoch!

Die äußere Haltung hat einen starken Einfluss auf das innere Befinden.

Das Kind sucht sich ein Buch oder einen anderen flachen Gegenstand aus, den es auf den

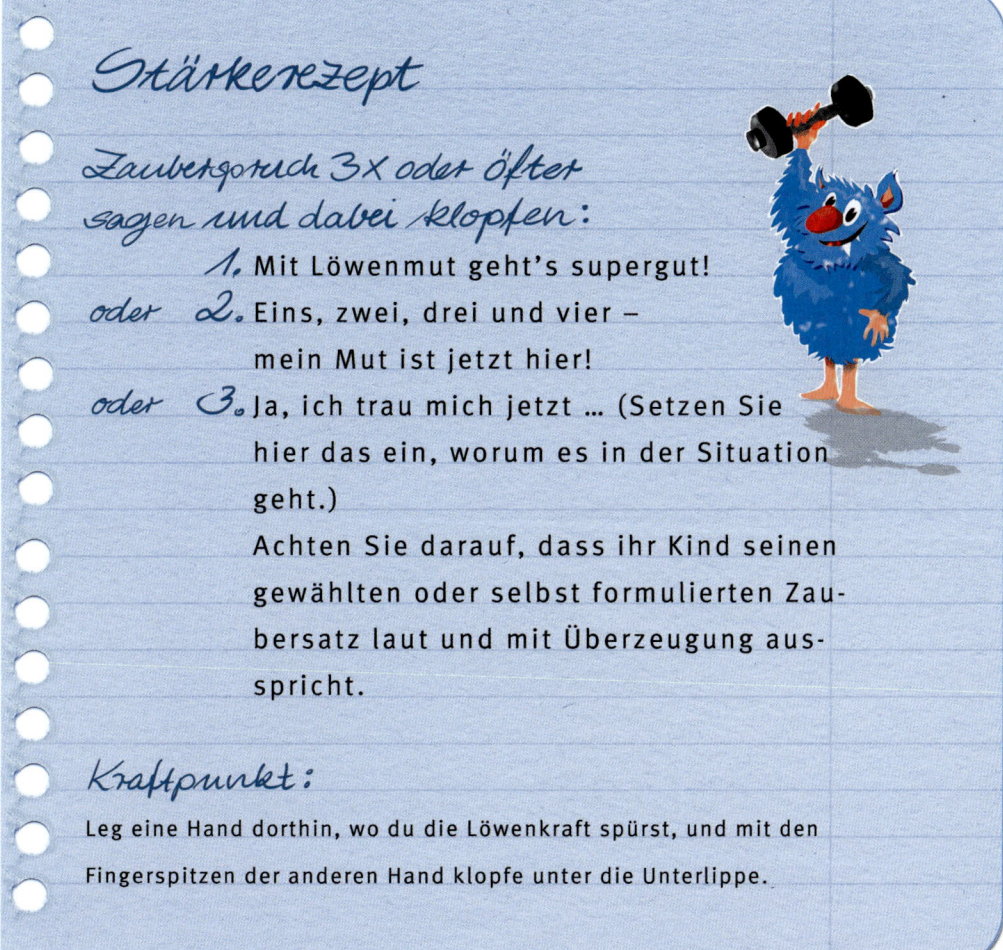

Stärkerezept

Zauberspruch 3x oder öfter sagen und dabei klopfen:

1. Mit Löwenmut geht's supergut!

oder 2. Eins, zwei, drei und vier –
mein Mut ist jetzt hier!

oder 3. Ja, ich trau mich jetzt … (Setzen Sie hier das ein, worum es in der Situation geht.)
Achten Sie darauf, dass ihr Kind seinen gewählten oder selbst formulierten Zaubersatz laut und mit Überzeugung ausspricht.

Kraftpunkt:

Leg eine Hand dorthin, wo du die Löwenkraft spürst, und mit den Fingerspitzen der anderen Hand klopfe unter die Unterlippe.

Kopf legt. Nun soll es durch den Raum gehen, ohne dass der Gegenstand vom Kopf fällt. Das verbessert die Körperhaltung, die Sicherheit und die Bewegungskoordination und macht stark.

Eine vorher ausgesuchte Lieblings-Musik macht die Stimmung noch leichter und lädt zu Bewegungsexperimenten ein. Machen Sie mit. Genießen Sie es selbst auch, sich dabei leicht und unbeschwert zu fühlen. Musik und Bewegung führen uns aus unangenehmen Gefühlen heraus.

Krafttext: Mein Freund, der Löwe

» Mach es dir bequem. Wenn du willst, schließ die Augen, dann kannst du dir die Geschichte besser vorstellen.

Du bist im Dschungel. Es ist angenehm warm. Pflanzen wachsen hier, wunderschöne, mit großen grünen Blättern. Manche haben Blüten in Gelb und Rot und Orange. Bunte Vögel flattern von Blüte zu Blüte. Schmetterlinge mit roten, gelben und blauen Mustern tanzen in der Luft. Du fühlst dich richtig wohl und möchtest dich gerade auf ein weiches Moospolster setzen. Da hörst du plötzlich ein Geräusch! Und unter den Bäumen siehst du einen Löwen. Du erschrickst! Aber sieh genau hin: Es ist ein freundlicher, netter Löwe, der

so aussieht, als ob er lächelte. Er ist genau so groß, wie du ihn haben willst. Vielleicht ist es ein kleiner Löwe, vielleicht ist er schon größer? – Welche Farben haben sein Fell, seine Augen? – Er wartet auf dich. Du gehst ihm vorsichtig entgegen und legst ganz langsam deine Hand auf seinem Kopf. – Er will dein Freund sein. – Du streichelst ihn, erst seine flauschige Mähne, dann seinen kräftigen, festen Körper und spürst seine Stärke. Es kribbelt ein wenig in deiner Hand und du merkst, wie seine Löwenkraft in dich hineinschlüpft und dich mutig und stark macht. – Du hörst die tiefe Stimme des Löwen: »Eins, zwei, drei – Mut macht frei!« Wo spürst du die Kraft des Löwen? In der Brust? Oder woanders?

Du nimmst so viel Löwenmut und Kraft in dir auf, wie du willst. Er sagt zu dir: »(… setzen Sie hier den Namen Ihres Kindes ein), wenn du Mut und Vertrauen brauchst, denk an mich! Ich komme dann in Gedanken zu dir und gebe dir Kraft!«

» Bedanke dich nun bei deinem neuen Freund, dem Löwen, und komm in Gedanken zu mir zurück. Bleibe noch eine Weile ruhig liegen und lass die Geschichte nachwirken. Wie groß ist dein Löwe? Wie sieht er aus? Welche Farbe haben sein Fell und seine Augen? Wann könnte es gut sein an ihn zu denken? Wo spürst du seine Kraft und seinen Mut? Lege deine Hand hin. Wie geht es dir nun?

Bauchweh und andere Wehwehchen

Jeder Mensch, jedes Kind hat manchmal Schmerzen oder kleine Wehwehchen: Der Kopf brummt, der Bauch zwickt, das aufgeschlagene Knie schmerzt. Bei Kindern geht das meist schnell vorüber. Manchmal finden sie jedoch aus ihren Leidenszuständen nur sehr schwer und langsam heraus. Natürlich möchten Eltern gerne helfen, doch oft sind sie selbst sehr besorgt.

Mein Bauch tut weh

Ute, 36

» Mia ist wehleidig

Meine siebenjährige Tochter Mia macht mir Sorgen. Besonders in neuen Situationen, wie vor dem ersten Schultag nach den großen Ferien oder vor einer Reise, zwickt und zwackt es in ihrem Bauch oder sie bekommt Kopfschmerzen. Mia war ein Frühchen. Ich habe sie immer sehr behütet und bin schnell beunruhigt, wenn es ihr nicht gut geht. Jetzt ist meine Tochter rundherum gesund und kräftig. Das hat mir der Kinderarzt bestätigt, der sie ganz genau untersucht hat. Sie geht gerne zur Schule, trotzdem jammert sie morgens oft, weil es irgendwo wehtut oder sie sich nicht wohlfühlt. Schon am Abend machen wir uns häufig Sorgen, dass es ihr am Morgen wieder nicht gut geht. Wenn ich sie beruhigen will und auf sie einrede, wird sie noch ängstlicher. Gegen das »Aua« will sie einmal eine Schokolade, ein andermal ein Stickerheft. Das lenkt ab und wirkt Wunder. Mir ist schon klar, dass das nicht die Lösung sein kann. Aber was kann ich besser machen? Ich möchte Mia doch helfen.

Kleine Wehwehchen – kein Grund zu großer Sorge

Der Körper reagiert sensibel auf jedes Gefühl und jede Art von Anspannung. Sprichwörter wie »Das fährt mir in den Bauch!« oder »Da bleibt mir die Luft weg!« drücken das sehr gut aus. Kinder projizieren Wehwehchen und unangenehme Gefühle oft in den Bauch oder in den Kopf, da sie häufig die genauen Stellen noch nicht angeben können. Ist von medizinischer Seite her alles abgeklärt, stecken meist emotionaler Stress und der Wunsch nach Aufmerksamkeit dahinter. Es ist natürlich wichtig, zu einem jammernden Kind liebevoll und aufmerksam zu sein. Aber wenn ein Kind registriert, dass es bei einem kleinen Zwicken maximal im Mittelpunkt steht, kann es sein, dass es gewohnheitsmäßig Beschwerden »erzeugt«, um mehr Zuwendung zu erhalten. Dem Kind ist dieser Zusammenhang nicht bewusst und deshalb kann es ihn auch nicht ändern. Es braucht dabei Hilfe der Erwachsenen.

Ute, 36

❯❯ Wir besiegen den Bauchwehkobold

Seit ich weiß, dass hinter Mias Bauchweh oft nur Aufregung steckt, fällt es mir viel leichter, ruhig zu bleiben.

- Wenn Mia über Schmerzen klagt, spreche ich mit leiser, sanfter Stimme. Ich zeige Mitgefühl, aber keine übertriebene Sorge, und lasse mich nicht mehr so leicht aufregen. Unser Motto heißt: Gegenstrategien ausprobieren. Wenn Mia jammert, legen wir gemeinsam eine Hand auf die Stelle am Bauch, die wehtut, und atmen tief ein und aus. Bei jedem Ausatmen sage ich: »Jetzt bläst du deine Wehwehchen weg.« Dieses tiefe Atmen tut uns beiden gut und beruhigt uns.
- Dann erzähle ich Mia das Märchen vom Bauchwehkobold: »Manchmal fühlt man sich nicht gut, auch wenn der Arzt keine Ursachen findet. Ich sage dir nun ein Geheimnis: Je mehr du daran denkst und auf den Bauchwehkobold wartest, desto schneller kommt er. Ja, er wartet sogar schon darauf, dass du endlich wieder an ihn denkst. Was er aber gar nicht mag sind Spaß, gute Laune und spezielle Zaubermittel. Willst du mit mir gemeinsam den Kobold besiegen?« Mia ist begeistert. Die Schmerzen werden umbenannt und heißen ab jetzt »Kobolde«. Sie malt ein Bild vom Bauchwehkobold und unter großem Hallo wird er dann übermalt und anschließend zerknüllt. Jetzt ist der Bauchwehkobold aber ganz schön klein und zerknittert und kann sich nicht mehr einmischen.
- Mia mag ganz besonders Melissentee mit Honig. Im Gegensatz zu ihr mag der Bauchwehkobold diesen Tee gar nicht. Wir bereiten den »Zaubertrank« gemeinsam zu, und Mia trinkt ihn Schluck für Schluck. Wenn der »Zaubertrank« im Bauch angekommen ist, schlägt er den Kobold in die Flucht. Der Rest des Trankes wird in eine besondere Flasche gefüllt – für alle Fälle steht sie immer bereit.
- Mia bekommt keine Süßigkeiten oder kleinen Geschenke mehr, wenn es ihr nicht gut geht. Stattdessen male ich Mia mit Theaterschminke ein Herz auf den Bauch. Vorher überlegen wir, welche Farbe wohl am besten wirkt. Mia entscheidet sich für Grün, und sie darf das Geheimzeichen auch noch selbst verzieren. Das mag der Kobold nun überhaupt nicht. Solche Zeichen helfen übrigens auch gegen die Aufregung bei kleinen Verletzungen, einem aufgeschürften Knie oder einem Schnitt im Finger.
- Wenn ein Tag ohne Kobolde vergangen ist, machen wir eine Kissenschlacht, weil Mia das so viel Spaß macht. ▬

So gehen Sie mit kleinen Wehwehchen um

Wenn Kinder aufgeregt oder beunruhigt sind, haben sie oft Schmerzen. Das ist ganz normal und kein Grund zur Sorge.

- Auch wenn es schwerfällt, reden Sie Ihrem Kind seine Empfindung nicht aus. »So schlimm ist es gar nicht, wenn du groß bist, ist alles vorbei«, tröstet nicht. Auch Verharmlosungen wie »Es ist doch wirklich nicht so schlimm, wie du tust«, steigern das Leidensgefühl nur noch. Das Kind fühlt sich schlecht und wenn die Erwachsenen es nicht ernst nehmen, reagiert es noch vehementer. Sagen Sie besser: »Ja, das tut dir weh! Lass mich drauf pusten (oder eine Wärmeflasche drauflegen oder einen Verband darumwickeln …). Mal sehen, ob das wirkt.«

- Lenken Sie ihr Kind bewusst ab, indem Sie von witzigen Erlebnissen erzählen, Spaß machen, nach anderen Dingen fragen, Bilder ansehen oder das nächste Wochenende planen. Keine Sorge, dadurch können Sie nichts Ernstes übersehen, denn wenn ein Infekt im Anmarsch ist und Ihr Kind wirklich krank wird, merken Sie das sicher.
- Überprüfen Sie, ob Ihr Kind genug schläft. Schlafmangel oder Übermüdung führen auch oft zu körperlichen Beschwerden.
- Ihr Kind kann sich den Schmerz als einen konkreten Gegenstand vorstellen, zum Beispiel als Schneeberg oder als dunkle Wolke. Der Schneeberg kann ganz langsam schmelzen, die dunkle Wolke treibt der Wind davon, … Lassen Sie Ihr Kind selbst passende Symbole finden. Kinder sind sehr kreativ, haben Spaß an solchen Vorstellungen und sind schon dadurch abgelenkt.

Den Schmerz nach außen bringen. In der Psychotherapie heißt dieses Verfahren »Externalisieren«. Das heißt, etwas Unangenehmes wird sozusagen nach außen – in diesem Fall auf ein Bild – verlagert. So kann es besser bearbeitet werden, als wenn es drinnen in Köper und Kopf sitzt.

Kraftset

Wohlfühltipp: Springbrunnen

Schmerzgefühle führen zu An- und Verspannungen. Entspannung ist ein wirkungsvolles Gegenmittel zu Wehwehchen und Schmerzen jeder Art. Dieser Tipp entspannt, beruhigt die Anspannung im Nacken und vertreibt sorgenvolles Denken im Nu. Machen Sie mit.

» Stell dir vor, deine Wirbelsäule ist ein Springbrunnen. Von unten herauf fließt Wasser mit Kraft durch deine Wirbelsäule und richtet dich auf. Dein Kopf ist eine bunte, leuchtende Kugel an der höchsten Spitze des Wasserstrahles. Leicht, locker und vorsichtig bewegt sie sich spielerisch auf dem Wasserstahl. Bewege deinen Kopf vorsichtig in alle Richtungen, lass ihn behutsam rollen, hin und her, aber nicht zu heftig. Das Wasser bringt dir auch ein gutes, frisches, gesundes Gefühl und nimmt alles mit, was du nicht brauchst. Der Wasserstrahl wird nun leichter und leichter. An deinem Körper rinnen die letzten Tropfen hinunter. Schau sie dir an! Sie glänzen und schillern in allen Farben. Du fühlst dich locker und fit, dein Kopf ist nun klar.

4 Topp-Tipps bei Schmerzen

Bauch- und Kopfschmerzen sind die häufigsten Schmerzen bei Aufregung und Anspannung. Mit diesen Tipps lassen sie sich wirkungsvoll vertreiben.

Den Bauch streicheln. Lege beide Handflächen auf den Unterbauch. Streiche einige Male kräftig auf und ab, bis deine Handflächen warm sind. Am Ende lass die Hände ruhig liegen und spüre, wie die Wärme deiner Hände in den Bauch fließt.

Mit dem Bauch atmen. Atme tief in den Bauch hinein. Wenn du eine Hand auf dem Bauch legst, kannst du spüren, wie er sich hebt. Jetzt halte den Atem kurz an und dann atme wieder aus. Spüre dabei, wie der Bauch flach wird und sich ganz entspannt. Dabei fließt das Bauchweh weg.

Farbenhände machen dem Kopfschmerz ein Ende. Lege eine Hand auf die Stirn und die andere auf den Hinterkopf, sodass dein Kopf sich zwischen deinen Händen so richtig ausruhen kann. Schließe jetzt die Augen und atme ruhig ein und aus. Lass durch deine Hände jetzt deine Lieblingsfarbe in deinen Kopf fließen. Die fließt genau dorthin, wo sie gebraucht wird … Du kannst die Wirkung verstärken, indem du deine Hände zuerst unter kaltes Wasser hältst. Denn Kühle lässt den Schmerz schrumpfen. Welche Farbe ist deine Lieblingsfarbe gegen den Schmerz?

Schreckliche Schmerzgrimasse. Schließe die Augen und spanne alle Muskeln im Gesicht an, gerade so stark, dass du ein leichtes Ziehen spürst. Dann lass die Muskeln wieder locker, atme tief durch … Mach das so oft, bis deine Gesichts- und Kopfmuskeln entspannt sind. Beobachte genau, wo es sich nun besser anfühlt.

Krafttext: Mein Wohlfühlort

Mit leiser ruhiger Musik untermalt wird er noch kuscheliger.

❯❯ **Schließe die Augen und hör mir gut zu.**

Vor dir sitzt ein Kätzchen. (Fast alle Kinder mögen Kätzchen. Sie können natürlich auch ein anderes Tier einsetzen.) Sieh dir das Kätzchen an. Wie sieht es aus? Wie groß ist es? Welche Farben hat es? Nun geht ihr gemeinsam zu einem Ort, an dem sich alle Menschen und Tiere wohlfühlen. Und während du in Wirklichkeit hier bei mir liegst, gehen deine Gedanken mit deinem Kätzchen spazieren … Ihr kommt an einen wunderbaren Ort … Du schaust dich um: Was kannst du sehen? Was kannst du hören? Kannst du vielleicht etwas riechen? Ist dein Wohlfühlort in der Natur draußen oder in einem Zimmer, in einer Höhle oder unter einem Baum? … Ist es hell dort oder eher schummrig? Welche Farben siehst du? Gibt es andere Pflanzen und Tiere? Oder schwebst du vielleicht auf einer Wolke oder schaukelst du in einem kleinen Boot auf den Wellen? Oder bist du unter Wasser in einer herrlichen Korallenlandschaft? … Du schaust du dich um … Leg dich in Gedanken hin, dein Kätzchen legt sich auf deinen Bauch … Es schnurrt, es fühlt sich gut aufgehoben hier an diesem Ort und bei dir. Das Kätzchen hat seinen Ort, an dem es sich wohlfühlt, gefunden. Bei dir, auf deinem Bauch, geht es ihm einfach wunderbar und es möchte nichts mehr, als dass es auch dir gut geht. Das Kätzchen schnurrt dir eine Botschaft zu: »Du fühlst dich wohl und gut!« Vielleicht schnurrt das Kätzchen auch etwas ganz anderes? Es weiß, was du hören willst. Nur du kannst es hören. Das Kätzchen sagt auch ganz leise (Sie flüstern): »Immer wenn du mich brauchst, bin ich für dich da. Ich gehöre nur dir und gehe jederzeit mit dir an unseren besonderen Ort, an dem du dich mit mir gemeinsam wohlfühlen kannst!«

》 Komm langsam in Gedanken wieder zurück, hierher zu mir. Bleib noch eine Weile ruhig liegen und leg deine Hand auf deinen Bauch. Stell dir deinen Wohlfühlort vor. Mach deine Augen auf und bewege deine Finger und deine Zehen. Strecke dich langsam und genüsslich wie die kleine Katze, die gerade aufwacht. Erzähl mir von deinem Wohlfühlort! Was hat dein Kätzchen geschnurrt? Wie hat es ausgesehen?

Stärkerezept

Zauberspruch 3x oder öfter sagen und dabei klopfen:

1. Ja, ich fühl mich wohl und gut!

oder 2. Mein Bauch (Kopf, …) gibt nun Ruh im Nu!

oder 3. Am Wohlfühlort sind die Wehwehchen fort!

Kraftpunkt:

Lege eine Hand dahin, wo es dir gerade wehtut. Die Fingerspitzen der anderen Hand klopfen leicht auf den Rücken der Hand, die ruhig auf der Schmerzstelle liegt.

Besonders sensible Kinder

Manche Kinder haben eindeutig ein dünneres Nervenkostüm als die meisten anderen. Im Gegensatz ihren Altersgenossen sehnen sie sich oft nach Ruhe und Entspannung. Auch Lärm und Menschansammlungen halten sie schlecht aus. Hochsensible Kinder erleben alles sehr intensiv und verfügen über große Fantasie. Der richtige Umgang mit ihnen ist nicht immer einfach.

Zu viel, zu schnell, zu laut

Samuel, 46

» Kai ist dünn besaitet

Wir haben drei Kinder. Die beiden großen, die neunjährige Klara und der zwölfjährige Konrad, bekommen nie genug Aktivität und sind mir im Wesen sehr ähnlich. Der sechsjährige Kai hingegen ist ruhiger, leicht zu verunsichern und oft nervös. Wenn es bei den Großen laut hergeht, zieht er sich zurück, kann nicht einschlafen und spricht lange davon. Klara und Konrad verstehen das überhaupt nicht und wissen nicht, wie sie mit ihm umgehen sollen. Auch ich bin oft ratlos. Morgens bleibt Kai an der Klassentür stehen und beobachtet, was die anderen Kinder machen. Wenn laute Pausen enden, atmet er auf. Er kaut an seinen Nägeln oder spielt an seiner Kleidung herum. Gut zureden hilft nicht. Ich dachte, ich hätte schon viel Übung in der Kindererziehung, aber bei Kai bin ich oft unsicher. Dabei ist er wirklich bemerkenswert: Er konnte schon mit vier toll malen, und er kann sich so intensiv freuen, wie ich es bei meinen Großen niemals erlebt habe. Dinge wie Weltall oder Technik interessieren ihn sehr, den Sportverein dagegen lehnt er ab. Soll ich auf Kais Eigenarten eingehen oder ihn ein wenig abhärten, damit er eine dickere Haut bekommt? Ich möchte meinen Sohn auf keinen Fall verzärteln. ▬

Kinder sind verschieden und brauchen unterschiedliche Hilfen

Jedes Kind besitzt ein ganz eigenes Temperament. Das eine ist robust und von Natur aus eher ausgeglichen, ein anderes kann sich gut durchsetzen und steht überall gleich im Mittelpunkt. Auch unter Geschwistern sind große Unterschiede möglich. Besonders sensible Kinder stehen oft abseits und beobachten lange, bevor sie handeln oder sich ganz zurückziehen. Im Gegensatz zu den eher schüchternen Kindern ziehen sie sich gerne zurück, um sich zu schützen, und nicht, weil sie übermäßig ängstlich sind. Wenn ein anderes Familienmitglied ein gänzlich anderes Temperament hat, kann das schon mal zu Missverständnissen oder Ratlosigkeit führen.

Sehr sensible Kinder sind leicht überreizt und angespannt. Daher Vorsicht mit intensiven

Sinnesreizen wie hoher Lautstärke, grellem Licht, Hektik, Hitze oder Kälte oder extremen Gerüchen. Ein Gefühl von Nervosität kann schon durch das lange Surren eines technisches Gerätes oder das laute Ticken einer Uhr ausgelöst werden. Das Kind braucht länger, um Eindrücke zu verarbeiten. Auch glückliche Erlebnisse und Momente großer Freude zählen dazu. Erhält es nicht genug Zeit und stößt es auf Unverständnis, kommt es zu einer nervösen Blockade. Dann besteht die Gefahr, dass es aus einem Überforderungsgefühl heraus ausrastet. Wenn ein Sensibelchen nach außen explodiert, dient das dem Abbau der innerlichen Anspannung.

Oft sind diese Kinder für ihr Alter erstaunlich reif. Sie denken viel nach, sind fantasiebegabt und spüren genau, wie es anderen Menschen geht. Selbst sind sie schnell verletzt und verlieren sich leicht in ihrer Innenwelt.

Wenn ein hochsensibles Kind gute Bedingungen erhält, beeindruckt es durch kreative Fähigkeiten und viele Interessen. Es kann sich in eine Sache vertiefen, genau arbeiten und erkennt dennoch schnell übergeordnete Zusammenhänge und atmosphärische Stimmungen zwischen Menschen. Sowohl im negativen als auch im positiven Bereich kann es eine Gefühlsintensität erreichen, die anderen Menschen meist verschlossen bleibt. Manche sind als Erwachsene auf der künstlerischen, psychologischen oder pädagogischen Schiene erfolgreich, da sie gut mitfühlen und beobachten können.

Samuel, 46

» Kai lehrt mich Ruhe und Geduld

Kai braucht viel mehr Ruhe als seine Geschwister. Seit ich das weiß, verstehe ich ihn besser.

- Kai wünscht sich einen Timeout-Ort für sich ganz alleine. Dafür haben wir einen alten Tisch mit Decken zu einer Höhle umfunktioniert. Hinein kommen Kuscheltiere, seine Lieblingsbildbände und weiche Kissen. Dort hinein kriecht Kai, wenn ihm wieder mal alles zu viel wird. Für andere ist dieser Ort tabu.
- Kai braucht länger, um sich am Geschehen zu beteiligen und in Kindergruppen hineinzugehen. Es ist für ihn weniger stressig, mit einem Freund zu spielen, als sich auf viele Kinder einzustellen. Das akzeptiere ich, auch wenn es mir manchmal schwerfällt.
- Ich vermeide es, Kai »anzutreiben«. Das hatte ohnehin nie Sinn. Stattdessen planen wir mehr Zeit ein und lassen einiges weg. Morgens gehen wir früher aus dem Haus, damit Kai als einer der Ersten in der Schule ist. Eine Klasse mit weniger Kindern kann er leichter betreten.
- Ich zeige meinem Sohn immer wieder seine Stärken auf und fördere seine besonderen Interessen. Bei einem Besuch im Planetarium zum Beispiel taut er rasch auf. Durch sein spezielles Wissen bekommt er Selbstvertrauen.

So gehen Sie mit besonders sensiblen Kindern um

Sehr sensible Kinder reagieren stark auf äußere Reize, zum Beispiel auf laute Musik oder viele Menschen. Nehmen Sie Ihr Kind ernst und helfen Sie ihm, Überforderungen rechtzeitig zu erkennen und selbst Gegenstrategien zu entwickeln.

- Wenn Sie merken, dass Ihr Kind überreizt ist, ziehen Sie sich mit ihm zurück. Zeichen für Überreizung können Zittern, Jammern, Schwitzen, Weinen sowie Verstecken oder Schimpfen sein. Wenn andere Menschen das nicht verstehen, sagen Sie klar und deutlich, dass Ihrem Kind gerade alles zu viel wird. Sie sind der Experte für Ihr Kind und Sie kennen es am besten. Verlassen Sie mit Ihrem Kind die stressige Situation und suchen Sie einen Ort auf, an dem es wenig bis gar keine Reize gibt. Wenn Sie Ihr Kind dann zu sich nehmen, es halten oder behutsam drücken, geht es ihm bald wieder besser.
- Erholsame Auszeiten tun gut. Finden Sie heraus, wie und wo sich Ihr Kind am besten erholt: Ist es ein Spaziergang in der Natur? Kuscheln auf Mamas Schoß? Auch eine lange Dusche, ein spezieller Wohlfühltipp oder eine besondere Zaubergeschichte kann zum Erholungsritual werden. Bewegung und gemäßigter Sport wirken sich ebenfalls positiv aus. Leistungssport ist weniger geeignet. Wie wäre es mit Federball statt Fußball und Waldläufen statt wildem Toben?

PRAXIS

Zähl dich frei

Zählen und Gehen sind gute Mittel, um Stress abzubauen und innerliche Gedankenkarusselle zum Stillstand zu bringen.
Zählen Sie mit Ihrem Kind beim Gehen jeden Schritt. Wenn Sie bei 10 angelangt sind, beginnen Sie wieder bei 1. Zählen Sie gemeinsam einmal laut, dann wieder leise, bis der Kopf sich frei anfühlt.
Wenn Sie dabei nicht gehen können, zählen Sie einfach langsam und deutlich bis 10 und wieder zurück – so lange, bis Ruhe einkehrt.

- Wichtig ist, dass Ihr Kind genug ungestörten Schlaf bekommt. Der reduziert die Stresshormone am allerbesten. Ruhiges Zubettgehen, Rückenmassagen und Entspannungsgeschichten erleichtern das Einschlafen und Abschalten. Fernsehen, aufregende Spiele und Essen kurz vor dem Schlafengehen sind tabu.
- Mit all diesen Hinweisen ist aber nicht gemeint, dass sensible Kinder verzärtelt oder unter die Glasglocke gehören. Diese Kinder sind nicht krank, sie haben nur andere, »ruhigere« Bedürfnisse und sollen möglichst früh lernen, Überforderung rechtzeitig zu erkennen, sich zu schützen und Gegenstrategien zu finden.

Kraftset

Wohlfühltipp 1: Progressive Muskelentspannung

Der Arzt Edmund Jacobson fand heraus, dass emotionale Überforderung mit Anspannung der Muskulatur einhergeht. Den Zusammenhang zwischen psychischem Befinden und muskulärer Spannung machte er in den 30er Jahren des 20. Jahrhunderts zur Grundlage seiner »Progressiven Muskelrelaxation«, deren Grundidee das bewusste An- und Entspannen von Muskelgruppen ist. Körperlich und seelisch kommt es dadurch rasch zu Ausgeglichenheit und Ruhe.

Das gezielte Anspannen und Loslassen von Muskeln fördert die innere Ruhe und den Abbau von Stressgefühlen. Kindern machen diese Übungen Spaß, wenn sie sich konkrete Tätigkeiten dabei vorstellen.

» Stell dir vor, du hast einen nassen Schwamm in der rechten Hand, und du drückst ihn immer wieder zusammen, bis kein Tropfen Wasser mehr herauskommt. Gut. Das machst du jetzt auch mit der linken Hand. Gut. Fühl, wie ruhig jetzt deine Hand ist. Jetzt hältst du den Schwamm in beiden Händen. Drücke ihn ein paar Mal ganz fest zusammen. Nun lass die Hand wieder ganz locker und ruhig. Genieße die Entspannung.

Vielleicht können Sie dem Kind tatsächlich einen Schwamm in die Hand geben.

Wenn es dem Kind Freude macht, können Sie die Übung wie folgt fortführen:

» Stell dir vor, du bist ein starker Mann (eine starke Frau). Balle die Fäuste ganz fest, beuge die Arme, zeig deinen Bizeps. Stell dir vor, du beißt in eine Zitrone. Sie ist so sauer, dass du das Gesicht verziehst und die Augen zusammenkneifst. Nun mach dich ganz dünn und zieh den Bauch ein, so fest du kannst, ein paar Mal, dann lass wieder locker ... genieß die Ruhe.

Wohlfühltipp 2:
Fauchen wie eine Katze

Stress und Nervosität abbauen gelingt am besten spielerisch. Kinder mögen Tiere und lieben es, ihre Bewegungen, ihr Verhalten

PRAXIS

Nervosität ableiten

Manche Kinder kauen, wenn sie nervös sind, an den Nägeln oder nesteln an ihrer Kleidung. Wenn Sie es merken, geben Sie Ihrem Kind einen ungefährlichen Gegenstand in die Hand: ein Ministofftier, einen kleinen Softball oder einfach etwas, das gerade griffbereit ist. Das Kneten oder Spielen mit diesen »Handschmeichlern« leitet die innere Spannung und Nervosität ab. Auch wir Erwachsenen spielen gerne mit Schreibgeräten oder drehen Knöpfe, wenn wir angespannt sind.

und ihre Laute nachzuahmen. Das macht Spaß, lockert die Muskulatur und außerdem lernen die Kinder viel dabei.

» Wenn eine Katze sich bedroht fühlt, faucht sie. Versuche das auch einmal. Atme durch die Nase ein und dann mit einem lauten Faucher durch den Mund aus »Chhhh ...« . Dabei kannst du auch in die Knie gehen und die »Krallen« ausfahren.

Stellen Sie sich Ihrem Kind gegenüber und machen Sie mit. Sie werden jede Menge Spaß haben. Wenn Sie beide Lust dazu haben, nennen Sie Ihrem Kind ein anderes Tier, dessen Bewegungen es nachahmt. Es streckt sich wie eine Giraffe, breitet die Schwingen aus wie ein Adler, geht majestätisch wie ein Löwe oder springt leise wie ein Panther. Jedes Tier hat ganz bestimmte Eigenschaften. Für besonders sensible Kinder eignen sich sowohl Tiere, die Stärke und Gelassenheit ausstrahlen, als auch solche, die sich selbst gut schützen können, indem sie sich zurückziehen, wie zum Beispiel die Schildkröte, die Schnecke oder der Igel, der sich einrollt und alle Stacheln ausfährt. Ermuntern Sie Ihr Kind, weitere Tiere zu nennen und nachzuahmen. Fragen Sie nach Eigenschaften des Tieres, die es gerne von ihm lernen möchte.

Krafttext: Im Zauberboot

》 **Atme ruhig und schließe die Augen. Das ist für mich das Zeichen, dass ich beginnen kann.**

Stell dir vor, du stehst am Ufer von einem See. Das Wasser ist ruhig und klar, die Oberfläche glänzt und schillert. Weit draußen siehst du ein paar Boote schaukeln. Jetzt wärst du auch gerne in so einem Boot. Bei dir am

Ufer sind viele Menschen und Tiere, die sich bewegen, reden und durcheinanderlaufen. Du hörst eine Frau schimpfen, einen Hund bellen, Kinder lachen … Du spürst, dass du jetzt gerne Ruhe hättest … Da siehst du vor dir ein Ruderboot. Es ist ein besonderes Boot, ein Zauberboot. Welche Farben hat es? Wie sieht die Sitzbank aus? Wo sind die Ruder? Liegt es still im Wasser oder schaukelt es? Es gehört nur dir und es ist ein echtes Zauberboot. Du steigst ein und ruderst mit kräftigen Schlägen hinaus auf den See. Und weil es ein Zauberboot ist, geht das ganz leicht und mühelos … Wenn du weit genug vom Ufer weg bist, hältst du an. Um dich herum ist es jetzt ruhig, leise plätschert das Wasser gegen die Bootswand, das Ufer ist weit entfernt, Menschen und Tiere sehen von hier ganz klein aus. Langsam schaukelt das Boot auf und ab. Und mit jedem Schaukeln wirst du noch ruhiger und fühlst dich angenehm entspannt. Die Sonne scheint warm, das Wasser ist blau und der Himmel und die weißen Wölkchen spiegeln sich darin … Du spürst, dass du hier sicher bist, und du weißt, dass du immer, wenn du Ruhe brauchst, in Gedanken in dein Zauberboot steigen kannst. Genieße noch einige Zeit dieses schöne Gefühl der Entspannung, die warme Sonne auf deiner Haut, das leise Glucksen des Wassers … Bleib noch eine Weile ruhig liegen und lass dich von den Wellen schaukeln …

》 **Nun komm wieder langsam hierher zurück … mach deine Augen auf und bewege deine Hände und Füße … Wenn du möchtest, erzähle mir, wie dein Boot ausgesehen hat. Magst du es malen?**

Stärkerezept

Zauberspruch 3x oder öfter
sagen und dabei klopfen:

      1. Wenn ich will, bin ich still, weil
          ich mich entspannen will.

oder 2. Ruhe und Gelassenheit, die bringen
          mich immer weit.

oder 3. Ich klopfe hin, ich klopfe her, Ruhe ist
          ja gar nicht schwer.

Kraftpunkt:

Lege eine Hand auf deine Brust. Die Fingerspitzen der anderen
Hand klopfen leicht und langsamer werdend auf die Mitte der
Stirn.

Kraftsets gegen Stress in der Schule

Die Einschulung bedeutet für jedes Kind den Eintritt in eine neue Welt, die völlig anders ist als vorher. Andere Regeln und Pflichten prägen den Alltag für viele Jahre. Erfolgreiches Lernen und das Bewältigen von sozialen und emotionalen Herausforderungen bedeuten zeitweise auch Stress für Kinder und Eltern.

Schulbeginn

Die meisten Kinder freuen sich auf die Schule. Voller Neugier warten sie auf diesen Lebensabschnitt. Aber jede große Veränderung im Leben bringt auch Hürden und kleine Krisen, denn Neues macht auch Angst. Sowohl Kinder als auch ihre Eltern sind in dieser Phase leicht zu verunsichern.

Ich mag nicht in die Schule gehen

Claudia, 37

》 Carina geht nicht gern zur Schule

Meine sechsjährige Tochter Carina hat sich sehr auf die Schule gefreut. Im Kindergarten war sie ein aufgewecktes und selbstständiges Kind. Der erste Schultag war sehr aufregend für uns alle. Ich habe erwartet, dass Carina mindestens so gern in die Schule geht wie in den Kindergarten. Aber es kam anders. Carina hat sich verändert. Sie wirkt viel ruhiger, als ich sie kenne, und das fröhliche Lächeln ist aus ihrem Gesicht verschwunden. Sie sucht ständig meine Nähe. Sogar wenn ich nur Milch hole, will sie mitgehen. Wenn ich sie frage, was los ist, wird sie unsicher oder reagiert weinerlich. Dafür spielt sie wieder mit ihren alten Puppen und Stofftieren. Sie spricht mit ihnen und im Spiel müssen sie alle zur Schule gehen. Manchmal geht es da ganz schön heftig zu. Ich bringe Carina immer im Auto zur Schule und den ganzen Weg jammert sie: »Ich will wieder in den Kindergarten!« Jeden Tag warte ich in der Klasse bis der Unterricht beginnt, weil meine Tochter ängstlich meine Hand hält. Den ganzen Vormittag bin ich mit meinen Gedanken bei ihr. Ist sie schon reif für die Schule? Wie kann ich Carina helfen? ▬

Der Schulbeginn macht vieles anders

Kinder sind Gewohnheitstiere und reagieren sensibel auf Veränderungen im Leben, auch wenn sie sich eigentlich darauf freuen. Jede neue Situation bedeutet einen weiteren Schritt in der kindlichen Entwicklung und muss gemeistert werden. Nur dadurch kann das Selbstbewusstsein wachsen. Die Gründe für das anfängliche Unbehagen können Kinder oft nicht präzise erklären. Ihre Sprache ist vielmehr das Spiel. Der Eintritt in die Grundschule, aber auch jeder andere Schulwechsel bringt viele soziale und emotionale Herausforderungen. Es ist nicht einfach, sich in neuen Gemeinschaften durchzusetzen und seinen Platz zu finden. Engagierte Lehrer geben Kindern Zeit und vielfältige Hilfen, dennoch können Irritationen und Umstellungsschwierigkeiten nicht komplett verhindert werden. Umso stolzer ist ein Kind dann auf sich, wenn es diese Phase meistert. Auch in der Familie ändert der Faktor Schule viel: Das Zuhause ist nicht mehr nur ein Ort zum Spielen, die Zeit wird anders eingeteilt und die Rollen neu verteilt. Mama und Papa sollen nun ihr Kind auch kontrollieren und sind aufgefordert, sich am Geschehen in der Schule konstruktiv zu beteiligen.

Claudia, 37

》 So helfe ich Carina

Ich weiß, dass der Schulbeginn ein großer Einschnitt im Leben ist und dass sich viele Kinder damit schwertun.

- Weil ich wissen möchte, wie sich Carina in der Schule verhält, vereinbare ich einen Gesprächstermin mit ihrer Lehrerin. Sie berichtet, dass meine Tochter manchmal traurig wirkt und am Morgen Tränen in den Augen hat. Sie bestätigt aber auch, dass sie schnell fröhlich wird, in der Gemeinschaft gut integriert ist, mitarbeitet, mit anderen Kindern in der Pause spielt und auch sonst keine Probleme zeigt. Da keine großen Schwierigkeiten sichtbar werden, hat ihr Verhalten ziemlich sicher nur mit der Umstellung auf die neue Lebensphase zu tun.
- Carina erholt sich am besten, wenn sie mit ihren Puppen spielt. Deshalb sorge ich dafür, dass ihr zu Hause genug Zeit dafür bleibt. Wenn sie möchte, spiele ich mit und übernehme die Rolle einer Stoffpuppe, die am Morgen schrecklich jammert, wenn sie in die Puppenschule geht. Da muss Carina lachen. Mir scheint, dass sie Situationen aus der Schule nachspielt und so besser damit zurechtkommt.
- Ich gehe morgens nicht mehr mit in die Klasse. Am Schultor heißt es: »Tschüss, meine Große. Viel Spaß. Ich freu mich schon auf den Nachmittag!« Zum Abschied rubbeln wir die Nasenspitzen kurz aneinander und klatschen dann dreimal die Hände gegeneinander. Schon am vierten Tag dreht sich Carina nach dem Abschied nicht mehr nach mir um. Und die Lehrerin bestätigt, dass Carina ohne Tränen in den Augen die Klasse betritt. ▪

So unterstützen Sie Ihren Schulanfänger

Stärken Sie Ihr Kind durch Ihre Zuversicht und nehmen Sie kleine Unsicherheiten und Umstellungsschwierigkeiten mit Gelassenheit.

- »Was war heute besonders schön in der Schule?« – Mit diesem Satz zeigen Sie Interesse und lenken den Blick Ihres Erstklässlers auf die positiven Dinge im Schulalltag.
- Wenn Sie Ihr Kind prinzipiell mit dem Auto zur Schule fahren, versuchen Sie wenigstens einen Teil des Wegs zu Fuß zu gehen, damit Ihr Kind ein Gefühl für Orte, Strecken und Entfernungen bekommt. Wer im Außen sicher ist, wird es auch leichter im Inneren.
- »Übergangshilfen«, wie das alt gediente Kuscheltier, das sich im Schulranzen verstecken darf, oder ein kleines Foto, das in das Mäppchen eingeklebt wird, erleichtern das Eingewöhnen in der Schule. Auch die Kraftsets schaffen Brücken zwischen dem Gestern, dem Heute und der erwünschten Zukunft.
- Ein Talisman kann Sicherheit vermitteln. Erklären Sie Ihrem Kind, was ein Talisman bedeutet: Ein Talisman ist ein persönliches Symbol, das Kraft gibt, wenn man dabei an etwas Bestimmtes denkt und in einer neuen Situation Mut braucht. Auch

die Großen tragen solche Zaubermittel bei sich, zum Beispiel Eheringe, Fotos im Geldbeutel, Kettchen mit Schutzengeln oder ein Medaillon. Fragen Sie Ihr Kind, welchen Talisman es sich aussuchen möchte. Vielleicht Mamas Kette oder Papas Schlüsselanhänger?

- Kinder lieben es, zu erfahren, wie Mama oder Papa den ersten Schultag erlebt haben oder wie entsetzt Oma geschaut hat, als der Hund das erste Heft angeknabbert hat. Aber Achtung! Lassen Sie persönliche, unangenehme Erfahrungen in den Geschichten weg und schließen Sie nicht von sich auf Ihr Kind. Wenn Sie nicht gerne zur Schule gegangen sind, weil die Lehrerin streng war und der Sitznachbar Sie geärgert hat, heißt das noch lange nicht, dass das bei Ihrem Kind auch so sein wird. Wenn Sie Ihre negativen Erinnerungen zu sehr breittreten, könnte es sein, dass Ihr Kind erwartet, dass es ihm genauso gehen wird.

- Sätze wie »Erst in der Schule beginnt der Ernst des Lebens« oder »Am neuen Schreibtisch heißt es dann von Anfang an immer Ordnung halten« oder »Nach der Schule geht's sofort ab in den Hort« sollten Sie vermeiden. Manche Kinder können damit locker umgehen, für die meisten aber klingt es eher bedrohlich als Mut machend.

6 Tipps für ein selbstsicheres Schulkind

1. Fördern Sie ihr Kind, aber überfordern Sie es nicht. Stress, Hektik und Konkurrenzdenken der Eltern stören die Neugier und den Spaß am Lernen, den jedes Kind von Natur aus in sich trägt.
2. Beobachten Sie, wo die individuellen Stärken und Begabungen Ihres Kindes liegen, und helfen Sie ihm, diese in Ruhe, Freude und mit Leichtigkeit zu entfalten.
3. Nehmen Sie sich die Zeit, über alles zu reden, was Ihr Kind in der Schule gelernt und erfahren hat, aber bedrängen Sie es nicht mit Sorge, Neugier und zu vielen Fragen.
4. Wenn Schwierigkeiten oder Unsicherheiten auftauchen, nehmen Sie Kontakt zu den Lehrern auf. Suchen Sie gemeinsam nach Lösungen und binden Sie das Kind mit ein. Bei Konflikten mit Lehrern hören Sie Ihrem Kind aufmerksam zu und versuchen Sie, seine Sichtweise zu verstehen. Untergraben Sie aber nicht sofort die Autorität des Lehrers. Statt zu helfen, setzen Sie Ihr Kind dadurch indirekt unter Druck, weil es den Lehrer nicht mehr akzeptieren kann und zwischen den Stühlen sitzt.
5. Auch wenn es altmodisch klingt: Überlegen Sie, ob Ihr Kind die grundlegenden Benimmregel beherrscht: »Bitte«, »Danke«, »Guten Morgen«, »Tschüss« und »Auf Wiedersehen« sind Türöffner in jeder neuen Gemeinschaft und an jedem neuen Ort. Aber zwingen Sie ihr Kind nicht zu gewis-

sen Floskeln. Gehen Sie stattdessen mit gutem Beispiel voran.

6. Zeigen Sie Ihrem Kind möglichst oft, dass Wertschätzung, Freude und Ihre Liebe nicht von seiner Leistung in der Schule abhängig sind.

Kraftset

Wohlfühltipp: Aaaaaaaaatmen!

Diese Atemübung ist entspannend und kräftigend gleichzeitig. Es tut einfach gut, sich selbst ganz laut zu hören, sich groß zu machen und sich dabei stark zu fühlen.

Sie können Ihrem Kind erzählen, dass viele Sänger und Künstler vor großen Auftritten diese Übung machen und sich dadurch Kraft und Mut holen.

Bei dieser Übung können Sie sitzen oder stehen, wie Sie möchten.

》 Wir atmen tief ein und richten uns dabei ganz groß auf. Beim Ausatmen sagen wir gemeinsam ein ganz langes »Aaaa …«, atmen die ganze Luft aus der Lunge heraus und lassen locker. Wir atmen wieder tief ein, machen uns ganz groß und beim Ausatmen sagen wir gemeinsam ein ganz lautes »Eeee …«.

Machen Sie mit I, O und U weiter. Sie und Ihr Kind können die Töne von ganz leise bis ganz laut raus lassen. Probieren Sie alle aus. Nebenbei lernt Ihr Kind auch noch die Vokale.

Krafttext: Schmetterling und Zauberdecke

》 Leg dich bequem hin, vielleicht nimmst du ein Kuscheltier zu dir, das auch die Geschichte hören möchte? Wenn du willst, lege ich dir beim Vorlesen die Hand auf die Stirn … Schließe jetzt deine Augen und komm mit …

Du gehst in einem Zauberland spazieren und entdeckst dabei eine unbekannte Wiese … Fremd und geheimnisvoll sieht sie aus, ein paar Nebelschwaden hängen über der Wiese und du kannst sie nicht ganz genau erkennen. Du überlegst, ob du die Zauberwiese betreten sollst. Du bist sehr neugierig, aber auch ein wenig unsicher … Da hebt sich der Nebel langsam. Und ganz langsam kommt die Sonne hinter den Wolken hervor. Sie scheint warm und du siehst, wie schön diese Wiese ist. Da bewegt sich etwas. Ein Schmetterling flattert von einer Blüte zur nächsten … Noch nie hast du so einen wunderschönen Schmetterling gesehen. Schau dir sein Muster an. Mit leichten Flügelschlägen kommt er zu dir herüber und setzt sich auf deine Hand. Er kann lächeln und sagt: »Komm mit mir, ich zeige

---

PRAXIS

Auch Eltern müssen auftanken

Wenn Sie selbst einmal innehalten und schnell auftanken wollen, legen Sie einfach eine Hand auf Ihre Stirn, schließen die Augen dabei und atmen tief durch. Wenn Sie die Wirkung verstärken möchten, legen Sie die andere Hand auf den Bauch, unterhalb des Nabels. Halten Sie diese Stellung bei aufrechter Körperhaltung und atmen Sie so lange bewusst tief ein und ganz aus, bis Sie sich ruhig und fest fühlen. Am Ende richten Sie den Blick nach oben oder in die Weite.

dir etwas.« Du bist neugierig … aber alles ist so unbekannt … Du willst ihm folgen, bist aber auch ein bisschen ängstlich … Vorsichtig und mutig zugleich betrittst du jetzt die Wiese und folgst dem Schmetterling … Wo er dich wohl hinführt? Da staunst du: Vor dir liegt eine bunte Decke, die aus vielen kleinen Blütenblättern besteht. Auch sie haben Gesichter. Schau dir die kleinen Blumengesichter genau an. Jedes Gesicht hat eine andere Farbe, eines ist gelb, eines rosa, eines hellblau und wieder ein anderes ist lila. Siehst du noch andere Farben? Alle Blumen sehen freundlich aus und lächeln dich an … Nun lächelst du auch. Du fühlst dich sicher und bist froh, dass du dich hergetraut hast. Nur große und mutige Kinder können diese Blumendecke finden! Du riechst ihren Duft … Gut fühlst du dich auf einmal, stark und mutig. Du hörst den

Stärkerezept

Zauberspruch 3x oder öfter sagen und dabei klopfen:

1. Ich hab die Kraft, die Neues schafft!

oder 2. Ich fühl mich gut und habe Mut für die nächste Zeit!

oder 3. Ja, ich bin ein richtiges Schulkind, ich freue mich auf morgen!

Kraftpunkt:

Klopfe mit den Fingerspitzen einer Hand ganz leicht in die Mitte der Stirn. Richte den Blick dabei nach oben. Die andere Hand ruht auf deinem Bauch.

Anlehnen macht Kinder sicher: Wenn Sie sich hinter Ihr Kind stellen und dabei die Hand auf die Stirn Ihres Kindes legen, kann es sich anlehnen, hat den Blick nach vorne gerichtet und spürt sofort Ruhe und die Verbundenheit mit Ihnen im Rücken. Dabei können Sie auch einen Kraftsatz sprechen, zum Beispiel: „Du hast Ruhe und Kraft die … (was gerade ansteht) schafft."

PRAXIS

Lernfit klopfen und Mut wecken

Beginnen Sie jeden Schultag mit einem speziellen Klopfritual. Das macht Ihr Kind wach und fördert zusätzlich die Feinmotorik, die es für das Schreiben braucht.

Sie stehen Ihrem Kind gegenüber und reiben zuerst kräftig beide Hände aneinander, bis sie warm sind. Bewegen Sie nun Arme und alle Finger in der Luft auf und ab, bis Sie ein Kribbeln spüren. Jetzt klopfen Sie mit allen Fingerspitzen leicht Kopf und Stirn ab.

Sagen Sie Ihrem Kind, dass dadurch alle Gehirnzellen aufgeweckt werden. Am Ende umschließen Sie den linken Ellenbogen mit der rechten Hand und klopfen dabei mit der linken Hand von der rechten Schulter bis zum Ellenbogen hinunter und zurück. Dann wird der Arm gewechselt. Sagen Sie Ihrem Kind, dass nun auch die Aufmerksamkeit wach ist. Zum Abschluss macht sich Ihr Kind ganz groß und streckt die Arme nach oben.

Schmetterling sagen: »Du hast den Mut und die Kraft, die Neues schafft.«

》 Magst du nun dem Schmetterling »Danke« und den vielen Blüten »Tschüss« sagen? Komm in Gedanken wieder her zu mir. Strecke dich und spüre dabei, wie groß du bist. Bleibe noch eine Zeitlang ruhig und ausgestreckt liegen. Atme tief ein und aus, öffne die Augen und reibe die Hände gegeneinander, damit du wieder ganz wach wirst. Willst du mir von deiner Zauberdecke aus Blüten erzählen? Und von dem Schmetterling? Was ist dir besonders in Erinnerung? Wollen wir einen Schmetterling aus Papier ausschneiden, bemalen und über dein Bett hängen?

Erste Misserfolge

Höhen und Tiefen, Erfolge und Niederlagen ziehen sich als roter Faden durch das gesamte Leben. Auch Kinder müssen einiges einstecken und lernen, dass auch Misserfolge zum Leben dazugehören. Das zu akzeptieren und trotz Scheitern motiviert zu bleiben ist nicht leicht. Dabei ist es besonders wichtig, wie wir als Eltern reagieren.

Manchmal geht alles schief

Sylvia, 34

» Jessicas erste Rückschläge

Meine Tochter Jessica ist ein kreatives, flinkes Mädchen und geht in die 1. Klasse. Morgens konnte es ihr nicht schnell genug gehen, in die Schule zu kommen. Mit Begeisterung hat sie alle Buchstaben gelernt und wurde oft für die schönste Schrift gelobt. Vorige Woche hat sie das erste Wortdiktat geschrieben. Jessica hat sehr viele Fehler gemacht und kein einziges Wort richtig geschrieben. Ich muss zugeben, dass ich auch enttäuscht war. Gleichzeitig tut mir Jessica sehr leid: Sie hat hemmungslos geschluchzt und ihren Schulranzen in die Ecke geschleudert. Einen Tag später stolperte sie beim Wettlauf und ist Letzte geworden. Seither fragt sie dauernd, wann endlich Wochenende ist, und die Schule macht ihr sichtlich keinen Spaß mehr. Wie kann ich verhindern, dass Jessica jetzt entmutigt ist und dass ihr Interesse nachlässt? Wie kann ich ihr Selbstvertrauen stärken, dass sie wieder gerne in die Schule geht?

Rückschläge gut verarbeiten – auf die innere Haltung kommt es an

Da Kinder in ihrer Persönlichkeit noch nicht gefestigt sind, treffen sie die ersten Rückschläge besonders hart und erschüttern oft das gesamte Selbstwertgefühl. Jedes Scheitern ist zunächst ein Schock für das Kind und häufig auch für die Eltern. Auf den Schock folgt beim Kind meist Trauer, Zorn und Unsicherheit. Ob das Kind dann resigniert oder mit neuem Mut durchstartet, liegt vor allem an den Reaktionen, die das Kind von Familie und Umwelt erhält.

Es ist nicht gut, wenn Misserfolge verdrängt oder verniedlicht werden: »Ist ja nur ein Diktat. Vergiss es einfach und bemüh dich das nächste Mal mehr.« Besser ist es, darüber offen zu reden ohne zu dramatisieren, Ursachen zu suchen und über Fehler nachzudenken. Dann kommt die Phase der Planung, was verändert werden könnte, damit es beim nächsten Mal besser klappt.

Manchmal kommen Misserfolge oder Missgeschicke wie bei Jessica hintereinander. Vermutlich liegt das daran, dass das Kind innerlich erschüttert ist und deshalb zaghafter und unsicher an neue Aufgaben herangeht. Deshalb ist es wichtig, rasch aus der negativen Erwartungshaltung herauszukommen, starke Seiten zu betonen und Erfolgserlebnisse zu ermöglichen. Wenn das Selbstvertrauen des Kindes neue Nahrung erhält, lassen sich zukünftige Niederlagen leichter wegstecken.

Haben Kinder einmal verstanden, dass Misserfolge und Enttäuschungen genauso dazugehören wie Erfolge und Siege, dann verfügen sie über wichtige Schlüsselqualifikation für das ganze Leben und haben eine gute Grundlage für eine realistische Erwartungshaltung.

Sylvia, 34

» Jessica braucht jetzt Mitgefühl und Stärkung

Für Jessica ist es wichtig, dass sie mit ihrer Enttäuschung nicht alleingelassen wird.

- Zuerst einmal lasse ich Jessica den ganzen Ärger herausweinen, nehme sie auf den Schoß und versichere ihr, dass ich sie gut verstehe. Ich erzähle ihr, wie schlimm es für mich war, als ich das erste Mal eine Arbeit verhauen habe. Jessica fragt genau nach: »Aber Mama, du hast doch eine tolle Ausbildung.« Da versichere ich ihr, dass auch ich immer wieder Misserfolge habe und dass das einfach dazugehört.

- Mir ist bewusst, dass es meine Tochter noch mehr belastet, wenn sie merkt, dass ich auch enttäuscht bin. Dabei hilft mir der Kraftsatz: »Auch wenn ich selbst enttäuscht bin, weiß ich genau, dass Jessica klug und begabt ist.« Dabei klopfe ich die Handkanten gegeneinander und atme ein paar Mal tief durch. Das hilft mir sehr, Jessicas Ausrutscher nicht tragisch zu nehmen.

- Ich frage nicht nach, wie viele Fehler die Klassenkameraden haben, denn Vergleiche mit anderen verunsichern sie noch mehr. Stattdessen mache ich mich mit meiner Tochter auf die Suche nach den Ursachen für das Scheitern. Fehler sind dazu da, dass man aus ihnen lernt. Bald finden wir auch den Grund: Jessica konzentriert sich so sehr auf ihre schöne Schrift, dass sie sehr langsam schreibt und dann mit der Zeit nicht auskommt. Wir nehmen uns vor, spielerisch und ohne Druck ein bisschen auf Tempo zu üben – auch wenn die äußere Form dann ein wenig nachlässt.

- Am Wochenende besuche ich mit Jessica und ihrer Freundin einen Fitnessparcours. Da sie geschickt ist, bewältige sie alle Hindernisse

gut. Das hilft ihr sehr, wieder gerne zum Schulsport zu gehen. In der nächsten Sportstunde ist sie eine gute Läuferin. Als sie es mir erzählt, freue ich mich mit ihr. Ich betone aber immer wieder, dass es gar nicht wichtig ist, ob sie die Schnellste ist. Wichtig ist mir als Mutter, dass sie gut ins Ziel kommt und Freude dabei hat. ▬

So reagieren Sie auf Misserfolge und Enttäuschungen

Misserfolge und Enttäuschungen gehören zum Leben dazu. Aber unabhängig davon ist jeder Mensch wertvoll.

- Zeigen Sie Ihrem Kind immer wieder und ganz unabhängig von seinen schulischen Leistungen, dass es wertvoll ist. Denn Leistung ist ein Teil unseres Lebens, aber eben nur einer. Jeder Mensch hat auch viele Fähigkeiten und Talente, die nicht in Schulnoten messbar sind. Oder haben Sie schon mal eine Note für Hilfsbereitschaft, Humor oder Mitgefühl gesehen? Wenn Ihr Kind das verinnerlicht, kann es sich auch trotz Pleiten oder Fehlern in der Schule besser zum Durchhalten motivieren.
- Sehen Sie sich gemeinsam Fotos aus früheren Zeiten an und weisen Sie dabei auf die vielen kleinen und großen Erfolge im Kinderleben hin: »Schau mal, was glaubst du, wie oft du hingefallen bist, bevor du laufen konntest? Und wie oft musstest du üben, bis du Fahrrad fahren konntest? Siehst du, genauso ist es mit allem, was wir lernen. Es braucht Zeit und Übung!«
- Mit Anerkennung und Lob können Sie das Selbstwertgefühl Ihres Kindes heben und Glückshormone erzeugen. Lob ist wichtig, aber loben Sie richtig. Nämlich nur, wenn Sie es ernst meinen. Ständiges Hochjubeln oder oberflächliche Anerkennung, die nur taktische Beruhigung ist, wird durchschaut, denn Kinder haben ein feines Gefühl für Aufrichtigkeit. Anerkennung muss nicht immer verbal sein. Auch ein aufmunternder Blick, ein Lächeln oder eine freudige Geste haben Wirkung.

Tipp

Loben Sie vor allem den Einsatz und nicht nur gute Ergebnisse: »Schön, dass du so eifrig bei der Sache bist!« Oder: »Prima, dass du es immer wieder versuchst! Das ist besonders wichtig.«

Stark-schreiben

Jessica schreibt auf ein Blatt Papier: Ich kann rasch und richtig schreiben!

Diesen oder jeden anderen zur Situation passenden Satz zieht das Kind in vielen Farben mit steigendem Tempo nach und spricht ihn dabei ständig vor sich hin. Am Anfang sprechen Sie mit, dann geht es von alleine. Während das Kind immer schneller schreibt und dabei die eigene Stimme hört, wird die Botschaft des Kraftsatzes verinnerlicht und die Motorik des Schreibens verbessert. Bald fliegen die Buchstaben nur so über das Papier.

Jeder Kraftsatz, auch jeder Zaubersatz, kann auf diese Weise besonders verankert werden.

Mein Stärkenbaum

Für das Selbstwertgefühl Ihres Kindes ist es notwendig, dass es sich seiner besonderen Fähigkeiten und individuellen Stärken bewusst ist. Dabei hilft der Stärkenbaum.

Zeichnen Sie eine große Skizze eines Baumes. Ein Flipchartbogen oder weißes Packpapier eignen sich gut dafür. Dann machen Sie sich mit Ihrem Kind auf die Suche nach seinen besonderen Fähigkeiten und Stärken: gut mit Tieren umgehen können, Ausdauer beim Ballspielen, gerne beim Tragen helfen, gut Zuhören können, … Für jede gefundene

Fähigkeit schneiden Sie ein Blatt aus, beschriften es und kleben es an den Baum. Natürlich soll der Baum viele Blätter bekommen. Deshalb kann Ihr Kind auch eine Rundfrage starten: Was meint die Oma, der Papa, die Freundin … was es gut macht oder gut kann? Alle können mitmachen!

Der Baum wird aufgehängt und erhält immer mehr Blätter.

Wenn Sie mutig sind, zeichnen Sie auch für sich selbst einen Baum und fragen Ihr Kind und andere Menschen: Was magst du besonders an mir?

Kraftset

Wohlfühltipp 1: Fingerziehen

Spezielle Gesten und kleine Rituale helfen, einen belastenden Gefühlszustand zu beenden und sich zu entspannen.

》 Denke an deine Enttäuschung … Nun massiere jeden der zehn Finger, indem du zart einen nach dem anderen lang ziehst. Jedes Mal gehen dann die Hände weit auseinander. Gleichzeitig sagst du dabei ein lautes »Uffff – weg damit!« Nun schüttle beide Hände aus und mach dich groß. Wie fühlst du dich jetzt?

Natürlich können Sie Ihr Kind statt »Uff« auch eigene Silben oder Wörter finden lassen.

Vertiefung:
Sie sagen gemeinsam:

》 Ich lass das Alte einfach hinter mir und fange ganz neu an.

Wohlfühltipp 2: Die Aufregung wegspülen

Gerade nach einem Misserfolg kann es sein, dass Ihr Kind vor einer neuen Herausforderung übermäßig nervös ist. Dann können spielerische Berührungen und ein lustiges Ritual schnelle Hilfe bringen.

》 Leg dich ausgestreckt hin. Ich fasse jetzt deine Fußsohlen. Du kannst nun spüren, wie deine Aufregung in meine Hände abfließt … Spür nach in deinem Körper. Wo sitzt noch zu viel Aufregung? Im Kopf? Oder …? Gut, auf alle diese Stellen lege ich der Reihe nach meine Hände. Am Ende gehen wir gemeinsam zur Wasserleitung. Ich wasche meine Hände dann ab und deine Aufregung fließt in den Abfluss. So ist sie auch nicht mehr bei mir, sondern ganz weg. Währenddessen legst du eine Hand auf deinen Bauch und lächelst.

Krafttext: In meinem Bauch wohnt ein kleines Lächeln

》 Such dir eine bequeme Lage zum Zuhören. Leg eine Hand auf deinen Bauch und spüre, wie er sich beim Atmen hebt und senkt.

Manchmal fühlen wir uns wie ein Smiley, das traurig aussieht. Manchmal fließen sogar Tränen, weil wir enttäuscht sind oder etwas nicht geschafft haben. Aber tief in dir drin steckt immer etwas ganz Besonderes. Es ist stärker als das traurige Gesicht und hilft dir, dich gut zu fühlen.

Wenn du willst, schließ jetzt die Augen, dann kannst du dir alles besser vorstellen … Spür die Hand auf deinem Bauch und stell dir nun vor, dass da in deinem Bauch ein kleines Lächeln wohnt, das du noch gar nicht bemerkt hast. Aber nun siehst du es. Es sitzt da, schaut aus wie ein Smiley-Gesicht und lächelt fröhlich vor sich hin – einfach so. Dieses Lächeln wird nun ganz langsam größer und größer und breitet sich in deinem Bauch aus. Das Lächeln wächst weiter, bis es genau die richtige Größe für dich hat.

Leg nun die Hand dorthin, wo du deinen Freund, das Lächeln, besonders gut spüren kannst, und lächle zurück … (Auch Sie können die Hand des Kindes nehmen und diese auf seinen Bauch legen!) Genieße nun die Kraft des Lächelns. Dieses Lächeln ist immer in dir, es wird dich begleiten, wohin du willst: in die Schule, auf den Sportplatz … Es ist immer da und wenn du seine Kraft spüren willst, musst du nur deine Hand auf deinen Bauch legen und schon breitet sich das Lächeln in dir aus …

» Öffne nun die Augen mit einem Lächeln auf den Lippen. Bleib einfach noch eine Weile ruhig liegen – mit einer Hand auf dem Bauch und einem Lächeln im Gesicht.

Achten Sie darauf, dass auch Sie jetzt lächeln und dabei eine Hand auf Ihrem Bauch liegen haben. Sehen Sie dabei dem Kind in die Augen. Sie können ihm auch mit dem Finger einen Smiley auf den Bauch malen.

» Wie hast du das Lächeln im Bauch gespürt? Warm? Wie fühlst du dich jetzt? Wollen wir ein großes, buntes, lächelndes Smiley malen und zur Erinnerung im Kinderzimmer aufhängen? Oder lieber ein kleines Smiley in den Schulranzen kleben? Oder beides?

Tipp

Beginnen und beenden Sie den Tag mit einem Lächeln, egal was vorgefallen ist.

Stärkerezept

Zauberspruch 3x oder öfter sagen und dabei klopfen:

1. Mein Lächeln macht Mut, das tut mir gut!

oder 2. Ich kann Fehler machen und darf darüber lachen!

oder 3. Ja, ich kann rasch und richtig schreiben!

Kraftpunkt:

Klopfe mit den Fingerspitzen der einen Hand unter die Unterlippe.

Die andere Hand lege auf den Bauch, da wo das Lächeln wohnt.

Konzentrationsschwierigkeiten

Alle Kinder können sich konzentrieren, wenn sie etwas begeistert. Aber mit Schulbeginn sind sie gefordert, auch dann bei einer Sache zu bleiben, wenn sie diese nicht so interessiert. Manche Kinder nehmen jede Kleinigkeit zum Anlass, um sich ablenken zu lassen. Wie können wir ihnen helfen, das Wesentliche im Blick zu behalten und bei einer Sache zu bleiben?

Mach deine Hausaufgaben!

Melanie, 38

》 Marie träumt gerne vor sich hin

Marie geht in die 1. Klasse. Immer schon war sie eine kleine Trödlerin und Träumerin. Sie ist an vielem interessiert, und schon mit fünf Jahren kannte sie viele Buchstaben und konnte bis zehn rechnen. Nicht etwa weil ich sie gedrillt habe, sondern weil sie es selbst lernen wollte. Ich dachte, die Schule sei ein Kinderspiel für sie. Doch nun sitzt sie oft vor dem Heft und spielt mit ihren Stiften, statt zu schreiben, oder schaut den Vögeln vor dem Fenster zu. Alles und jedes lenkt sie ab, und immer fällt ihr etwas anderes ein: das Stickerheft ansehen, den neuen Pulli anprobieren, ein Glas Milch holen. Ich ermahne sie ständig: »Bitte Marie, mach endlich weiter!« Ich rede und rede, aber es nützt nichts. Kann ich etwas dazu beitragen, dass Marie sich besser konzentrieren lernt?

Konzentration braucht Zeit und Hilfe

Zum gezielten Arbeiten und Lernen sind Konzentration und bewusste Aufmerksamkeit notwendig. Das sind keine Fähigkeiten, die Kinder fix und fertig bei der Geburt mitbringen, sondern Entwicklungs- und Lernprozesse, die sich beim Spielen und mit gezielten Angeboten nach und nach erweitern. Eltern können dabei viel helfen. Aber das geht nicht im Schnellverfahren, sondern braucht Zeit und Geduld. Die Dauer der vollen Aufmerksamkeit ist unterschiedlich. Als Richtlinie dient die einfache Formel, dass die volle Konzentration im Durchschnitt etwa doppelt so lange anhält, wie das Kind alt ist. Ein Sechsjähriger kann sich demnach etwa 10 bis 15 Minuten, ein Zehnjähriger 20 bis 30 Minuten voll konzentrieren. Allerdings steigt die Spanne nicht linear an, sondern lässt auch bei Erwachsenen schon nach 30 Minuten deutlich nach.

Ständige Ermahnungen wie »Jetzt konzentriere dich endlich!« helfen da wenig und erzeugen eher Druck und Widerstand. Denn Konzentration lässt sich zwar verbessern, aber leider nicht verordnen.

Es gibt allerdings auch Kinder, die zu jeder Zeit ein so großes Aufmerksamkeitsdefizit haben, dass sie professionelle Hilfe brauchen. Aber das ist selten. In den meisten Fällen können wir Kindern mit einfachen Mitteln helfen, ihre Konzentration mit Freude und Spaß zu schärfen und über einen gewissen Zeitraum zu halten.

Vielen Menschen ist zum Beispiel gar nicht bewusst, welch wichtige Rolle Bewegung beim Lernen spielt. Eine gute Abwechslung zwischen Phasen von körperlicher Aktivität, fokussiertem Lernen und ungezwungenem Spiel bringt oft schon viel ins Gleichgewicht. Auch regelmäßige Pausen und freie Zeit sind nötig, weil das Gehirn Ruhe braucht, um das Gelernte zu verarbeiten.

Melanie, 38

》 So helfe ich Marie

Viel mehr als ständiges Ermahnen und Nörgeln helfen Marie vorher vereinbarte Zeichen.

- Nach dem Mittagessen darf Marie nach Herzenslust spielen oder sich ausruhen. Wenn ich mit einer kleinen Glocke klingle, dieses besondere Zeichen haben wir uns gemeinsam überlegt, bedeutet es, dass die Aufgabenzeit beginnt. So erspare ich mir ständiges Reden, das Marie scheinbar gar nicht mehr hört.
- Auf Maries Schreibtisch steht immer ein Glas mit Wasser, denn ein ausgeglichener Flüssigkeitshaushalt und genug Sauerstoff helfen beim Konzentrieren. Bevor Marie mit den Hausaufgaben beginnt, öffne ich oft das Fenster und lasse frische Luft herein – auch im Winter.
- Wenn ich merke, dass Maries träumt oder an ihren Stift herum kaut, klopfe ich ihr leicht auf die Schulter. Das heißt: »Komm wieder zur Sache!« Dieses Geheimzeichen übernimmt auch die Lehrerin in der Schule.
- Wie viele Mütter bin ich eine Multitasking-Frau: Während ich telefoniere, decke ich den Tisch und werfe im Vorbeigehen noch einen Blick auf den Herd. Marie zuliebe reduziere ich dieses Verhalten bewusst und gewöhne mir einen langsameren Stil an. »Eins nach dem anderen« heißt unsere Devise, denn ich bin das Vorbild für Marie.

ADS und ADHS

Typisch für eine Aufmerksamkeitsdefizitstörung (ADS) ist ein von frühen Kindesbeinen an unaufmerksames, impulsives und unkonzentriertes Verhalten. Vor allem in Gruppen und in neuen Situationen verstärkt es sich. Beim Aufmerksamkeits- und Hyperaktivitätssyndrom (ADHS) oder beim Hyperkinetischen Syndrom (HKS) kommen noch eine auffällige Unruhe und ein übermäßiger, unstillbarer Bewegungsdrang hinzu.

ADS, ADHS oder HKS festzustellen, steht jedoch nur speziell ausgebildeten Fachleuten, wie spezialisierten Kinderpsychologen oder Kliniken, zu. Denn nur eine tiefgreifende individuelle Analyse rechtfertigt diese Diagnose. In speziellen Therapien kann auch diesen Kindern gut geholfen werden.

So fördern Sie die Konzentration Ihres Kindes

Manche Kinder lassen sich leicht ablenken, zum Beispiel durch ein Insekt, das am Fenster krabbelt, oder durch ferne Stimmen. Sie brauchen deshalb lange für Ihre Aufgaben.

- Beobachten Sie, wann und warum Ihr Kind den Konzentrationsfaden verliert: Kennt es sich vielleicht nicht aus und braucht Hilfe? Gibt es in der Umgebung zu viele Ablenkungen, zum Beispiel eine laute Waschmaschine, Fernseher oder Radio im Nebenzimmer? Fühlt es sich prinzipiell wohl oder lenken es Sorgen ab? Wartet der Freund schon auf dem Spielplatz?
- Es klingt paradox, aber manche Kinder können sich mit leiser, ruhiger Instrumentalmusik im Hintergrund besser konzentrieren als in absoluter Stille. Probieren Sie aus, ob das auf Ihr Kind zutrifft.
- Ein Kind, das sich leicht irritieren lässt, sollte nie mehr als zwei Aufträge auf einmal bekommen. Formulieren sie den Auftrag so präzise wie möglich, also nicht: »Räume auf, stelle deinen Schulranzen ins Zimmer, aber zeig mir vorher schnell noch dein Heft.« Besser: »Zeige mir bitte dein Heft.« Erst dann kommt der nächste Auftrag. Vor Beginn der Arbeit besprechen Sie genau, was zu erledigen ist.

Tipp

Je früher Sie mit Ihrem Kind die Uhr lernen, desto besser kann es sich auf Zeitspannen einstellen. »Nur noch 10 Minuten« sagt einem Kind, das nicht weiß, wie lange das dauert, gar nichts, sondern macht es noch unruhiger.

Bewegung und Konzentration

Kinder lieben gezielte körperliche Bewegung. Diese kann Phasen der Konzentration spielerisch einleiten. Die Übungen aus Brain-Gym® nach Dr. Paul Dennison sind hier eine bewährte Hilfe. Brain-Gym® ist eine ganzheitliche Mischung aus Bewegung und Berührung und hilft, Fähigkeiten zu aktivieren und Aufmerksamkeit zu steigern. Es ist nicht genau geklärt, warum diese Übungen so gut wirken.

Tatsächlich tun sie vielen Kindern sehr gut, machen Spaß und eignen sich bestens als Einstiegsrituale in Arbeitsphasen und als Ausgleich für Zwischendurch.

Eine Übung aus Brain-Gym®: Die liegende Acht

» Steh aufrecht mit leicht gegrätschten Beinen. Führe den rechten Arm in Augenhöhe gerade nach vorne, mach dabei eine Faust mit aufgestelltem Daumen. Richte den Blick auf den Daumennagel, halte den Kopf gerade und den Nacken entspannt. Zeichne nun mit dem geraden Arm eine Acht in die Luft, die quer vor dir liegt, und bleib mit dem Blick am Daumen. Fahr mit dem Arm zuerst aufwärts hinüber zur linken Seite der Acht, dann im Bogen wieder zurück zur Mitte und dann wieder hinauf zur rechten Seite. Der Punkt, an dem sich die Linien der Acht in der Mitte kreuzen, ist genau vor deiner Nase. Lass den Kopf und den Oberkörper dabei ruhig. Zuerst zeichne die liegende Acht klein, dann mach immer größere Schwünge, sodass die Acht größer wird. Nach drei bis fünf Achten nimm den anderen Arm. Zusätzlich lockert diese Übung auch die Schultermuskulatur.

Erweiterung:

» Stell dir vor, dass du die Acht mit einem Riesenpinsel in der Hand und in verschiedenen Farben malst. Achte darauf, bei dieser Übung normal zu atmen.

» Wenn Du willst, kannst du die Hände am Schluss auch vor dir so falten, dass beide Daumen in die Höhe zeigen. Nun zeichne die liegende Acht mit beiden Armen gleichzeitig.

Die Acht kann auch auf ein Blatt Papier gemalt, oft nachgezogen oder als Erinnerungssymbol an die Wand gehängt werden.

Auf den Daumennagel können Sie zusätzlich mit Nagellack ein lustiges Smiley malen. Dann erinnert sich Ihr Kind besser an die Übung.

Der Nierenmeridian. Unter den Kuhlen unter den Schlüsselbeinen rechts und links neben dem Brustbein liegen die Endpunkte des Nierenmeridians. Dem wird nachgesagt, dass er positiven Einfluss auf die Konzentrationsfähigkeit hat, die Koordination zwischen Auge und Hand verbessert und das Energieniveau hebt.

Noch eine Übung aus Brain Gym®: Gehirnknöpfe einschalten

Eine Hand massiert leicht die Gegend unter dem Nabel, während der Mittelfinger und der Daumen der anderen Hand gleichzeitig das Gewebe unterhalb des rechten und des linken Schlüsselbeins rubbeln. Nach etwa einer Minute werden die Hände gewechselt, das heißt, die andere Hand liegt nun auf dem Bauch.

Verstärkung:

Während die Punkte massiert und der Bauch gerubbelt werden, können die Augen hin- und herbewegt werden. Oder die Augen folgen Achterschleifen.

Spiele, die schlau machen

Bevorzugen Sie Spiele, die viel Konzentration erfordern, zum Beispiel Mikado, Memory oder Puzzles. Bauen Sie lustige Konzentrationsspiele in den Alltag ein. Das begeistert Kinder, fördert alle Sinne und wirkt sich gut auf die Beziehung aus.

Kartenklau und Rateschlau. 4–5 Postkarten oder Tierbilder liegen auf dem Tisch. Jetzt Augen zu! Eine Karte wird umgedreht: Welche ist es?

Wortlos. Räumen Sie mit Ihrem Kind gemeinsam den Geschirrspüler aus oder gießen Sie zusammen die Blumen, ohne dabei zu sprechen. Verständigen Sie sich nur mit Blicken oder Gesten.

Fehlergeschichten. Lesen sie Ihrem Kind ein bekanntes Märchen vor und bauen Sie bewusst Fehler ein: Aus den sieben Zwergen werden sechs, statt des Prinzen erscheint plötzlich ein Roboter. Das Kind hat die Aufgabe, genau auf Fehler zu achten.

Schlaue Hände. Gegenstände aus dem Alltag wie Löffel, Bleistift, Radiergummi, Kastanie … werden in einer Tüte gesammelt – mit ge-

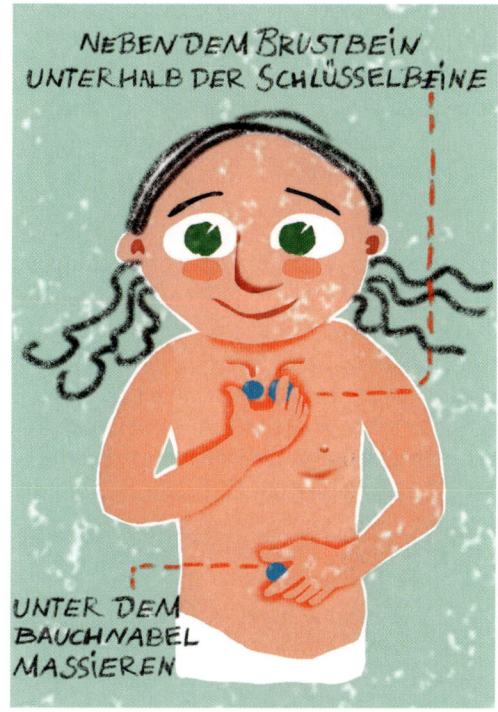

schlossenen Augen fühlt das Kind nun, was es in der Hand hält.

Kraftset

Wohlfühltipp: Kerzenmeditation

Auch Sie werden von dieser Übung profitieren, da jede Art von Meditation automatisch die Gedanken beruhigt und innerlich zentriert.

In einem abgedunkelten Zimmer steht eine Kerze. Vielleicht darf das Kind sie selbst anzünden? Und nun beobachten Sie gemeinsam die Flamme ein bis zwei Minuten lang.

❯❯ **Wie bewegt sie sich? Kannst du gaaanz sachte hinpusten? Was passiert dann? Was passiert, wenn wir jetzt die Augen schließen? Geh ganz** **vorsichtig mit der Hand zur Flamme, bis du es warm spürst.**

Mit geschlossenen Augen sieht das Kind vermutlich ein Nachbild, das es bis zum Verschwinden weiter beobachten kann. Am Ende darf das Kind die Kerze behutsam ausblasen.

Krafttext: Im Farbenland

Besonders Kinder, die sich nicht lange konzentrieren können, haben oft auch Schwierigkeiten, einer Geschichte von Anfang bis zum Ende zu folgen und sich nicht ablenken zu lassen. Helfen Sie Ihrem Kind dabei, indem Sie sagen: »Jedes Mal, wenn ich deine Hand drücke, passt du ganz besonders gut auf, was in der Geschichte gerade vorkommt.« Nach jedem Handdrücken lassen Sie 5–10 Sekunden Ruhe und Stille folgen.

» **Lege dich so hin, dass du gut zuhören kannst. Beobachte deinen Atem und wie er von selbst kommt und geht. Darf ich ein leichtes Tuch auf deine Augen legen?**

Stell dir nun vor, du bist in einem Land, in dem du Farben ganz besonders gut und deutlich sehen kannst … Du stehst mitten auf einer grünen Wiese (Hand drücken) und vor dir erblickst du einen roten Ball (Hand drücken). Er beginnt von selbst zu rollen und bleibt vor deinen Füßen liegen. Der Ball hat ein fröhliches Gesicht und schaut dich lachend an. Nimm ihn auf und wirf ihn einfach in einem großen Bogen hinter dich. Nun schau, wo er gelandet ist. Er liegt vor einer gelben Blume (Hand drücken). Du nimmst den Ball erneut hoch und wirfst ihn wieder hinter dich. Wo wird er nun landen? Du drehst dich um und siehst den roten Ball neben einer Schnecke mit einem goldenen Haus (Hand drücken) liegen. Langsam kriecht die Schnecke los, bis sie bei einem weißen Zauberstein anhält. Mit ihren Fühlern betastet sie vorsichtig den Stein … Dann …

Stärkerezept

Zauberspruch 3x oder öfter sagen und dabei klopfen:

1. Ich lenke meine Gedanken, wohin ich will!

oder 2. Fit und konzentriert mach ich mit!

oder 3. Konzentriert geht's wie geschmiert!

Kraftpunkt:

Klopfe mit den Fingerspitzen der rechten und der linken Hand auf die Punkte unter dem rechten und dem linken Schlüsselbein. Am Ende leg beide Hände kurz auf diese Stellen. Schließe die Augen. Spüre, wie deine Brust sich beim Atmen leicht hebt und senkt, hebt und senkt …

(Sie können den Text bei jedem Vorlesen Schritt für Schritt mit Ihren Ideen erweitern – so wie sich auch die Fähigkeit Ihres Kindes zur Konzentration steigern wird.)

Zauberhafte Vertiefung und Weiterführung:
Sie können

- gemeinsam einen hellen oder weißen Stein in der Natur suchen und mit einer liegenden Acht bemalen.
- eine liegende Acht auf den Rücken des Kindes malen und dabei langsam den Kraftsatz wiederholen.

- ein Schneckenhaus suchen und als Symbol für Konzentration und Ruhe auf den Schreibtisch legen.
- Ihr Kind fragen, welche eigenen Ideen es dazu hat.

» Komm in Gedanken wieder her zu mir. Bleibe noch so lange ruhig liegen, wie ich deine Hand halte. Vielleicht magst du dich in Ruhe an alles erinnern, was du im Farbenland gesehen hast. Weißt du noch, wann ich deine Hand gedrückt habe? Was hast du dir gemerkt? Zeig mir mit den Fingern, wie langsam die Schnecke kriecht.

77

Übermäßige Unruhe und Ungeduld

Wir alle wünschen uns aufgeweckte und aktive Kinder. Manche Kinder sind aber permanent aufgedreht und erzeugen sich selbst und manchmal auch ihrer Umwelt Stress. Sie können sich nur schwer einkriegen, und in der Schule werden sie wegen ihrer Zappeligkeit und Ungeduld ständig zurechtgewiesen. Diese Kinder sollten lernen, sich selbst zu beruhigen.

Ich kann nicht die ganze Zeit still sitzen

Robert, 40

❱❱ Ronni ist ein Zappelphilipp

Mein achtjähriger Sohn Ronni ist ein neugieriges, temperamentvolles Kerlchen. Er plaudert gerne und hat keine Scheu, mit anderen Menschen in Kontakt zu kommen. Überall hat er die Nase vorn und stürzt sich voll Tatendrang in jede neue Situation. Leider beginnt er vieles und lässt es dann unfertig zurück, weil schon wieder etwas anderes lockt. Wenn ihm etwas nicht gleich gelingt, schmeißt er alles hin und wirkt verzweifelt. Schon am Morgen beginnt die Hektik, weil Ronni seine Schulsachen nicht beisammenhat. Gerne spielt er auch den Kasper in der Klasse. Das bringt ihm viele Ermahnungen ein und dann fließen auch mal Tränen. Wie kann ich mein Kind zur Ruhe bringen, ohne es ständig zu kritisieren und damit noch mehr zu verunsichern? ▬

Gelassenheit, Geduld und gute Nerven

Ist ein Kind sehr impulsiv, ungeduldig und flippig, kommt vielen Eltern der Begriff »Hyperaktivität« in den Sinn. Es besteht heute die Tendenz, ungestüme, auffallend lebhafte Kinder skeptisch zu betrachten. Behalten Sie Ruhe: Nicht jede kleine Stimmungskanone hat gleich eine hyperkinetische Störung. Ob ein Kind nur mehr Bewegungs- und Tatendrang hat als die meisten anderen oder wirklich ein Fall von Hyperaktivität ist, kann nur ein spezialisierter Kinderpsychologe oder ein Facharzt feststellen. Deshalb lassen Sie sich nicht von Laiendiagnosen verunsichern.

Wenn einige Grundsätze beachtet werden und diese Kinder die für sie passende Unterstützung erhalten, kommen sie meist gut zurecht in der Schule und im Leben. Sie bringen Farbe und Abwechslung in den Alltag, denn ihre Spontaneität und Begeisterung wirken oft ansteckend, und ihre Hilfsbereitschaft und ihr Gerechtigkeitssinn sind auffällig. Aus lebhaften Kindern werden im besten Fall Menschen mit Tatkraft und Pioniergeist.

Als Eltern eines bewegungsfreudigen, ungeduldigen Heißsporns tun Sie gut daran, sich den Bär Balu aus dem Dschungelbuch als Vorbild zu nehmen. Es hilft nicht, permanent auf das Kind einzureden und mit ihm zu schimpfen. »Probiers mal mit Gemütlichkeit, mit Ruhe und Gemütlichkeit«, ist ein besseres Motto.

Auch der Meister Eder vom quirligen Pumuckl zeigt ein Verhalten, das kleinen Draufgängern durchaus guttut: Impulsivität nicht persönlich nehmen und der Ungeduld des Kindes mit Konsequenz, Klarheit und Gelassenheit begegnen. Das tut auch Ihnen gut und hilft, unnötigen Energieverlust zu vermeiden.

Robert, 40

» Ronni braucht viel Bewegung

Ronni braucht mehr Bewegung als andere Kinder. Seit wir die Bewegung regelmäßig in seinen Tagesauflauf integrieren, wird er ruhiger.

- Ronni darf jeden Tag die Post aus dem Briefkasten holen. Wir wohnen im 4. Stock und er läuft zu Fuß ins Erdgeschoß. Dann üben wir das Einmaleins mit Hüpfen. So kann Ronni sich bewegen, lernt dabei aber spielerisch auch rechnen. Weil er so gerne hilft, darf er die Blumen gießen und mit unserem Hund Gassi gehen.
- Wir basteln gemeinsam Ampelscheiben in Grün, Gelb und Rot. Wenn ich die gelbe Scheibe in die Höhe halte, heißt das: »Achtung, krieg dich jetzt wieder ein!« Rot heißt: »Sofort stopp! Komm her!« Die grüne Scheibe bedeutet: »Super! Weiter so!« Ich benutze die Scheiben nicht zu oft, das erhöht ihre Wirkung.
- Das Selbstvertrauen meines Sohnes hat durch die vielen Ermahnungen gelitten. Deshalb überlegt die ganze Familie, was Ronnis Fähigkeiten und Stärken sind: Er ist hilfsbereit, kann gut mitfühlen, ist lustig, originell, tierlieb und ein toller Sportler. Als Ronni so geballt hört, was die anderen an ihm gut finden, strahlt er.

- Ich melde Ronni im Fußballverein an. Dort kann er sich austoben, muss Regeln einhalten und kann zeigen, was er sportlich draufhat. Nach dem Training ist er voll ausgepowert und glücklich.
- Nach jeder Action machen wir eine ausgiebige Ruhephase. Auch der Tag klingt ruhig aus. Das abendliche Toben haben wir eingestellt. Stattdessen reden wir über den Tag und machen die eine oder andere Entspannungsübung.
- Wir suchen zusammen ein »Ruhewort«, einen Begriff, den Ronni mit Ruhe und Gelassenheit verbindet: Wolke, Himmel, Wasser, Stille, habe

ich vorgeschlagen. Ronni entscheidet sich für Wolke. Gemeinsam malen wir eine Wolke und hängen sie an die Wand. Wenn Ronni es wieder mal zu wild treibt, schimpfe ich nicht mehr, sondern zeige auf das Plakat oder sage »Wolke«. Meist lächelt Ronni dann und versucht, ruhiger zu werden. ▬

So werden Kinder ruhiger und können sich besser konzentrieren

Unruhige Kinder lassen sich leicht ablenken und brauchen viel Bewegung.

- Ihr Kind braucht einen ruhigen Arbeitsplatz, an dem idealerweise von Geschwistern, Fernseher, Computer, Telefon und ähnlichen Störenfrieden möglichst wenig zu hören ist. Der Tisch sollte jeden Tag vor und nach der Arbeit so aufgeräumt werden, dass wirklich nur die Dinge überbleiben, die im Moment wichtig sind. Ein deutlich reduziertes Umfeld ist besser als ein Überangebot vieler Sachen, die ein ständiger Anlass für Ablenkung, neue Ideen und Unruhe sind.
- Wenn Ihr Kind gerne auf dem Boden liegen und dort lernen möchte, ist das auch in Ordnung. Ein oftmaliger Wechsel der Körperhaltung kommt dem Bewegungsdrang entgegen.
- Um ausgeglichener zu sein, brauchen kleine Draufgänger oft den Wechsel zwischen Aktivität und Ruhephasen. Der Übergang von Aktivität in Ruhe sollte aber langsam und schrittweise erfolgen. Also nicht: »Schluss jetzt, nun wird gearbeitet«, sondern besser: »In fünf Minuten gehen wir ins Haus. Komm her zu mir und lass erst mal den Atem ruhig werden.« Auch Sport an der frischen Luft schafft Ausgleich, gute Durchblutung und hat außerdem noch eine antiaggressive und Angst lösende Wirkung.
- Flippige Kinder brauchen einen geregelten, strukturierten Alltag. Gemeinsame Mahlzeiten und viele gleichbleibende Gewohnheiten sind wichtige Oasen im Tagesverlauf, die Kontinuität und Sicherheit vermitteln. Künstliche Abwechslung und prallvolle Terminkalender tun ihnen nicht gut.
- Sorgen Sie für einen stressfreien Tagesbeginn. Am Vorabend schon werden Schulsachen kontrolliert und Kleidung hergerichtet. So bleibt morgens Zeit für ein kurzes Kuscheln und ein gemeinsames Frühstück, bei dem der Tag besprochen wird.
- Vage Worte wie »vielleicht« oder »mal sehen« erzeugen Stress und Ungewissheit. »Wenn nachher noch die Sonne scheint, gehen wir vielleicht raus«, ist für ein sehr impulsives, ungeduldiges Kind ein Grund, gar nichts mehr auf die Reihe zu bekommen. Besser, Sie sagen: »Wir gehen jetzt auf den Spielplatz und nachher ist Lernen angesagt.«
- Achten Sie auf Details und auf Genauigkeit. Wenn Ihr Kind zum Beispiel einkaufen war, lassen Sie sich das Wechselgeld genau zurückgeben. Wenn Sie es nachher dem Kind schenken – auch gut. Aber vorher wird gemeinsam abgezählt.
- Körperliche Nähe und Berührungen schaffen Verbundenheit und Ruhe. Wenn Sie beim Vorlesen oder auch einfach zwischendurch die Hand auf den Kopf Ihres Kindes legen, den Rücken des Kindes oder seine Hände massieren, wirkt das oft Wunder: »Ich kraule dich jetzt so lange, bis du Ruhe spüren kannst.«
- Es ist sehr beruhigend für Kindernerven, wenn Eltern selbst planvoll und gelassen an Dinge herangehen. Wenn Stressphasen oder kleine Probleme im Leben nicht als Katastrophen, sondern als normale Herausforderung gesehen werden, kann Ihr Kind von klein auf Selbstvertrauen entwickeln und Gelassenheit lernen.

Tempo verlangsamen

Diese Übung zum Ruhigwerden können Sie überall durchführen. Am besten, Sie machen mit.

Breiten Sie die Arme weit aus. Zählen Sie dann gemeinsam langsam von 10 bis 0. Bei jeder Zahl kommen die Hände ein wenig mehr zueinander, bei null liegt Handfläche an Handfläche. Fragen Sie Ihr Kind: »Wie oft musst du runterzählen, bis du dich ganz ruhig und konzentriert fühlst?« Mit aneinanderliegenden Händen genießen Sie noch kurz gemeinsam die Stille.

Kraftset

Wohlfühltipp 1: Zeitlupe spielen

Das Verlangsamen von Bewegungen macht ganz automatisch ruhig. Setzen Sie jede beliebige Tätigkeit ein und machen Sie mit.

» Stell dir vor, du siehst einen Film in Zeitlupe, da geht alles ganz langsam. Nun mache alles selbst in Zeitlupe. Wer schafft es von uns beiden, langsamer zu sein? Gaaanz langsam löffelst du die Suppe, ganz langsam gehen wir die Treppe hinunter, ganz langsam legst du dich in dein Bett ...

Wohlfühltipp 2: Unruhe einfangen

Diese Übung dauert etwa zwei Minuten. Sie kommt in der ursprünglichen Form aus der energetischen Psychologie und heißt dort »Korrektur der Überenergie«. Sie übt Körperkoordination und Konzentration und führt spielerisch und hocheffektiv in die innere und äußere Ruhe. Sie stellen sich dabei neben das Kind, damit es nicht seitenverkehrt denken muss.

» Stell dich beidbeinig und sicher hin. Fangen wir nun die unruhigen Beine ein. Lege die Beine in Höhe der Knöchel übereinander, und zwar das linke Bein über das rechte. Jetzt stehst du überkreuz. Suche in dieser Stellung ein gutes Gleichgewicht. Strecke beide Arme nach vorn. Die Handflächen berühren sich. Drehe nun die Handflächen nach außen, sodass die Daumen nach unten zeigen. Nun fang die Hände ein. Lege die rechte Hand über die linke Hand und verschränke die Finger der beiden Hände ineinander. Beuge die Arme so zum Körper hin, dass die verschränkten Finger auf der Brust liegen und die Ellenbogen nach unten zeigen. Schließe nun die Augen und atme ruhig weiter. Augen auf! Nun stell dich in Zeitlupe wieder normal hin. Öffne die Finger und auch die Arme und lege die Fingerspitzen beider Hände so zusammen, dass in Augenhöhe zwischen deinen Händen ein kleines Dach entsteht. Da kannst du sogar durchschauen. Warte, bis du den Puls in den Fingerkuppen spüren kannst. Sehr gut. Das ist ein Zeichen, dass du ab jetzt voll konzentriert und ruhig bist. Spüre die Ruhe.

Krafttext: Der Zauberstab

Der Zauberstab kann ein Holzstab, Bleistift oder irgendein anderer langer Gegenstand sein. Erklären Sie ihn möglichst theatralisch zum Zauberstab. So haben sie die volle Aufmerksamkeit ihres Kindes: »Simsalabim – jetzt ist ein Zauber drin.« Dann legen Sie den Stab erst einmal beiseite.

» Du liegst bequem auf dem Rücken, Arme und Beine liegen locker auf der Unterlage. Ver-

suche nun durch die Nase ein und durch den Mund auszuatmen … Gut so. Hör gut zu, woher der Zauberstab kommt.

Stell dir vor, du gehst auf einem Zauberweg durch den Wald. Der Weg ist mit weichem Moos bedeckt. Deine Schritte sind darauf nicht zu hören. Es ist ein besonderer Wald. Manche Baumstämme haben lustige Gesichter und lächeln dich an, wenn du an ihnen vorübergehst. Ein Baum streichelt dich ganz leicht mit seinen Blättern. (Sie können leicht über den Kopf des Kindes streicheln.) Geh ganz, ganz langsam, damit du alles sehen und spüren kannst. Ein Baum kann sogar mit tiefer Stimme sprechen: »Schau mal … (setzen Sie hier den Namen des Kindes ein), was aus meinen Ästen vor deine Füße fällt. Es ist ein Stab, ein ganz besonderer Stab. Ich zaubere jetzt den Stab in die Hände von … (hier setzen Sie Ihren Namen ein). Lass dich überraschen, was dieser Stab alles kann.« Du bedankst dich bei dem netten, sprechenden Baum und gehst durch den Wald über das weiche Moos zurück. Jetzt bist du wieder hier bei mir …

Stärkerezept

Zauberspruch 3x oder öfter sagen und dabei klopfen:

1. In meiner Ruhe liegt die Kraft, die alles schafft!

oder 2. Mit Ruhe und Gemütlichkeit, da komm ich weit!

oder 3. Ja, ich bin nun klar, das ist wahr!

Kraftpunkt:

Rund um die Augen und Augenbrauen liegen viele wichtige Energiepunkte, die ausgleichend und beruhigend wirken.

Klopfe mit den Fingerspitzen beider Hände leicht auf deine Augenbrauen, von außen nach innen und umgekehrt, hin und her.

Werde dabei immer langsamer und leichter. Am Schluss lass die Hände ganz, ganz langsam sinken.

Ich zeige dir nun, wie der Zauber des Zauberstabs funktioniert. Ich berühre damit deinen Körper an verschiedenen Stellen ... deinen Kopf ... deine Hand ... Jetzt weißt du, wie sich das anfühlt. Wenn du nun die Augen schließt, wird die Zauberwirkung erst richtig möglich.

Also schließe die Augen ... Der Zauberstab geht nun zu deiner rechten Hand, berührt sie ... und augenblicklich wird sie ruhig und alle Unruhe fließt von ihr ab. Sie ist nun ganz entspannt.

Nun geht der Zauberstab zu deiner linken Hand ... berührt sie ganz leicht ... und augenblicklich wird sie ruhig ... und alle Unruhe fließt ab ... Nun geht der Zauberstab zu deinem rechten Knie und augenblicklich wird es ruhig ... usw. Am Ende kommt der Zauberstab zu deinem Kopf ... Er zaubert Ruhe hinein und die Unruhe fließt von ihm ab ... Und einen Zaubersatz zaubert er auch hinein: In meiner Ruhe liegt die Kraft, die alles schafft!

》 Öffne die Augen und bleibe noch so lange ruhig liegen, wie es für dich angenehm ist. Spüre die Ruhe. Dabei kannst du dir noch einmal den Zauberstab vorstellen. Nun streck dich und mach dich so groß, wie es nur geht. Wie sieht der Zauberstab in deinen Gedanken aus? Wie lang ist er? Zeig es mit deinen Händen. Wo spürst du jetzt in deinem Körper Ruhe?

Machen Sie die Übung je nach Zeit und Bedarf mit vielen Körperteilen, auch Finger oder einzelne Zehen können ruhig gezaubert werden. Natürlich können Sie am Schluss auch einen anderen Zaubersatz sagen.

Damit der Ruhezauber wirklich wirkt

Dieser Zauberstab wird nur zu bestimmten Gelegenheiten geholt und ausschließlich zum »Ruhezaubern« verwendet. Wenn er im Zimmer achtlos herumliegt oder für andere Dinge verwendet wird, verliert er seine Kraft. Nur Sie dürfen diesen bestimmten Zauberstab holen und benutzen.

Wenn er aus Holz oder Pappe besteht und selbst gebastelt wurde, kann er auch »magisch« bemalt und verziert werden. Denn alles, was selbst gestaltet ist, hat eine besondere Wirkung.

Hänseleien und Mobbing

Anerkennung durch Gleichaltrige ist wichtig für den Aufbau eines gesunden Selbstvertrauens. Aber Rangkämpfe, Hänseleien oder Ausgrenzungen kommen in jeder Kindergemeinschaft vor. Natürlich müssen Kinder lernen, sich zu wehren und kleine Kränkungen auszuhalten. Doch es gibt eine Grenze, ab der ein Einschreiten der Eltern notwendig wird.

Die anderen sind gemein zu mir

Katrin, 43

» Sabrina ist verändert

Meine zehnjährige Tochter Sabrina geht in die 4. Klasse. Sie ist fleißig und beliebt bei den Lehrern. Seit ein paar Wochen wirkt sie oft bedrückt und will am Montag nicht zur Schule gehen. Meinen Fragen weicht sie aus und sagt, dass an diesem Tag Sport auf dem Stundenplan steht und sie sich nicht gut fühlt. Einmal täuscht sie eine Erkältung vor, um zu Hause zu bleiben. Als ich nachbohre, bricht das ganze Unglück aus ihr heraus: Sabrina ist ein wenig pummelig geworden, deshalb mag sie sich nicht mehr vor den anderen umkleiden. Einige Kinder bemerken schnell, wie unwohl sie sich fühlt, und nutzen ihre Unsicherheit für Hänseleien aus. Sie nennen sie »Sadicki« statt Sabrina. Dann verstummt und erstarrt sie und will im Boden versinken. Einmal ist ihre Sportkleidung plötzlich verschwunden. Nach einer Weile findet Sabrina sie im Mülleimer. Das alles ist ihr furchtbar peinlich. Ich möchte ihr so gerne helfen. Was soll ich tun?

Kränkungen und Mobbing

Kleine Kränkungen hält das Leben in jedem Alter bereit. Wir müssen unsere Kinder so stärken, dass sie diese aushalten und sich angemessen wehren lernen. Zeitweilige Ablehnung wie »Jetzt will ich nicht mit dir spielen« oder kleine Neckereien unter Kindern sind normal und tragen dazu bei, Konflikte aushalten zu lernen und sich selbst zu verteidigen. Doch wenn ein Junge oder ein Mädchen wiederholt gehänselt wird oder sich an seinen schwachen Punkten – ein paar Kilos zu viel, ein zu kurzer Haarschnitt – bloß gestellt fühlt, ist Einhalt geboten. Wenn Kinder wegen ihres Geschlechts, ihrer Herkunft, ihres Aussehens oder ihrer Leistungen immer wieder ausgegrenzt oder verspottet werden, brauchen sie Hilfe. Viele Kinder ärgern sich leise und ziehen sich beschämt zurück. Andere werden zornig und reagieren aus einem Gefühl der Ohnmacht und Wut heraus selbst aggressiv.

Was ist eigentlich Mobbing? Klares körperliches Mobbing liegt vor, wenn ein Kind verletzt, geschlagen, bedroht oder sein Eigentum versteckt oder beschädigt wird. Weniger

offensichtlich ist das verbale Mobbing: Dabei werden die Kinder ständig mit bissigen Bemerkungen belegt oder direkt beschimpft. Oft wird auch die Familie des Kindes herabgesetzt. Dies geschieht in Pausen, am Spielplatz oder auch leise im Unterricht. Besonders gefährlich ist das stumme, indirekte Mobbing. Das ist permanentes, kaltes Ignorieren des Kindes oder seiner Wünsche, Vorenthalten von wichtigen Informationen bis hin zum wortlosen Ausschluss aus der Gemeinschaft. Es macht wehrlos und ist schwer nachzuweisen. Auch hier braucht das Kind die Unterstützung der Erwachsenen.

Auch wiederholte, abwertende Äußerungen von Erwachsenen wie »Schon wieder die schlechteste Arbeit, das war ja klar« oder ein genervtes Gestöhne oder Auslachen, wenn ein Kind etwas nicht versteht, verunsichern die kindliche Persönlichkeit und schwächen das Selbstvertrauen.

Tipp

Keine Art der Ausgrenzung und Abwertung darf über längere Zeit einfach hingenommen werden.

Nehmen Sie Ihr Kind ernst, wenn es Ihnen andeutet, dass es in Schule und Freizeit drangsaliert wird, und gehen Sie dem nach. Suchen Sie in Ruhe das Gespräch, zeigen Sie Ihre deutliche Unterstützung und überlegen Sie gemeinsam, wie sich Ihr Kind angemessen zur Wehr setzen kann.

Katrin, 43

» Raus aus der Opferfalle

Ich lasse Sabrina nicht alleine, nehme ihren Kummer ernst und helfe ihr, aus der Opferrolle rauszukommen.

- Ich erkläre Sabrina, dass das, was da passiert, nicht in Ordnung ist und sie Unterstützung braucht. Gemeinsam besprechen wir das weitere Vorgehen, denn nichts wäre peinlicher für sie, als wenn ich unangemeldet und wutschnaubend in die Klasse käme. Deshalb mache ich mit dem Klassenlehrer einen Termin unter vier Augen aus, zu dem Sabrina nach Offenlegung der Fakten dazugeholt wird, um selbst zu berichten. Die Schule verspricht, Maßnahmen zu treffen, und ich bleibe mit dem Lehrer in engem Kontakt.
- Sabrina berichtet ab jetzt dem Lehrer unter vier Augen, wenn sie sich in die Enge getrieben und verspottet fühlt. Das stumme Leiden ist vorbei, das hat sie beschlossen. Sie will nicht mehr schweigendes Opfer sein.
- Sabrinas wunder Punkt ist der Körperumfang, unter dem sie sehr leidet. Wir stellen die Ernährung um, streichen das häufige Fastfood und die tägliche Abendschokolade. Stattdessen verbringen wir miteinander Zeit in der Küche beim Kochen von gesundem Essen und beim Plaudern.
- Ich übe mit Sabrina Schlagfertigkeit: Ich sage einen dummen Spruch: »Sa-dicki, du Piggy«, und Sabrina antwortet mit einem Gegenspruch: »Lass dir mal was Neues einfallen, du Spargel« oder »Das ist schon sooo langweilig!« Solche Antworten lernt sie am Anfang auswendig, denn nur dann werden sie ihr in der passenden Situation einfallen.
- Bald berichtet Sabrina strahlend von ersten Veränderungen. Besonders ihre angelernte, selbstbewusste Körpersprache – eine gerade Haltung mit erhobenem Kopf und einem aufgesetzten, aber doch sichtbaren Lächeln – nimmt den Peinigern die Lust am Sticheln. Auch genervtes Augenverdrehen oder gelangweiltes Kopfschütteln sind neue Reaktionen von ihr, die die anderen noch nicht kennen. Sie signalisiert dadurch klar: Ich bin nicht euer Opfer!
- Bald merke ich auch zu Hause, dass Sabrina öfter Nein sagt und sich abwendet, wenn sie Ruhe möchte. Offenbar übt sie auch bei mir eine klare Abgrenzung. Das halte ich gut aus, weil ich weiß, dass es sie stärker macht. ▇

So helfen Sie Ihrem Kind

Wenn Ihr Kind wiederholten Schikanen ausgesetzt ist, braucht es die Sicherheit, dass die Eltern an seiner Seite stehen.

- Zeigen Sie Einfühlungsvermögen, gehen Sie auf den Kummer ein. Dann versuchen Sie, Ihr Kind zu stärken und mit ihm Gegenstrategien zu erarbeiten. Denn Hilfe durch Selbsthilfe ist die wirksamste Art, Selbstwertgefühl aufzubauen.
- Ein »Coolness-Training« baut Selbstbewusstsein auf und macht Spaß. Finden Sie gemeinsam neue Ideen gegen peinigende Wichtigtuer. Üben Sie mit Ihrer Tochter oder Ihrem Sohn einen selbstsicheren Auftritt: Kopf hoch, Brust raus, Blickkontakt aushalten! Im Rollenspiel lässt sich gut erarbeiten, wie man besser auf Provokationen reagiert und sich angemessen wehrt. Denn wenn Ihr Kind sich nicht mehr als Opfer zur Verfügung stellt und das klar signali-

siert, können dumme Sprüche und gezielte Verletzungen nicht mehr landen, und die Lästermäuler verlieren meist den Spaß an der Sache.

- Wenn Ihr Kind allerdings dennoch und mit aller Hilfe selbst nicht klarkommt, müssen die Fakten in der Schule offengelegt werden. Erklären Sie Ihrem Kind, dass das kein »Petzen« ist, sondern eine berechtigte Reaktion auf Lästern, Abwerten und unerlaubtes Verhalten. Bevor die Schule informiert wird, sammeln Sie genaue Daten und Fakten über die Vorfälle: Wann und wo? Wer gegen wen? Was passiert durch wen? Welche Wörter und Beleidigungen sind gefallen? Stellen Sie eine Liste zusammen, mit deren Hilfe derer Sie dann in Absprache mit Ihrem Kind mit den zuständigen Lehrern reden.
- Finden Sie heraus, wo Ihr Kind sich schwach und verletzlich fühlt, denn genau dort sind Menschen besonders anfällig für Schikanen: Hat es eine Zahnspange? Oder schämt es sich für seine Ungeschicklichkeit im Sport? Dann gilt es, das anzusprechen, darüber zu reden und dazu zu stehen.
- Jeder Mensch hat persönliche Stärken und Schwächen. Das macht uns einzigartig. Suchen Sie mit Ihrem Kind gemeinsam solche Schwachstellen auch bei anderen Menschen – nicht um diese herunterzumachen, sondern um zu zeigen, dass niemand perfekt ist.

Kränkungen lustvoll entsorgen. Wenn Ihr Kind genervt und unglücklich nach Hause kommt, darf es erst mal Dampf ablassen. Dann schreiben Sie auf ein Blatt Papier den Anlass für den Ärger, zum Beispiel: »Heino hat mich dicke Wurst genannt!« Das Kind entscheidet dann, was mit dem Blatt passieren soll: in kleine Stücke zerreißen, darauf herumspringen, es in der Toilette runterspülen … alles ist erlaubt. Dieses Ritual hilft augenblicklich, die negative Emotion zu stoppen und destruktive Energie abzuleiten.

Kraftset

Wohlfühltipp: Kopfmassage

Abwertende Bemerkungen und Hänseleien setzen sich sozusagen im Kopf fest.

Stellen Sie sich gegenüber und schäumen Sie pantomimisch den ganzen Kopf mit einem gedachten Zauberschaum ein. Sie zeigen dabei Ihrem Kind, wie eine angenehme Kopfmassage geht. »Ich massiere jetzt die trüben Gedanken und schlechten Erinnerungen fort!« Dann klopfen Sie sanft mit den Fingerspitzen den Kopf, die Schultern, den Nacken, die Stirn und die Schläfen. Am Ende kann das Kind es selbst übernehmen und sein Klopftempo und auch die Klopfintensität bestimmen – solange bis sich der Kopf klar und fit anfühlt. »Sag mir wenn du dich klar und gut fühlst.«

Durch die zarten Berührungen stimulieren Sie auch viele Meridianpunkte.

Krafttext: Zauberschaum

》 **Mach es dir ganz bequem und schließe die Augen.**

Stell dir vor, du steht neben einem Wasserfall … Schau, wie das Wasser herunterströmt … Viele Tropfen glitzern und glänzen wunderschön, rein und klar. Du hast eine Dose mit Zauberschaum in der Hand. Du weißt,

Schaum kann vieles wegwaschen … Aber weil es eben ein Zauberschaum ist, wäscht er vor allem dieses schlechte Gefühl weg, wenn du an die dummen Hänseleien denken musst. Nun schäume dich in Gedanken am ganzen Körper mit dem Zauberschaum ein … Die Hände, die Beine, dann den Körper, am Ende auch den Kopf und das Gesicht. Über und über bist du mit Schaum bedeckt und von ihm eingehüllt. Jetzt gehe langsam unter den Wasserfall. Das Wasser fließt über dich … Es hat eine ungeheure Kraft, die alte Gedanken und Gefühle abschwemmt … Am Ende fühlst du dich rundum gut, frisch und auch innen frei und sauber … Spür nach! Du trocknest dich jetzt mit deinem Superwuschelhandtuch ab … Wenn du magst, kannst du dich in Gedanken noch mit einer duftenden Zaubercreme einreiben … Jetzt komm langsam wie-

der hierher zurück. Stell dir vor, du bist jetzt durch eine zauberhafte Duftwolke geschützt. Dumme Sprüche können da nicht durch. Stell dir vor, wie die Worte an der Duftwolke abprallen und runterfallen.

>> Bleib noch eine Zeitlang ruhig liegen, atme tief und stell dir diese wunderbare Duftwolke vor, die dich schützt, einhüllt und alles Unangenehme fernhält. Atme tief ein und aus, bewege deine Füße und Hände und komm wieder in dieses Zimmer zurück. Erzähl mir von dem Wasserfall. Welche Farbe hatten die Wassertropfen? Welche Farbe hatte deine schützende Duftwolke? Magst du sie malen?

Die Wirkung verstärken
Düfte sind ganz starke »Anker«. Denken Sie nur an den Geruch eines Weihnachtsbaumes

Stärkerezept

Zaubergeruch 3x oder öfter sagen und dabei klopfen:

1. Ich bin okay, so wie ich bin!

oder 2. Meine Zauberwolke hüllt mich ein, das ist fein!

oder 3. Ja, ich bin gut und richtig – und das ist ganz wichtig!

Kraftpunkt:

Klopfe mit erhobenem Kopf den Punkt unter deiner Nase. Die andere Hand liegt dabei auf der Stirn, und dein Körper ist gerade und aufrecht.

oder von frischem Heu. Ein Tüchlein mit dem Lieblingsduft Ihres Kindes in der Schultasche, ein kleiner Tropfen Parfum hinter dem Ohr Ihrer Tochter zaubert ganz automatisch die Erinnerung an besprochene Strategien und angenehme Gefühle wieder hervor.

Achtung, Geheimnis: Wenn dieser »guter Zauber« sicher wirken soll, darf Ihr Kind ihn nicht herum erzählen. Wenn es nämlich zum Beispiel mit einer Klassenkameradin darüber redet, läuft es Gefahr, dass das als Grund für neue Hänseleien dient.

PRAXIS

Zauberhafte Vertiefung

Sie können dem Zaubertext eine echte Dusche mit dem Lieblingsduschbad folgen lassen. Suchen Sie, wenn Ihr Kind das möchte, gemeinsam auch eine Körperlotion zum Eincremen oder einen dezenten Duft aus. Besonders Mädchen lieben es, wenn sie Pflegeprodukte verwenden dürfen, die sonst nur die Mama benutzt.

Kraftsets bei Trauer und Schmerz

Wir wollen unseren Kindern Kummer, Leid und Schmerz ersparen und wissen genau, dass das nicht möglich ist. Denn das Leben hält auch traurige Erlebnisse und schmerzvolle Veränderungen bereit. Mit Verständnis, Geduld und liebevoller Nähe können wir unsere Kinder begleiten und den emotionalen Stress ausgleichen.

Der Urlaub ist zu Ende

Kinder bauen schnell Beziehungen auf, zu Menschen und auch zu Orten, an denen sie sich wohlfühlen. Sie finden meist leicht Kontakt zu anderen Kindern. Die Urlaubszeit bringt viele intensive Erfahrungen und innige Freundschaften. Doch auch der längste Urlaub geht irgendwann zu Ende, und Kinder leiden oft stärker unter Abschiedsschmerz als Erwachsene.

Abschied tut weh

Renata, 41

❯❯ Abschiedsschmerz

Jedes Jahr fährt die ganze Familie für drei Wochen nach Italien. Wir haben dort einen speziellen Platz, der uns Erwachsenen und auch unserer siebenjährigen Tochter Paulina sehr gut gefällt. Am Ende der letzten Urlaubswoche wird mein Mädchen immer stiller und bedrückter. Das lustige Spiel am Strand schlägt am Abend in die bange Frage um: »Mama, wie oft noch schlafen, bis wir wieder wegfahren?« Ähnlich reagiert sie, wenn wir ein paar Tage zwischendurch aufs Land fahren oder die Großtante in Österreich besuchen. Auch da kullern bei der Trennung die Tränen. Ich würde gerne irgendetwas tun, um ihr den Abschied zu erleichtern, nur was? ▬

Trennung von Urlaub und Freunden

Zurückgelassen werden nicht nur Strand und Sonne oder Berge, sondern auch die neuen Freunde und liebe Menschen, mit denen man binnen kurzer Zeit viel Schönes erlebt hat. Beim gemeinsamen Muschelsuchen, Baden, Wandern oder beim Animationsprogramm im Hotel erleben Kinder fröhliche Gemeinschaft und bauen herzliche Freundschaften auf. Ferien und Urlaub bedeuten Bewegung, Spannung, Abenteuer und Spaß. Fern vom Trubel und von den Pflichten des Alltags erleben die Kinder Urlaub meist als eine unbeschwerte, freie Zeit mit Freunden und vielen intensiven Eindrücken. Deshalb tut die Trennung ähnlich weh wie schlimmes Heimweh oder Liebeskummer.

Renata, 41

❯❯ So lindern wir den Abschiedsschmerz

Ich nehme Paulinas Kummer ernst, versuche ihren Blick aber auch auf das Danach zu lenken, auf die schönen Dinge, die sie zu Hause erwarten, zum Beispiel das eigene Bett oder das Haustier, das von Oma versorgt worden ist.

- Bisher habe ich immer versucht, Paulina am Ende des Urlaubs von ihrem Schmerz abzulenken, indem ich erklärt habe: »Du musst nicht traurig sein, wir kommen ja wieder!« Leider hat das nie funktioniert. Diesmal habe ich einige Tage vorher gesagt: »Beobachte ganz genau, wann diesmal der Abschiedsschmerz wieder zu Besuch kommt, und erzähl mir gleich davon!« Diese Beobachtung der eigenen Gefühle hat bei Paulina dazu geführt, dass das große Wehklagen diesmal ausgeblieben ist. Ich weiß aus eigener Erfahrung: Gefühle, die weggeschoben oder verdrängt werden, kommen meist noch heftiger zurück. Weil Paulina sich ihrer Gefühle bewusst geworden ist, kann sie sich jetzt leichter davon distanzieren.

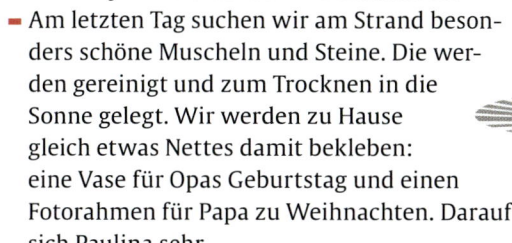

- Am letzten Tag suchen wir am Strand besonders schöne Muscheln und Steine. Die werden gereinigt und zum Trocknen in die Sonne gelegt. Wir werden zu Hause gleich etwas Nettes damit bekleben: eine Vase für Opas Geburtstag und einen Fotorahmen für Papa zu Weihnachten. Darauf freut sich Paulina sehr.
- In diesem Jahr habe ich schon vor der Abreise für den Tag unserer Rückkehr mit Paulina gemeinsam ein Heimkehrfest organisiert. Oma, Opa und die Nachbarskinder sind eingeladen. Ich koche etwas Einfaches und der Lieblingskuchen von Oma wartet schon auf uns. Wir machen einen netten Videoabend, zeigen Fotos und erzählen Urlaubsgeschichten. Am Abend bringe ich Paulina mit einer Kuschelrunde ins Bett.
- Auch wenn es mir schwerfällt: Die Koffer bleiben zu, und ich packe diesmal erst aus, wenn Ruhe eingekehrt ist. ▬

Nach Hause kommen ist auch schön

Sie erleichtern Ihrem Kind den Abschied vom Urlaub, wenn Sie seinen Blick auf die schönen Dinge lenken, die zu Hause warten.

- Rufen Sie am Tag vor der Heimkehr liebe Menschen zu Hause an: Die Omi oder eine gute Freundin kann mit Ihrem Kind einige Worte austauschen und versichern, wie sehr sie sich auf die Heimkehrer freut. Omi könnte erzählen, was der Hund Lustiges angestellt hat oder wie der Kuchen im Back-

ofen anbrennt. Das Erzählen von heiteren Episoden erzeugt Lächeln und schafft unsichtbare Fäden nach Hause.
- Schon in den ersten Tagen des Urlaubs können Sie gemeinsam eine lustige Ansichtskarte gestalten und an die eigene Adresse schicken. Vermutlich wird Ihr Kind sehr gespannt sein, ob die Karte dann wirklich im Briefkasten liegt.
- Es gibt heute einfache Wege, auch nach der Urlaubszeit in Kontakt zu bleiben. Dazu ist es wichtig, Mailadressen und sonstige Kon-

taktdaten auszutauschen. Am besten, Sie lassen die Verantwortung dafür dem Kind: »Hol dir die Adresse von deinem Freund, damit wir zu Hause gleich Fotos austauschen können.« Dann werden aus Kinderfreundschaften vielleicht Familienfreundschaften.

- Eine Abschiedsfeier ist ein schönes Ritual. Vielleicht wird Ihr Kind dabei auch ein we-

nig traurig sein, aber das gehört dazu. Der klare Schlussstrich ist wichtig, um sich auf die Heimkehr gut einzustellen.

- Lassen Sie die Ferienzeit langsam ausklingen und achten Sie darauf, nicht direkt vor Schulbeginn nach Hause zurückzukommen. Es ist gut für die Kinder, wenn sie noch ein paar ruhige Tage daheim haben, bevor der Schulalltag wieder beginnt.

Kraftset

Wohlfühltipp 1: Den Seelenschmerz wegmassieren

Berührungen, Körperkontakt und das Beobachten der eigenen Gefühle helfen Kindern, sich von starken Emotionen zu distanzieren.

Fragen Sie Ihr Kind, wo es den Abschiedsschmerz im Körper spürt. Meistens ist das im Hals, im Kopf, im Bauch oder in der Herzgegend. Massieren Sie nun diese Stelle leicht und bitten Sie Ihr Kind, dabei zu beobachten, wann das Gefühl kleiner wird. Vielleicht mag Ihre Tochter oder Ihr Sohn zu einem späteren

Zeitpunkt auch andere störende Gedanken oder Gefühle wegmassieren.

Wohlfühltipp 2: Mein Stein

Suchen Sie gemeinsam mit Ihrem Kind typische Steine aus der Urlaubsgegend. Aus den vielen wird dann einer ausgesucht, der das Kind besonders anspricht. Wenn es sich nicht entscheiden kann, lassen Sie es einfach mit geschlossenen Augen einen Stein ertasten. Fantasieren Sie nun gemeinsam, was dieser Stein schon alles erlebt hat, was er noch erleben möchte, wie alt er ist und woher er kommt.

Natürlich können Sie diesen Tipp auch mit mehreren Kindern im Urlaub gemeinsam durchführen. Dann sucht jedes Kind aus der Clique seinen persönlichen Zauberstein, und alle Steine zusammen symbolisieren die Urlaubsfreundschaft, die die Kinder geschlossen haben.

Krafttext: Der Zauberstein

》 **Setze oder lege dich bequem hin. Nimm deinen Stein in die Hand und schließe deine Augen. Du bewegst ihn hin und her und wech-**

> ## PRAXIS
>
> ### Indianertanz
>
> Wilde Bewegung und Tanzen zur Musik vertreibt melancholische Stimmung und Traurigkeit. Denken Sie nur an Indianerrituale!
>
> Gemeinsam mit Ihrem Kind schütteln Sie kräftig Arme und Beine, so als ob Sie klebrigen Ballast abwerfen möchten. Möglicherweise gibt es in Ihrem Urlaub auch Tanzspiele oder flotte Musik – dann nutzen Sie diese, um den Abschiedsschmerz bewusst »wegzutanzen«.

selst ihn von einer Hand in die andere. Spüre, wie er sich anfühlt. Jetzt liegt er wieder ganz ruhig in deiner Hand. Er wird durch dich wärmer. Du gibst ihm Wärme, und er gibt dir dafür etwas ganz Besonderes. Ist der Stein in deiner Hand schon warm? Hör zu, was er dir erzählt:

»Ich bin ein uralter Stein, ich war schon an vielen Orten und musste oft Abschied nehmen. Ich kann verstehen, wie du dich jetzt fühlst. Es ist schwer, von hier wegzugehen. Weißt du, ich habe schon viele Kinder hier gesehen, doch keines hat mich gefunden. Ich habe auf dich gewartet. Drück mich bitte ganz fest. Das tut mir gut. Ich möchte gerne mit dir fahren und den Ort kennenlernen, an dem du wohnst, eure Wohnung sehen und dein Zimmer. Ich weiß nicht, wohin du mich dort legen wirst: auf deinen Schreibtisch? Oder darf ich auf deinem Nachttisch liegen? Oder unter deinem Kissen? Ab jetzt kann ich dir immer helfen, wenn du mich brauchst: Wenn du traurig bist, nimm mich einfach in die Hand und warte, bis ich warm bin. Dann gebe ich dir Kraft, die deinen Kummer kleiner macht ... Denke nun an dein Zuhause, an ... (setzen Sie etwas ein, auf das sich Ihr Kind zu Hause freut: Oma besuchen, die Freundin einladen, das Haustier ...).

>> Bleibe eine Zeitlang ruhig liegen und denke an all das Schöne, was dich zu Hause erwartet ...

Stärkerezept

Zauberspruch 3x oder öfter sagen und dabei klopfen:

1. Hier war es wunderschön, und du hilfst mir jetzt beim Gehn!

oder 2. Auch wenn der Abschied wehtut, freu ich mich auf zu Hause!

oder 3. Dankeschön, auf Wiedersehn – doch auch zu Hause ist es schön!

Kraftpunkt:

Klopfe mit dem Stein (oder mit der Hand) ganz behutsam auf die Mitte deiner Brust – auf den Tarzanpunkt. Richte dabei den Blick nach oben. Und am Ende drückst du den Stein noch mal ganz fest.

Der Stein in deiner Hand wird dich begleiten, er ist mit dir hier, und er kommt mit dir nach Hause. Nun öffne deine Augen wieder. Drücke den Stein ein paar Mal ganz fest. Worauf freust du dich zu Hause? Wer wartet auf dich? Wohin willst du den Stein legen? Wann könntest du deinen Stein brauchen?

Der Zauberstein im Alltag

Der Stein kann zur zuverlässigen Hilfe werden, um sich von belastenden Gefühlen zu distanzieren und einen freien Kopf zu bekommen. Mit ihm kann Ihr Kind bei Bedarf positive Bilder assoziieren und sich entspannen. Denn Entspannung bedeutet auch Ablenkung von belastenden Gefühlen. Der Stein in der Hand hilft auch bei Nervosität und Aufregung. Wenn er nicht gebraucht wird, bekommt er einen besonderen, fixen Platz.

Wenn Ihr Kind traurig oder entmutigt ist, erinnern Sie es an die Zauberkraft des Steins. Betrachten Sie ihn gemeinsam, lassen Sie ihn auf sich wirken – seine Form, seine Farbe und alle guten Erinnerungen, die ihm anhaften. Durch das Halten in der Hand entsteht Wärme, die dem Kind zeigt, dass seine Kraft da ist. Manche Kinder reiben auch den Stein am Hosenbein. Dadurch lassen sich seine Energien noch schneller »aufladen«.

Auch in der kühlen Jahreszeit kann der Stein wunderbar guttun und seine wärmende Zauberkraft entfalten: Legen Sie ihn für zehn Minuten bei etwa 100 °C in den Backofen. Nun ist er wohlig warm, und Sie können Ihrem Kind damit eine stärkende, preiswerte Hot-Stone-Massage zukommen lassen!

PRAXIS

Steine, Muscheln, Kastanien – die Kraft von Naturmaterial

Fast alle Kinder beschäftigen sich mit Begeisterung und Ausdauer mit Naturmaterialien. Suchen, sammeln, in Gläsern oder Schachteln ordnen oder nach Größe sortieren macht nicht nur Spaß, sondern ist auch kostenfrei und hat einen hohen Lerneffekt. Im Gegensatz zu fertigem Spielzeug ist dieses Material individuell unterschiedlich und frei zugänglich. Riechen, anfassen, anschauen oder damit etwas basteln regt die Sinne und die Fantasie an.
Fragen Sie Ihr Kind, was es besonders gerne anfasst: Ist es die Kastanie oder der Stein, das Ästchen oder die Vogelfeder? Wenn das es Kind mag, kann es die Materialien auch blind tasten und erraten oder mit geschlossenen Augen daran riechen. Der getrocknete Seestern aus dem letzten Urlaub riecht sicher anders als die trockene Rose von Mamas Geburtstag. Suchen Sie gemeinsam Naturmaterial auf Spaziergängen, im Urlaub oder im eigenen Garten. Achten Sie darauf, dass alles sauber ist und dass keine Spitzen und Splitter wegstehen, an denen man sich verletzen könnte.
Naturmaterial hat auch einen hohen symbolischen Charakter: So erinnert eine Handvoll Sand an den weiten Ozean oder ein Tannenzapfen an den Schwarzwald. Lassen Sie sich auch selbst inspirieren!

Kränkung und Zurückweisung

Niemand ist vor Kränkungen geschützt, auch unsere Kinder nicht. Wir können sie nicht vor allen schmerzlichen Erfahrungen bewahren. Früh schon lernen die meisten Kinder, dass man Freundschaft und Zuneigung nicht erzwingen kann. Was braucht ein Kind, wenn es Ablehnung spürt, damit es zur inneren Kraft zurückfindet oder sogar daran wächst?

Ich spiel nicht mehr mit dir!

Heike, 38

» Leon ist gekränkt

Mein Sohn Leon ist sieben Jahre alt und vor kurzem in die Schule gekommen. Er hatte sich in den letzten Kindergartenmonaten so auf die Schule gefreut, und in den ersten Wochen war er auch sehr euphorisch. Jetzt hat er sich verändert, schleichend, aber merklich. Zuerst hat er immer weniger von seinen Erlebnissen in der Schule erzählt, inzwischen zieht er sich auch im Alltag zu Hause mehr und mehr zurück und wirkt deprimiert und traurig. Ich habe schon mehrfach versucht mit ihm zu reden und herauszufinden, was los ist. Schließlich berichtet er unter Tränen, dass seine Klassenkameraden Max und Florian, mit denen er schon im Kindergarten befreundet war, nichts mehr mit ihm zu tun haben wollen. Florian sitzt zwar neben ihm, dreht Leon aber meist den Rücken zu und hat erklärt, dass ab jetzt nur noch Max sein Freund ist. Leons Kummer setzt mir auch sehr zu. Wie kann ich ihm helfen? ▬

Mit Kränkungen umgehen lernen

Zu Schulbeginn werden Beziehungen neu gemischt und das soziale Gefüge verändert sich laufend. Kinder sind sehr direkt und machen kein Hehl aus ihren Gefühlen für andere. Da sind Kränkungen nicht zu vermeiden. Manche Kinder stecken Zurückweisungen schnell weg, den meisten jedoch setzt Ablehnung sehr zu. Dann ist die Unbeschwertheit angekratzt, und die Freude an der Schule reduziert sich merkbar. Das Kind zweifelt an sich selbst, ist verunsichert und das Selbstwertgefühl rutscht in den Keller.

Kinder reagieren unterschiedlich auf solche Kränkungen: Viele treten den Rückzug an, leiden leise, werden still und traurig. Andere sind genauso verunsichert, handeln jedoch nach dem Motto »Angriff ist die beste Verteidigung«. Aus der Kränkung heraus wollen auch sie verletzen, es dem anderen heimzahlen oder Zuneigung mit Gewalt erzwingen. Daraus resultieren oft heftige Konflikte und neue Zurückweisungen, unter denen sie dann noch mehr leiden. Viele scheinbar unerklärliche Verhaltensauffälligkeiten bei Kindern haben ihren Ursprung in Kränkungen oder Enttäuschungen.

Heike, 38

❯❯ So stärke ich Leon den Rücken

Die beste Art, mit Kränkungen umzugehen, ist gleichzeitig auch die schwierigste: dem anderen verzeihen und sich selbst neu orientieren. Das ist ein längerer Prozess, bei dem ich Leon helfe.

- Zuerst muss ich mich selbst beruhigen. Jedes Mal, wenn es mir sehr nahegeht, dass Leon Tränen vergießt, sage ich mir innerlich: »Nichts kann mich aus der Fassung bringen, wenn ich es nicht erlaube.« Dabei klopfe oder massiere ich den Tarzanpunkt.
- Dann rede ich mit Leon über die Kinder in seiner Schulklasse. Aus kleinen Spielfiguren baue ich mit ihm die ganze Gruppe auf. Zu jedem Kind stelle ich Fragen. Er erzählt zum Beispiel von Mario, mit dem er in den Pausen oft zusammen ist, und von Mareike, die genauso gerne malt wie er. Mit Leons Einverständnis spreche ich die Mütter von Mario und Mareike an. Wir treffen uns nach der Schule auf dem Spielplatz. Sowohl die Kinder als auch wir Mütter lernen uns so besser kennen.
- Ich frage Leon, was er sich wünscht. Er ist sicher, dass er Florian nicht mehr in seiner unmittelbaren Nähe haben möchte. Ich bitte seine Lehrerin in einem Gespräch, dass sie die Sitzordnung ändert. Leon darf nun zwischen Mareike und Mario sitzen und strahlt jeden Morgen, wenn er in die Schule geht. ▬

So helfen Sie Ihrem Kind

Gekränkte Kinder brauchen die Gewissheit, dass es jemanden gibt, der ihren Kummer ernst nimmt und dennoch Gelassenheit zeigt.

- Sie können dem Kind die Kränkung weder ausreden noch ersparen. Lassen Sie es erzählen, fragen Sie nach und zeigen Sie Mitgefühl: »Das ist schlimm für dich, ich kann dich gut verstehen!« Ihr Kind wird oft klagen und jammern, das gehört zum Prozess dazu. Oder haben Sie nach nur einem Gespräch den ersten Liebeskummer wegstecken können?

- Wichtig ist, dass Ihr Kind seine Gefühle erkennt und die richtigen Worte findet: »Ich bin enttäuscht« ist besser als »Der andere ist blöd!« Helfen Sie ihm dabei, denn blöde Jungen kann man selbst nicht ändern, aber die eigenen Gefühle lassen sich mit guter Hilfe aus eigener Kraft beeinflussen.

- Ratschläge oder zu schnelle Beruhigungsversuche wie »Ist doch nicht so schlimm, such dir einen anderen Freund!« sind wenig hilfreich. Der wichtigste Rückhalt, den Sie Ihrem Kind geben können, ist die ehrliche Botschaft: »Es tut weh, aber es vergeht. Und ich will dir helfen, wenn du das möchtest. Lass uns mal überlegen, was wir tun können, damit es dir besser geht!« Dann sind Sie wie ein Baum, an den das Kind sich anlehnen und erst mal zur Ruhe kommen kann.

Der Gedanken-Zauberschrank

Helfen Sie Ihrem Kind in eine andere Stimmung zu wechseln. Je öfter Sie dieses Ritual durchführen, desto mehr Wirkung zeigt es.

Sagen Sie zu Ihrem Kind:

》 Schließ kurz die Augen. Stell dir nun einen großen Schrank vor, der viele Fächer hat.

Denk an das, was dich heute so gekränkt hat … Jetzt streiche ich mit der Hand von deiner Stirn den Gedanken weg und lege ihn in eine Schublade des großen Zauberschranks. So, jetzt schließe ich die Tür und sperre den Gedanken ein.

Nun legt das Kind seine Hand auf die Stirn. Bitten Sie es, von etwas zu erzählen, von dem Sie wissen, dass es sich darauf freut, zum Beispiel der nächste Urlaub, die Einladung zum Kindergeburtstag …

Sie sagen:

》 Wenn du dich ärgerst, leg einfach die Hand auf die Stirn, vielleicht erinnert sich dabei dein Kopf ja automatisch an schöne Dinge, die dir eingefallen sind und von denen du mir erzählt hast. Und dann legt sich der Ärger von selbst in die Schublage und du kannst ihn einsperren.

Kraftset

Wohlfühltipp: Kränkungen einfach wegstoßen

Sich von belastenden Gefühlen, Enttäuschungen und kleinen Misserfolgen zu befreien geht leichter und macht Spaß, wenn es durch starke Gesten und lauten Geräusche unterstützt wird.

》 Wir stoßen jetzt gemeinsam alle störenden Gefühle weg. Stell dich dazu gerade hin und sprich mir ganz laut nach: Ha-he-hi-ho-hu! Und jetzt noch einmal! Bei jeder Silbe stößt du nun beide Hände kraftvoll in eine Richtung: Ha – du stößt nach vorne, he – du stößt nach oben, hi – du stößt nach unten, ho – du stößt nach links, hu – du stößt nach rechts. Das machen wir so lange, bis du dich locker und frei fühlst.

Wichtig dabei ist, dass sich kraftvolle, fließende Bewegungen mit lauten, deutlichen Silben verbinden. Wenn die Richtung der Stöße nicht immer stimmt, ist das nicht schlimm.

Wohlfühl-Suchspiel

Besprechen Sie mit Ihrem Kind Situationen, in denen es sich gut fühlt und Spaß hat, zum Beispiel: Radfahren mit Papa, den Hund von der Nachbarin streicheln, Sandburgen bauen, Fußball spielen … Je mehr Ideen das Kind hat, desto besser.

Schreiben Sie jede Idee auf ein eigenes buntes Blatt, und legen Sie alle Blätter auf den Fußboden. So entsteht ein Teppich aus vielen bunt beschriebenen Blättern. Die optische Darstellung lenkt den Blick auf die schönen Momente in im Leben.

Krafttext: Im Land von Harry Potter

Sie können hier auch den Lieblingshelden Ihres Kindes einsetzen, Pippi Langstrumpf, Bibi Blocksberg, …

Bereiten Sie bunte Stifte und ein Blatt Papier vor, das sich einrollen lässt. Suchen Sie diesmal schon vor dem Vorlesen einen Zaubersatz aus. Sie können dazu einen der nachfolgenden Sätze auswählen oder sich selbst einen ausdenken. Schreiben Sie den Zaubersatz in schöner Schrift auf das Blatt.

>> **Und nun wirst du erfahren, wie dieser Zaubersatz wirken kann. Wenn du magst, schließe die Augen und mach es dir gemütlich.**

(Während Ihr Kind die Augen geschlossen hat, rollen Sie das Blatt leise ein. Die Schriftrolle ist eine Überraschung beim Öffnen der Augen.)

Stell dir vor, du stehst vor einem Zauberwald. Schön grün ist er, und vor dir führt ein

Stärkerezept

Zauberspruch 3x oder öfter sagen und dabei klopfen:

1. Morgen ist ein neuer Tag, der neue Freunde bringen mag!

oder 2. Ja, ich bin ein guter Freund!

oder 3. Ich bin gut und richtig und für viele Menschen wichtig!

Kraftpunkt:

Schau auf den Zaubersatz und klopfe den Tarzanpunkt in der Mitte der Brust.

Sie klopfen und sprechen natürlich mit. Anschließend wird das Papier feierlich eingerollt und vielleicht noch mit einem besonderen Band zusammengebunden.

Weg hinein. Ein kleiner, bunter Vogel fliegt über dir und zwitschert in Menschensprache: »Komm mit, du bist hier sicher und wirst schon erwartet!« Schritt für Schritt gehst du weiter, immer weiter in den Wald hinein. Schön kühl ist es hier. Und an manchen Stellen scheint die Sonne zwischen den Bäumen hindurch. Auf einmal stehst du vor einem großen, alten, schweren Tor. Auf einem Schild steht geschrieben: »Hier darf nur ein einziges Kind eintreten, nämlich (setzen Sie den Namen Ihres Kindes ein). Hier beginnt das Land von Harry Potter (oder dem Lieblingshelden Ihres Kindes).«

Nur für dich öffnet sich nun das Tor. Langsam gehst du hindurch, die Bäume lichten sich, du kommst auf eine Wiese, und plötzlich stehst du vor einem tiefblauen Teich. Auf einer Bank neben dem Teich sitzt Harry Potter (oder…). Er lächelt dich an und klopft auf die Bank neben sich. Du lächelst zurück und setzt dich neben ihn. Er gibt dir eine Schriftrolle in die Hand und sagt feierlich: »Ich möchte dein Freund sein, denn ich weiß, du bist ein guter Freund. Und weil du ein guter Freund bist, wirst du auch Freunde finden, die zu dir passen. Auf diesem Blatt steht ein Zaubersatz für dich, der dir dabei hilft.« Du nimmst die Schriftrolle und bedankst dich bei Harry Potter (oder …). Dann gehst du zurück über die

PRAXIS

Offen und sicher sein

Eine aufrechte und offene Körperhaltung hat Auswirkung auf das innere Befinden.
Stellen Sie sich mit ihrem Kind so hin, wie ein selbstsicherer Mensch steht: aufrecht, mit beiden Beinen fest auf dem Boden und mit erhobenem Kopf. Dabei richtet sich die Wirbelsäule kraftvoll auf. Jetzt richten Sie den Blick nach oben und breiten die Arme weit aus. Sagen Sie laut: »Du bist richtig und wichtig genauso, wie du bist. Du bist offen für alle Freunde, die du in Zukunft kennenlernen wirst.«

Wiese und durch das große, alte, schwere Tor, das sich hinter dir wieder lautlos schließt. Du gehst durch den kühlen Wald und wieder zurück, bis du hier bei mir bist.

❭❭ Ruh dich noch ein bisschen aus und atme tief ein und aus. Bewege nun deine Zehen und deine Hände. Schau jetzt, was da liegt. Die Schriftrolle mit deinem Zaubersatz ist hier auf deinem Schoß. Was glaubst du, macht einen guten Freund aus? Wieso meint Harry, dass du ein guter Freund bist?

Umzug der Familie

Die Erwachsenen freuen sich meist auf ein neues schönes Zuhause und arbeiten oft lange darauf hin. Kindern aber fällt es schwerer, das vertraute Umfeld zu verlassen. Für sie ist ein Ortswechsel sehr anstrengend und sie leiden oft stärker unter der Umstellung. Das Zurechtfinden in veränderten Lebensumwelten führt oft zu Krisen.

Mein Zuhause ist jetzt ganz wo anders

Peter, 40

» Joshua ist verunsichert

Ich habe mich beruflich verändert und konnte so ein eigenes Haus, das näher bei meiner Firma liegt, finanzieren. Die kleine Wohnung war für unsere vierköpfige Familie sowieso zu eng. Vor allem unser neunjährige Sohn Joshua hat sich immer beklagt, dass er mit seiner fünfjährigen Schwester Sara ein Zimmer teilen musste. Von dem Umzugsstress selbst hat er nicht viel mitbekommen, wir haben alles alleine gemacht.

Nun sind wir endlich im neuen Haus. Völlig unerwartet hält sich Joshua aber fast ausschließlich bei uns in der Wohnküche auf. Es kommt mir so vor, als würde er sein schönes neues Zimmer sogar meiden. Vor die Haustür geht er gar nicht, obwohl wir mitten im Grünen wohnen und viele andere Kinder da sind. Er sagt, die sind alle doof. Dabei kennt er sie gar nicht. Stattdessen verabredet er sich mit seinen Freunden aus der alten Siedlung und hängt dort bei dem hässlichen Spielplatz herum. In der Nacht will er zu uns ins Ehebett und jammert, dass er im eigenen Zimmer nicht schlafen kann.

Ehrlich gesagt bin ich ziemlich verärgert. Ich habe erwartet, dass Joshua sich freut. Ich habe hart für unser neues Zuhause gearbeitet und beruflich viel um die Ohren. Ich möchte jetzt kein langes Gesicht sehen. Noch dazu, wo die kleine Sara mit der neuen Situation gut klarkommt. Auf der anderen Seite frage ich mich, ob wir etwas falsch gemacht haben? Wie hätten wir den Umzug für Joshua besser gestalten können? Ich möchte ihn gerne besser verstehen. ▬

Umzug heißt Stress für alle

Das Wort Umzug ist für Kinder gleichbedeutend mit Stress und Abschied. Viel Vertrautes muss zurückgelassen werden. Kein Wunder, wenn sie verunsichert, nervös und nicht nur mit heller Freude reagieren. Dazu kommt, dass die Erwachsenen mit vielen organisatorischen Arbeiten beschäftigt sind. Auch Eltern haben oft ein wenig Angst vor den Umstellungen, die auf sie zukommen. Wenn die neue Wohnung auch schöner ist als die alte, so ist sie doch Neuland, es fehlen die vertraute Umgebung, alte Freunde und Rituale.

Die Gründe für einen Umzug liegen oft in der beruflichen oder finanziellen Situation der Familie oder sogar in einer Trennung der Eltern. Die Konsequenzen für die Kinder sind jedoch immer ähnlich: Sie werden letztendlich vor vollendete Tatsachen gestellt und haben naturgemäß nur ein begrenztes Mitspracherecht. Ein einmaliger Umzug im Kinderleben wird meist recht gut bewältigt. Wenn Kinder jedoch öfter den Wohnort, die Schule und ihren Freundeskreis wechseln, müssen sie immer wieder neu anfangen und das kostet viel Kraft.

Kinder sind jedoch von Natur aus neugierig und haben die Fähigkeit, im Hier und Jetzt zu leben. Das kann das Übersiedeln erleichtern. Sie möchten gerne am Umzugstag dabei sein, den großen Lkw sehen, beim Einpacken helfen und eine letzte Runde durch die alte, nun kahle Wohnung gehen: Ein bewusstes »Tschüss Kinderzimmer, tschüss Küche …!« hilft, Altes zurückzulassen und sich auf das Neue zu freuen.

Je jünger das Kind, desto leichter kommt es meist mit einem Umzug zurecht. Denn die Kleinen sind noch mehr auf die Erwachsenen fixiert als Schulkinder, die mit dem alten Wohnort auch den alten Freundeskreis zurücklassen.

Wenn die Kinder auch die Schule wechseln müssen, ist es günstig, in den Sommerferien umzuziehen. Denn es ist sehr schwierig, während des laufenden Schuljahres in einer neuen Klassengemeinschaft Fuß zu fassen. Außerdem kann sich das Kind während der langen Ferien in der neuen Umgebung eingewöhnen und hat genug Zeit, sich innerlich vom Alten zu verabschieden. Denn Abschiede und Veränderungen brauchen Zeit, um verarbeitet zu werden. Im besten Fall ist es dann auf die neuen Klassenkameraden gespannt und sieht eine tolle Chance, neue Freunde zu finden.

Peter, 40

» Mit Papas Hilfe die Umstellung bewältigen

Joshua braucht mein Verständnis, um sich in der neuen Situation besser zurechtzufinden. Deshalb nehme ich mir Zeit und höre ihm genau zu.

- Meine Ungeduld und Enttäuschung kommen aus der logischen Erwachsenensicht. Aber mein Sohn empfindet offenbar ganz anders. Reaktionen wie Schlafprobleme oder die Suche nach Nähe im großen, gemeinsamen Bett akzeptiere ich vorerst mal.

103

- In einem Mann-zu-Mann-Gespräch erkläre ich Joshua: »Jetzt darfst du noch ein paar Mal am Morgen zu uns ins Bett kommen. Aber ich freu mich schon sehr, wenn du das erste Mal eine ganze Nacht in deinem Zimmer schläfst. Dann gehen wir beide zum Feiern in den Zoo. Aber lass dir Zeit, du wirst schon selbst spüren, wann du in deinem neuen Zuhause das erste Mal die ganze Nacht alleine schlafen möchtest.«
- Ich plane gemeinsam mit Joshua sein Zimmer: Was möchte er wohin stellen? Was soll gleich bleiben? Joshua möchte seine Sachen selbst auspacken, sein Spielzeug selbst aussortieren. Die alten Kissen werden auf dem neuen Bett drapiert, die alte Bettwäsche darf auch ins neue Zimmer. Obwohl Mama gar nicht begeistert ist, dürfen sogar die alten Vorhänge an die neuen Fenster.
- Offenbar ist Joshua der Kontakt zur früheren Heimat noch sehr wichtig. Er darf die alten Freunde ins neue Zuhause einladen. Auch ein Kennenlernfest für die neuen Nachbarn und ihre Kinder organisieren wir gemeinsam. Nachdem er sie im Schutz der eigenen vier Wände kennengelernt hat, traut er sich bald mit ihnen hinaus ins Grüne. Nach einigen Monaten planen wir ein Fest, bei dem sich die alten und die neuen Freunde treffen. Auf das freut sich Joshua besonders, da steht er bei allen im Mittelpunkt. Ich sage meinem Sohn, wie toll ich es finde, dass er seine alten Freunde nicht vergisst. Er ist ein guter, treuer Freund. Da strahlt er.

So erleichtern Sie Ihrem Kind das Eingewöhnen

Das Eingewöhnen in einer neuen Wohnung, in einem neuen Wohnort braucht Zeit – für Kinder oft mehr als für Erwachsene.

- Sehen Sie einem Wohnortwechsel mit positiver Neugier entgegen, aber rechnen Sie auch mit Abschiedsschmerz und Anpassungshürden beim Nachwuchs. Manchmal sind diese Unsicherheiten kaum merkbar und im Nu weg, manchmal dauert es auch länger.
- Schon vor dem Umzug können Sie mit Ihrem Kind die neue Gegend rund um die Schule, das neue Haus oder die neue Wohnung erforschen. Gehen Sie wichtige Wege ab, schauen Sie gemeinsam, wo der Supermarkt ist, wo der Bus fährt, wo Spielplätze sind. Der kürzeste Weg zur Schule oder auf den neuen Spielplatz ist nicht immer der beste und sicherste.
- Visitenkarten sind praktisch und lassen sich leicht selbst herstellen. Ihr Kind darf diese dann an Freunde und Bekannte am alten Wohnort verteilen. Handy und Internet erleichtern es ebenfalls, mit alten Freunden in Kontakt zu bleiben. Eine Kinderparty in der alten Wohnung ist ein schönes Abschiedsritual.
- Die Gestaltung des neuen Kinderzimmers sollte soweit wie möglich dem Kind selbst überlassen bleiben, dadurch fühlt es sich ernst genommen und hat eine wichtige Auf-

---

PRAXIS

Lebenscollage

Sammeln Sie mit Ihrem Kind Fotos und Bilder aus seinem bisherigen Leben. In Form einer Collage werden diese auf ein großes Packpapier geklebt. Aktuelle Fotos werden dann immer dazugeklebt: das neue Haus, der neue Freund, der Spielplatz vor der Schule … Das hilft Ihrem Kind, sich zu orientieren. So eine Collage ist auch ein sehr schöner Wandschmuck, den Ihr Kind sicher gerne Besuchern zeigt.

gabe zu bewältigen. Halten Sie sich besonders am Anfang oft mit dem Kind gemeinsam im neuen Kinderzimmer auf. Dadurch bekommt das Zimmer »Leben«. Oft fühlen Kinder sich einsam und verloren in ihrem Zimmer, gerade dann, wenn sie aus einer eher engen Wohnsituation in ein Haus oder in eine größere Wohnung wechseln.

- Beim Ein- und Auspacken können selbst kleinere Kinder schon mithelfen. Reden Sie dabei auch über Dinge, die gleich bleiben am neuen Wohnort, wie der Sommerurlaub in den Bergen, das Weihnachtsfest bei Oma und Opa oder die Kissenschlacht am Abend.
- Alltagsroutine gibt Kindern Sicherheit. Führen Sie feste Tagesabläufe so schnell wie möglich auch in der neuen Umgebung ein, einschließlich Ruheinseln wie Geschichtenvorlesen und gemeinsame Essenszeiten. Und vor allem: Nehmen Sie sich Zeit. Und zwar nicht nur für die Vielzahl von organisatorischen Dingen, die jede Umstellung so mit sich bringt, sondern um Ihr Kind spüren zu lassen, dass Sie einfach da sind.
- Geschichten aus dem bisherigen Leben schaffen eine Verbindung vom Jetzt zum Früher. Erzählen Sie Ihrem Kind von seinen früheren Erfolgen: Welche Veränderungen hat es schon gut gemeistert? Wie war der erste Tag im Kindergarten? Wie schwierig war das Fahrradfahren zu Beginn und wie selbstverständlich ist es heute!

Kraftset

Wohlfühltipp: Aufrichten und sicher stehen

Helfen Sie Ihrem Kind, sich groß und aufrecht zu fühlen.

》 Suche dir im neuen Zimmer einen Ort, wo du dich besonders gut fühlst. Beuge dich vor und stütze die Hände so auf deinen Knien ab, dass dein Rücken eine gerade Fläche bildet. Nun stehe ich hinter dir und klopfe leicht zu beiden Seiten der Wirbelsäule deinen Rücken hinauf. Während ich aufwärts klopfe, richtest du dich Wirbel für Wirbel auf. Wenn ich bei den Schultern angelangt bin, stehst du kerzengerade.

Achtung: Klopfen Sie neben und nicht auf der Wirbelsäule.

Krafttext: Gedankenvögel

Stellen Sie sich hinter Ihr Kind, während Sie den Text vorlesen oder frei erzählen.

》 Nun bleib in aufrechter Haltung mit leicht gegrätschten Beinen stehen.

Dort wo deine Fußsohlen Kontakt zum Boden haben, wachsen jetzt in Gedanken Wurzeln, die dich mit dem Untergrund verbinden. Tief in den Boden reichen deine Wurzeln, sie halten dich und du stehst sicher. Nun stell dir vor, du wirst zum Baum, dein Körper wird ein starker Stamm. Deine Arme und Hände sind Äste und Zweige. Nun lege über deinem Kopf die Hände so zusammen, dass die Spitzen deiner Finger hinaufzeigen. Das ist die Krone des Baumes. Da landen zwei bunte, lustige Vögel in deiner Baumkrone: »Bitte, dürfen wir hier unser neues Zuhause für unsere Vogelkinder bauen? Wir brauchen eine Wohnung für unsere Jungen.« Du freust dich uns sagst: »Ja, gern.« Dann bauen die Vögel ein kuscheliges Nest, damit ihre Vogelkinder ein schönes, gemütliches Zuhause haben. Sie sind glücklich, dass sie hier bei dir sein dürfen. Hier in deinem gemütlichen Zimmer, in der Baumkrone deiner Hände finden sie eine neue Heimat.

(Sie können die Vorstellung unterstützen, indem Sie mit Ihren Fingern die Hände des Kindes dabei berühren.) Spüre, wie du sicher stehst und Schutz geben kannst. »Danke, dass du uns hilfst«, zwitschern die Vögel, »zum Dank verraten wir dir jetzt einen Zaubersatz: Schritt für Schritt fühl ich mich hier daheim.« Du bist wichtig für deine Gedankenvögel, die hier bei dir zu Hause sind … und du bist hier zu Hause.

» Lass nun die Arme sinken und schüttle sie in alle Richtungen aus. Du kannst dich frei bewegen, auf und ab gehen. Wie haben deine Gedankenvögel ausgesehen? Wie viele Vogelbabys werden sie haben? Magst du das Nest oder einen Vogel malen?

Stärkerezept

Zauberspruch 3x oder öfter sagen und dabei klopfen:

1. Schritt für Schritt fühl ich mich hier daheim!

oder 2. Das ist mein Zuhause und hier gehör ich hin!

oder 3. Ja, ich bin daheim, nichts kann schöner sein!

Kraftpunkt:

Klopfe den Tarzanpunkt in der Mitte der Brust. Deine andere Hand ruht oder klopft dabei auf den Kopf. Wechsle dann die Hände.

Zusätzliche Verstärkung: Während Sie den ausgewählten Zaubersatz gemeinsam sprechen und auf den Kraftpunkt klopfen, können Sie im Zimmer herumgehen. Dabei erlebt Ihr Kind bewusst den Raum und seine neue Umgebung.

Trennung der Eltern

Eine Trennung der Eltern bedeutet für Kinder eine radikale Veränderung des ganzen Lebens und einen heftigen Gefühlsansturm. Ob sie wollen oder nicht: Sie müssen den Entschluss zur Scheidung akzeptieren. Wenn das Hauptaugenmerk von Mutter und Vater dabei auf dem Wohl der Kinder liegt, kann sich der Nachwuchs dennoch fröhlich und gesund entwickeln.

Wir wohnen nicht mehr zusammen

Mario, 32

» Plötzlich ist alles ganz anders

Der siebenjährige Benno und die zehnjährige Sina waren Wunschkinder. Die ersten Jahre als Familie waren sehr schön. Was dann passiert ist, kann ich nicht genau beschreiben. Beruf, Alltag, zu wenig Zeit für die Paarbeziehung, wir wurden uns fremd. Krista wollte, dass ich mich mehr in die Familie einbringe, aber ich war wahnsinnig eingespannt in meinem Job. Es folgte eine zermürbende Zeit mit Streit und vielen Vorwürfen. Unsere liebevollen Gefühle füreinander fielen unter den Nullpunkt. Als ich ein gutes Jobangebot in der Nachbarstadt erhielt, habe ich sofort zugesagt. Wir einigten uns dann auf die Scheidung. Krista und die Kinder bleiben in dieser Stadt. Mich plagt das schlechte Gewissen, wenn ich den Kummer unserer Kinder sehe. Damit habe ich nicht gerechnet. Wie kann ich ihnen helfen? ▬

Krista, 32

» Die Kinder haben sich verändert

Wir haben uns die Trennung der Kinder wegen nicht leicht gemacht. Trotzdem zeigt sie natürlich Spuren: Benno lässt in der Schule nach und ist oft zornig. Sina möchte uns wieder zusammenbringen und zieht sich von ihren Freundinnen zurück. Wir möchten als Eltern auf jeden Fall weiterhin gemeinsam für unsere Kinder da sein. Wie kann das gelingen? ▬

Getrennt leben und gemeinsam Verantwortung tragen

Wenn Kinder eine funktionierende Familie erlebt haben, bringt eine Scheidung für sie eine Lebenskrise mit sich. Dennoch sind sie grundsätzlich besser dran, wenn sich Mutter und Vater trennen, als wenn sie unglücklich oder im ständigen Streit zusammenbleiben. Wenn sie die schmerzhafte Enttäuschung verarbeitet haben, verfügen Scheidungskinder oft über erstaunliche Reife und hohe soziale Kompetenzen. Und im besten Fall lernen sie am Vorbild ihrer Eltern Verlässlichkeit, Selbstständigkeit und Kooperationsbereitschaft. Wichtig ist, dass die Trennungszeit ohne große Loyalitätskonflikte verläuft und dass das Konfliktpotenzial vor, nach und während der Scheidung möglichst niedrig gehalten wird.

Hilfreich ist ein ehrliches Gespräch beider Elternteile mit den Kindern. Das sollte gut vorbereitet sein, denn dieser Tag wird allen ein Leben lang in Erinnerung bleiben. Obwohl die Eltern natürlich unterschiedliche Sichtweisen haben, sollten sie sich auf eine gemeinsame Formulierung einigen: Wir haben beschlossen uns zu trennen. Aber wir bleiben Mama und Papa und haben euch beide sehr, sehr lieb. Ihr könnt immer auf uns zählen. Soweit schon beschlossen, sollten den Kindern die zukünftigen Regelungen erklärt und ihre Fragen beantwortete werden: Wie wird sich der regelmäßige Kontakt zu Papa gestalten? Wer kommt zum Schulfest? Wo wird Geburtstag gefeiert?

Kinder suchen oft den Grund für eine Trennung der Eltern bei sich. Hier ist es wichtig,

dass die Eltern einstimmig erklären, dass kein Kind irgendeine Schuld daran trifft und dass diese Entscheidung allein Sache der Erwachsenen ist, an der die Kinder nichts ändern können.

Mario, 32

❯❯ Ein zweites Zuhause

Die Kinder sollen in meiner Wohnung ein zweites Zuhause haben. Das Hineinwachsen braucht aber Ruhe und Geduld.

- Ich zeige Benno und Sina meine neue Wohnung und lasse sie ihren Wohlfühlplatz dort selbst gestalten. Ein Teil ihrer Spielsachen zieht zu mir um, damit sie hier auch den gewohnten Beschäftigungen nachgehen können. Und ein Foto von Mama über ihrem Bett muss natürlich auch sein.
- Wenn sie bei mir sind, mache ich keinen zusätzlichen Freizeitstress. Wir haben festgestellt, dass uns Kuscheln oder gemeinsam Kochen besser tun als jede Woche Rummelplatz und Kino. Benno hat unlängst gesagt: »Du hast jetzt mehr Zeit für mich als früher!« Das hat mich sehr gefreut.
- In meinem Kalender stehen auch alle wichtigen Termine der Kinder. Vor Sinas Zahnarztbesuch schreibe ich eine SMS: »Kopf hoch, mutiges Mädchen!« Und am Abend vor

Bennos Mathetest rufe ich kurz an und wünsche ihm alles Gute. So bin ich meinen Kindern auch im Alltag nahe.

- Manchmal gibt es Tränen und Vorwürfe, vor allem beim Abschied. Dann bin ich auch nicht gut drauf. Aber ich denke, alles braucht Zeit. Das sage ich auch meinen Kindern. ■■■

Krista, 32

» Wir sind viel mit anderen Menschen zusammen.

Ich gestalte die Freizeit mit meinen Kindern bewusst aktiv und mit anderen Menschen.

- Wir gehen oft ins Freie und bewegen uns viel. Das tut gut und vertreibt die trüben Gedanken.
- Als meine Kinder im Bekanntenkreis wahrgenommen haben, dass andere Jungen und Mädchen auch getrennte Eltern haben, hat ihnen das sehr geholfen. Ich suche Gespräche mit anderen Erwachsenen, denn auch ich brauche Erfahrungsaustausch.
- Die Lehrerinnen von Benno und Sina habe ich über die Veränderung in unserer Familie informiert, damit sie mögliche Veränderungen bei den Kindern besser verstehen. Das war gut so, denn in der Schule ist schon aufgefallen, dass Sina plötzlich nahe am Wasser gebaut ist und Benno viel vergisst. ■■■

So können Sie die Trennung erleichtern

Die Zeit der Trennung ist schwierig und sehr gefühlsbeladen für Eltern und Kinder. Wichtig ist, die Gefühle zuzulassen, sich aber nicht von ihnen beherrschen zu lassen und auch immer wieder die positiven Dinge im Leben zu sehen.

- Schon in der Zeit vor der Trennung spüren Kinder meist die angespannte Atmosphäre. Sie besitzen feine Antennen für das, was in der Familie vorgeht. Deshalb ist eine ehrliche Information jedem Verheimlichen vorzuziehen.
- Verzichten Sie darauf, schlecht über den Partner zu reden oder vor den Kindern verletzend zu streiten. Vermeiden Sie Appelle wie »Versteh doch, es ist für alle besser so.« Besser Sie sagen: »Es tut sehr weh gerade, ich weiß. Du hast ein Recht, traurig oder wütend zu sein. Das gehört dazu. Ich halte das aus, auch wenn ich selbst noch nicht ganz klarkomme.« Nehmen Sie die Trauer, die Wut und die Enttäuschung Ihres Kindes ernst,

aber setzen sie dennoch klare Grenzen, wenn es sich oder anderen Schmerz zufügt.

- Ein gutes Beziehungsnetzwerk gibt Halt und das Gefühl, Teil einer größeren Ge-

PRAXIS

Perspektiven wechseln

Legen Sie vier Blätter Papier auf den Tisch. Jedes Blatt hat eine andere Überschrift: Was ist durch die Scheidung schlechter geworden? Was ist besser geworden? Was ist gleich geblieben? Was wünschst du dir von mir?
So lernen Sie die Kindergedanken kennen und das Kind erfährt spielerisch mehrere Blickwinkel. Da Kinder grundsätzlich mehr in der Gegenwart leben, sehen sie meist auch leichter das Positive im Hier und Jetzt, vielleicht dass die Eltern nicht mehr streiten, dass Papa kochen gelernt hat oder dass sie jetzt öfter in den Zoo gehen dürfen.

meinschaft zu sein. Halten Sie deshalb Kontakt zur Familie und zu Freunden.

- Für ein »Gefühlstagebuch« darf sich das Kind ein Heft oder ein hübsches Büchlein aussuchen. Passend zum Tag wird jeden Abend eine Seite gestaltet: für schlimme Gefühle Wolken, Regen, Hagel, Nebel …, für gute Gefühle schaut die Sonne hervor oder kleine Sterne und lange Sonnenstrahlen kommen dazu. Mag sein, die dunkle Wolke in der Mitte steht für die Tränen am Abend, aber daneben blinkt ein Sternchen für das Eis am Nachmittag. Und ein Stück Sonne schaut hervor für das Spielen mit dem Kätzchen der Nachbarin. Wenn sie möchten, können die Kinder auch Fotos oder andere Kleinigkeiten dazukleben. Das Büchlein wird in der ersten Zeit nach der Trennung Teil des abendlichen Rituals und darf auch mit zum anderen Elternteil.

- Auch Eltern kann ein Tagebuch dabei helfen, Gefühle und Erlebnisse differenzierter zu beobachten. Wenn die Kinder schlafen oder außer Haus sind, können Sie sich Zeit nehmen für Ihre eigenen Aufzeichnungen und dabei bewusst den Blick auf Positives lenken: den hilfsbereiten Kollegen, das gute Mittagessen, das herzliche Telefonat mit der besten Freundin.

- Wenn Ihr Kind irgendwann einmal sagt: »Ja, ich habe zwei Zuhause und fühl mich in beiden wohl«, hat es die Krise hinter sich gelassen.

Kraftset

Wohlfühltipp: Gefühle rausdrücken und aaaus-atmen…

Es tut gut, mit körperlicher Kraft und bewusster Atmung innere und äußere Anspannung abzuleiten.

》 Setze dich aufrecht hin und lege deine Handflächen so zwischen die Knie, dass sie einander berühren. Nun drücke mit beiden Knien gegen deine Handrücken. Die Hände selbst bewegen sich dabei nicht, sie werden nur durch dein Kniedrücken bewegt. Nun atme beim Zusammendrücken lange aus. Lass beim Einatmen ganz locker und richte dich dabei auf. Drück alles heraus, was du nicht spüren willst, und stell dir vor, es fließt durch deine Beine in den Boden. Drücke weiter, so oft du magst, und lass dazwischen wieder ganz locker. Schau am Ende nach oben.

Krafttext: Von Zauberkissen und Regenbogen

Bestimmen Sie mit Ihrem Kind ein spezielles Kissen und »verzaubern« sie es mit Hokuspokus und Zauberstab in ein Zauberkissen.

Begleiten Sie die Geschichte mit Ihrer Hand. Lassen Sie die Finger von Ort zu Ort wandern oder auf einer Stelle verweilen – wie es zum Text passt.

》 Leg dich bequem hin, auf den Bauch oder auf eine Seite. Während ich dir jetzt eine Geschichte vorlese, erzählt meine Hand auf deinem Rücken mit.

Dein Kopf liegt auf dem Zauberkissen. Es verzaubert dein Bett in eine schöne Wiese. Die Sonne scheint, du siehst bunte Blumen, die sich leicht im Wind wiegen, rote und gelbe und blaue. Auf einmal wird es dunkel, Regenwolken ziehen auf. Es beginnt zu regnen, zuerst leicht, dann stark. Ein Sturm kommt auf, es bläst und schüttet. Du drückst dich fest in dein Kissen, da kann dir nichts passieren. Langsam wird der Regen leichter und hört wieder auf. Da siehst du am Himmel einen Regenbogen in wunderschönen Farben: Rot, Orange, Gelb, Grün, Blau und Violett. Er berührt dein Zauberkissen und sagt: »Komm, geh auf mir zu einer anderen Wiese!« Zuerst willst du nicht, weil du nicht weißt, was dort auf dich wartet. Doch dann vertraust du dem Regenbogen und machst dich auf den Weg. Mutig gehst du Schritt für Schritt, bis du auf der anderen Seite des Regenbogens ankommst. Ja, da gibt es wirklich viel Schönes zu sehen, obwohl es hier ganz anders aussieht. Schau dich um, was siehst Du? … Dir gefällt es hier und du fühlst dich wohl. Nun geh zurück. Der Regenbogen sagt zu dir: »Du kannst an verschiedenen Orten froh sein!« Spüre dein Zauberkissen, du bist nun wieder in deinem Bett. Genieße noch eine Weile die Ruhe und Stille …

» Nun balle die Hände zu Fäusten und mach sie schnell wieder auf … Mach das ein paar Mal nach einander, dann bist du wieder ganz fit und wach. Magst du mir erzählen, wie es auf der anderen Seite des Regenbogens ausgesehen hat?

Den Regenbogen malen. Das Kind malt den Regenbogen und sich selbst wie es darüber geht. An jedem Ende ist eine wunderschöne Wiese. Oder: An einem Ende steht Papa, am anderen Mama – beide fröhlich in einer schönen Umgebung.

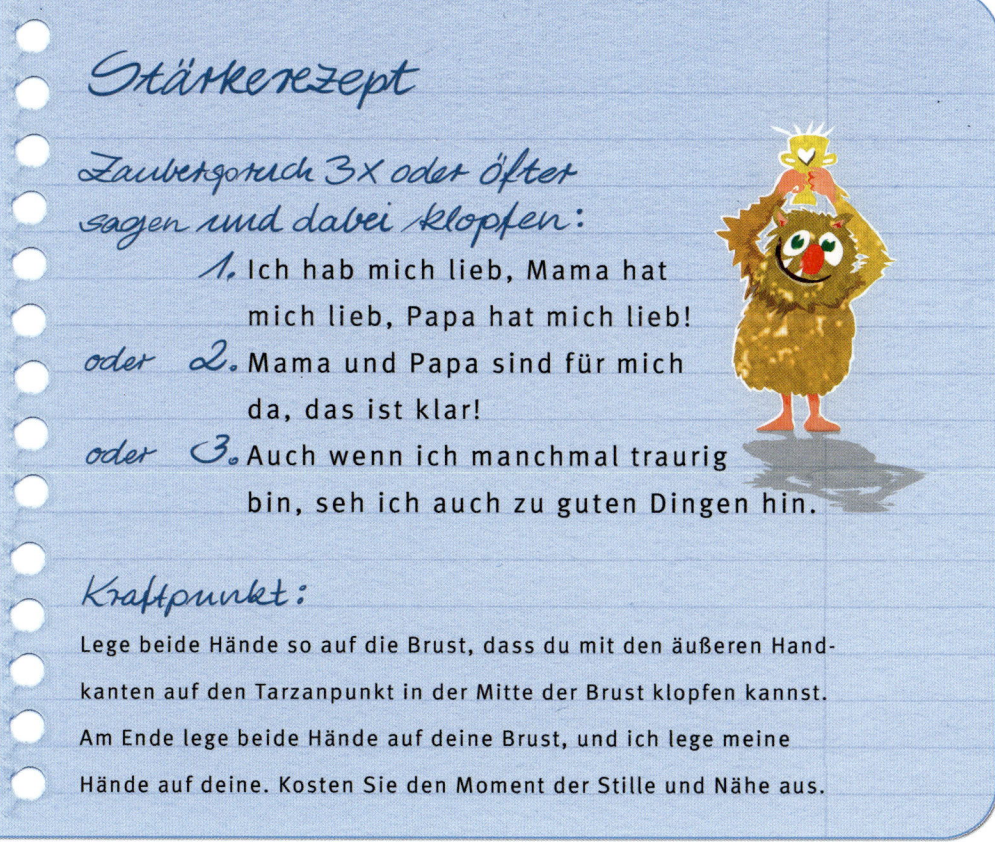

Stärkerezept

Zauberspruch 3x oder öfter sagen und dabei klopfen:

1. Ich hab mich lieb, Mama hat mich lieb, Papa hat mich lieb!

oder 2. Mama und Papa sind für mich da, das ist klar!

oder 3. Auch wenn ich manchmal traurig bin, seh ich auch zu guten Dingen hin.

Kraftpunkt:

Lege beide Hände so auf die Brust, dass du mit den äußeren Handkanten auf den Tarzanpunkt in der Mitte der Brust klopfen kannst.

Am Ende lege beide Hände auf deine Brust, und ich lege meine Hände auf deine. Kosten Sie den Moment der Stille und Nähe aus.

Tod und Sterben

Fast jeder Mensch wird schon während der Kindheit mit Tod und Trauer konfrontiert: Ein Todesfall ereignet sich im Freundes- oder Familienkreis oder das geliebte Haustier stirbt. So individuell Kinder sind, so unterschiedlich sind auch ihre Reaktionen. Sie unterscheiden sich meist deutlich von der Trauer Erwachsener.

Abschied für immer

Karin, 39

» Hoppel ist tot

Der sechsjährige Yannik und Hoppel, unser Zwerghase, waren unzertrennliche Freunde. Der Hase hat bei Yannik im Zimmer geschlafen, ist ihm nachgelaufen und hat sich von Yannik streicheln und tragen lassen. Vor zwei Wochen hat Hoppel aufgehört zu fressen. Der Tierarzt hat uns Medikamente gegeben, damit er ohne Schmerzen seine letzten Tage erleben kann. Ich habe Yannik vorsichtig informiert, dass Hoppel jetzt nicht mehr lange leben wird, aber er hat nicht reagiert. Das hat mich gewundert. Vor vier Tagen ist der Hase in der Nacht gestorben. Yannik kam morgens ganz aufgeregt zu mir ans Bett: »Mama, Hoppel wird heute nicht wach!« Als ich Yannik sagen musste, dass Hoppel gestorben ist, hat er mich ganz ruhig gefragt, wie Hoppel nun essen kann und ob er im Himmel ist. Später am Spielplatz hat er zuerst herumgetollt, dann im Auto sind plötzlich die Tränen geflossen und er hat laut geschluchzt: »Ich will, dass Hoppel wiederkommt, mach, dass er wieder kommt!« Er fragt mich auch komische Dinge: »Wenn du stirbst, bist du dann bei Hoppel?« Sind diese Reaktionen normal? Wie kann ich Yannik helfen? ▬

Thomas, 46

» Opa wird bald sterben

Unser Opa, mein Vater, ist sehr alt und leider schwerkrank. Meine neunjährige Tochter Lotta war früher oft bei den Großeltern. Oma und Opa haben einen schönen großen Garten und Lotta ist ihre Lieblingsenkelin. In den letzten Jahren war der Kontakt nicht mehr so intensiv, trotzdem liebt Lotta Oma und Opa sehr. Natürlich hat sie bemerkt, dass Oma öfter weint und wir alle traurig sind, weil es Opa von Tag zu Tag schlechter geht. Ich habe Lotta erklärt, dass er nicht mehr lange leben wird. Dann hat sie gefragt: »Wenn Opa stirbt, hat er mich dann noch lieb?« oder »Papa, wirst du und Mama auch krank? Wenn du stirbst, was ist dann mit mir?« Wir wissen nicht recht, wie wir mit Lotta richtig umgehen und ihr helfen können. ▬

Wie Kinder trauern und wie wir sie unterstützen können

Natürlich sind Eltern bemüht, ihre Kinder zu beschützen und sie nicht mit Sorgen zu belasten. Das ist richtig und wichtig. Aber deshalb dürfen wir ihnen nicht etwas vorenthalten, mit dem sie auf jeden Fall früher oder später konfrontiert werden. Überlegen Sie auch ohne aktuellen Grund, wie Sie offen und ehrlich mit ihrem Kind über den Tod und das Sterben sprechen können. Manchmal bietet eine Szene in einem Kinderfilm oder ein totes Tier am Straßenrand einen guten Anlass dafür.

Sollten Sie selbst ein eher schwieriges Verhältnis zum Thema Sterben haben, kann sich das auf die Kinder übertragen. Denn es ist häufig das Verhalten und die Einstellung der Erwachsenen, das die Kinder daran hindert, einen natürlichen Umgang mit dem Thema zu erlernen.

Es ist schlimm, wenn ein lieber Mensch krank wird und stirbt. Auch ein Tier zu verlieren, mit dem man viel Zeit verbracht hat, ist ein einschneidendes Erlebnis. Für viele Kinder ist der Tod eines Haustiers die erste Begegnung mit dem Tod. Je nach Alter und Hilfestellungen gehen sie sehr unterschiedlich mit endgültigen Verlusten um. In jedem Fall ist Ehrlichkeit wichtig. Denn bald beginnen Fragen im Kopf herumzuschwirren. Wehmut hält Einzug in die Kinderseele und viele Gefühle vermischen sich. Warum passiert das? Hätte ich helfen können? Wie schön war es, als der Mensch oder das Tier noch so gesund war, dass man mit ihm spielen konnte!

Je mehr das Kind die Bedeutung des endgültigen Abschiedes begreift, desto mehr Ängste können entstehen. Tut es weh, wenn man tot ist? Lebt man irgendwo weiter? Wird bald wieder jemand sterben? Muss ich auch sterben? Natürlich hängt die Reaktion des Kindes auch von dem Weltbild ab, in dem es erzogen wird: Ist ein Kind in einem religiösen Umfeld aufgewachsen, sucht es wahrscheinlich eine Erklärung, die in sein Glaubenssystem passt.

Es ist auch möglich, dass das Kind »so wie immer« ist und den Alltag ganz normal lebt. Dann entsteht manchmal der Eindruck, es fühle gar nichts. Dies ist aber nicht so. Kinder trauern anders, und es ist auch möglich, dass Trauer und Verzweiflung erst viel später ausbrechen. Häufige Reaktionen sind: Schlafstörungen, Alpträume, Leistungsabfall in der Schule, Trennungsängste, Rückkehr zu kleinkindlichen Verhaltensweisen wie Daumenlutschen und große Angst um die Lebenden. Möglicherweise reagiert das Kind auch aggressiv oder wechselt ständig zwischen Ausgelassenheit und heftiger Trauer.

Jüngere Kinder sind meist noch nicht in der Lage, die Endgültigkeit des Todes zu verstehen. Für manche ist »tot sein« wie ein langer Schlaf oder eine lange Reise. Dies führt dazu, dass Kinder oft glauben, dass der Tote wiederkommt. Ältere Kinder haben meist schon ein besseres Verständnis von Tod und Vergänglichkeit. Manchmal werden sie auch von schlechtem Gewissen geplagt: Ein zu Lebzeiten des Verstorbenen aus Wut gesagtes oder gedachtes »Geh weg!« bekommt plötzlich eine andere Bedeutung.

Karin, 39

» So helfe ich Yannik beim Abschied von Hoppel

Yannik ist öfters gereizt und unglücklich. Er braucht jetzt viel Zeit und Verständnis.

- Ich erkläre, was »tot sein« für mich bedeutet: »Hoppel ist gestorben und wird nicht wiederkommen. Und es wird nicht mehr so sein wie früher.« Ich erkundige mich, ob der Hase im eigenen Garten begraben werden darf. Dann führen wir eine kleine Trauerfeier durch.
- Tränen tun gut und erleichtern, weil so die Trauer nach außen kommt. Deshalb ermutige ich Yannik zu weinen und rede ihm den Schmerz nicht aus.
- Zusammen gehen wir zu seinen Freunden und erzählen, dass Hoppel nicht mehr da ist. Einige der Jungen haben auch schon ein Haustier begraben. Es hilft Yannik, dass andere Kinder auch von ähnlichen Erfahrungen berichten.
- Bewegung, Sport und Spaß sind ideale Möglichkeiten, um emotionale Belastungen abzubauen. Deshalb gehe ich mit Yannik besonders oft nach draußen und zu anderen Kindern.
- Yannik legt eine »Schatzkiste« an: Er verziert eine kleine Schachtel und verwahrt dort Fotos und das Halsband von Hoppel.

Thomas, 46

» Wir trauern gemeinsam

Die ganze Familie nimmt sich viel Zeit für einander und wir sind für Lotta da. Dadurch erleben wir alle Halt, und Vertrauen in die Zukunft wird möglich.

- Lotta hat ein Recht zu erfahren, was passiert und was passieren wird. Deshalb sage ich ehrlich, dass Opa bald sterben wird. Auch wenn es mir selbst wehtut, gehe ich auf alle ihre Fragen ein.
- Lotta möchte ihren Großvater unbedingt im Krankenhaus besuchen. Opa ist bei Bewusstsein und möchte sie auch sehen. Er hält ihre Hand und sie schauen sich lange in die Augen. Am nächsten Tag stirbt er.
- Ich erkläre Lotta die nächsten Schritte: Freunde verständigen, Trauerfeier planen. Weil Lotta es möchte, wird sie mit einbezogen. Sie darf zum Beispiel einige Trauerkuverts beschriften und in den Briefkasten werfen. So fühlt sie sich wichtig und nützlich.
- Meine Gefühle verheimliche ich Lotta nicht. Das gemeinsame Weinen erleichtert. Ich sage Lotta aber auch, dass Trauer ein Gefühl ist, das mit der Zeit leichter wird und sich verändert.
- Lotta ist manchmal von der Rolle, das akzeptiere ich. Ich informiere die Schule, weil Lotta selbst noch nicht darüber reden will. Innerhalb der Familie suchen wir eine einheitliche Formulierung. Denn es verunsichert Lotta, wenn Oma sagt: »Opa ist beim lieben Gott«, Mama erklärt: »Opa ist auf dem Friedhof«, und die Tante meint: »Opa ist ja noch bei uns.«
- Ich frage Lotta, welche Vorstellungen sie selbst hat, bevor ich eine fertige Erklärung vorgebe. Lotta überrascht mich: Sie schaut jeden Tag einen bestimmten Stern an, den

sie zum Opa-Stern erklärt hat. Sie ist überzeugt, dass es Opa dort jetzt gut geht, weil er nicht mehr im Krankenhaus sein muss.

- Lotta und ich machen eine Sammlung von schönen Erinnerungen, die sie an Opa hat: Äpfel sammeln im Herbst, Ballspielen im Sommer, Schneemann bauen im Winter … Alle diese Erinnerungen zeichnen wir gemeinsam in ein großes, ausgeschnittenes Opa-Herz: einen Apfel, einen Ball, einen Schneemann …

So können Sie in einem Todesfall helfen

Sterben ist ein Teil vom Leben. Natürlich ist es trotzdem traurig, wenn ein geliebter Mensch stirbt.

- Es ist ganz wichtig, die Trauer nicht zu unterdrücken. Zeigen Sie selbst Ihre Trauer, denn dadurch können Kinder lernen, besser damit umzugehen. Aber leben Sie so weit es geht auch den Alltag weiter: Gemeinsame Mahlzeiten, Gutenachtgeschichten und Hausaufgaben sollten fest im Tagesablauf bleiben.
- Sehen Sie sich jeden Tag etwa 3–5 Minuten ein Foto des Verstorbenen an und tauschen Sie dabei Erinnerungen aus. Stellen Sie dafür einen Stuhl an einen besonderen Ort, auf dem Sie mit Ihrem Kind Platz nehmen. Stellen Sie den Stuhl nach dieser »Erinnerungszeit« wieder zurück. Damit setzen Sie ein bewusstes Zeichen, jetzt wieder in den Alltag zurückzugehen.
- Kindgerechte, aber ehrliche Information ist wichtig, besonders wenn Kinder mit auf eine Beerdigung gehen. Erklären Sie vorher, was passieren wird. Bereiten Sie sich auf typische Fragen wie: »Friert Opa jetzt?« oder »Warum werfen die Leute Erde hinein?« vor. Bei der Zeremonie ist es wichtig, dass Sie Ihr Kind an der Hand halten und dass es Sie spüren kann.
- Vermeiden Sie Formulierungen wie: »Opa ist friedlich eingeschlafen.« Tod ist nicht Schlafen und aus dem Versuch, das Kind damit zu beruhigen, könnten Ängste vor dem Einschlafen entstehen.

- Sicher haben Sie alte Fotoalben von der Familie, die Sie sich gemeinsam ansehen können. Wenn Ihr Kind fragt: »Wirst du auch sterben?«, antworten Sie ruhig: »Ja, auch mein Leben geht irgendwann zu Ende. Aber bis dahin haben wir noch viel schöne Zeit miteinander.«
- Kinder lieben Geschichten und Anekdoten. Besuchen Sie mit Ihrem Kind Gräber von Angehörigen und erzählen Sie dabei von diesen Menschen. Dann fühlen sich Kinder als Teil einer Familientradition. Besprechen Sie mit Ihrem Kind, ob es in der Schule selbst etwas erzählen möchte und was es

antworten wird, wenn es gefragt wird. Und schützen Sie Ihr Kind vor überzogenem Mitleid oder Neugier der Umwelt.

- Kinder können oft mit Außenstehenden leichter über ihre Gefühle sprechen als mit Familienangehörigen. Reagieren Sie dann nicht gekränkt, denn die nette Lehrerin oder der freundliche Nachbar können sehr

hilfreich sein, weil sie selbst nicht emotional aufgewühlt sind.

TIPP

Stellen Sie einen Blumenstrauß oder einen persönlichen Gegenstand des Verstorbenen im Zimmer auf. Jeden Tag um dieselbe Uhrzeit wird dort eine Kerze angezündet.

Kraftset

Wohlfühltipp: Mit den Füßen tief verwurzelt

Diese Übung hilft Ihrem Kind, sich sicher und geerdet zu fühlen.

» **Wir stehen mit leicht gegrätschten Beinen fest auf den Boden. Nun wachsen in deiner Fantasie aus den Füßen starke Wurzeln tief in die Erde ... Die Arme heben sich und werden zu Ästen und Zweigen ... Spüre, wie fest du dich fühlst ... Atme tief ein und schicke die Atemkraft in deine Wurzeln und Äste ... Ich bin der große Baum neben dir und wir wiegen uns gemeinsam leicht im Wind ... Nun fühlst du wieder deine Füße auf dem Boden und reichst mir deine Hände.**

Krafttext: Der Kraftbaum

» **Wenn du gemütlich liegst oder dich an mich kuscheln und zuhören möchtest, nimm meine Hand. Es ist traurig für uns alle, weil ... gestorben ist.**

Stell dir vor, du bist auf einer Wiese. Weil du traurig bist, kannst du die vielen Blumen, Blüten und Schmetterlinge gar nicht richtig sehen. In der Mitte der Wiese steht ein großer Baum. Er hat einen kräftigen Stamm, viele Äste und Blätter. Du gehst auf ihn zu

und lehnst dich an ... Du wirst ruhig und entspannst dich ... Es ist dieser kräftige, alte Baum, der dich so ruhig macht. Er spricht mit einer freundlichen Stimme. »Ich kann dir helfen. Lade deine Trauer bei mir ab. Hänge deine traurigen Gefühle und Gedanken an meine dicken, starken Äste.« Du tust, was er sagt ... Du kannst deine Tränen und deine Trauer an seine Äste hängen ... Da sind sie gut aufgehoben. Du drückst den Baum fest – so wie ich dich jetzt an mich drücke – und du spürst seine Stärke. Er leitet deine Trauer in seine Wurzeln und daraus wachsen wieder neue Äste und Blätter. Er sagt: »Nun schau dich um auf der Wiese, was es hier Schönes zu sehen, zu hören und zu riechen gibt ... Wenn du willst, kannst du mich immer wieder besuchen.« Auf dem Rückweg siehst du einen schönen Schmetterling ... Schau dir seine Farben an ... Ich lasse dir nun ein bisschen Zeit, um dir den Schmetterling genau vorzustellen oder einfach nur ruhig zu liegen.

» **Nun spürst du meine Hand und bist wieder bei mir. Drücke sie fest – ich drücke zurück. Welche Farben hat dein Schmetterling? Wie hat dein Baum ausgesehen? Magst du den Baum oder den Schmetterling malen?**

Einen Kraftbaum suchen. Wenn es möglich ist, können Sie mit Ihrem Kind auch einen echten Baum in der Natur aussuchen, zu dem

Sie regelmäßig gehen, die Trauer abladen und Trost und Zuversicht auftanken. Dabei können Sie sich gemeinsam an seinen starken Stamm anlehnen, seine Rinde spüren, an den Krafttext denken oder einen Zaubersatz sa-

gen. Auch wenn Sie sich nur schweigend an den Händen halten, tut das Ihnen und Ihrem Kind gut. Atmen Sie am Ende ein paar Mal tief durch und kehren Sie in den Alltag zurück.

Stärkerezept

Zauberspruch 3x oder öfter
sagen und dabei klopfen:

1. ...(Name des Verstorbenen),
du bist in meinem Herzen und ich
denke oft an dich!

oder 2. Ich hab dich lieb, ich werd dich
nicht vergessen!

oder 3. Der Baum gibt mir die Kraft, die schwere
Zeiten schafft!

Kraftpunkt:

Lege eine Hand liegt dorthin, wo du das Herz spürst. Die Fingerspitzen deiner anderen Hand klopfen dabei auf den Handrücken der Hand, die am Herzen liegt.

Kraftsets bei destruktivem Verhalten

Aggression und Wut gehören zum natürlichen Verhalten des Menschen. In angemessenem Ausmaß helfen sie, Spannungen abzubauen und dem eigenen Willen Nachdruck zu verleihen. Manche Kinder müssen erst Schritt für Schritt lernen, starke Impulse in vertretbare Bahnen zu lenken.

Machtkämpfe

Einerseits wollen Eltern heute nicht autoritär, sondern partnerschaftlich erziehen, andererseits testen Kinder naturgemäß aus, wie weit sie gehen können, und haben oft die stärkeren Nerven. Freundliche Konsequenz und klare, durchschaubare Vereinbarungen tun dem Nachwuchs gut und geben Sicherheit.

Starke Kinder haben einen starken Willen

Inga, 32

» Mit dem Kopf durch die Wand

Meine zehnjährige Tochter Marina und mein siebenjähriger Sohn Markus sind aufgeweckte Kinder, die immer schon genau wussten, was sie wollen. Ich habe sie mitreden und möglichst viel entscheiden lassen. Aber irgendwie klappt unser Familienleben zurzeit nicht. Marina motzt auf jede Bitte »Nein, jetzt nicht, später!« Markus zeigt seinen Sturkopf auf andere Weise. Wenn ich sage: »Du machst jetzt die Chips nicht auf, wir essen bald!«, kontert er »Das sind meine, die hast du mir gekauft!« Markus wird immer lauter und ich gebe nach. Oder ich bitte die Kinder zu Tisch. »Ich habe keinen Hunger«, ruft Markus. Marina schließt sich an: »Ich komme auch nicht, Gemüse mag ich nicht!« Dann kommt der Moment, in dem es mir reicht: »Beide herkommen, und zwar sofort, jetzt wird gegessen!« Das wirkt. Aber dann sitzen sie am Tisch, stochern lustlos im Essen herum, die Stimmung ist im Keller. Ich habe ein schlechtes Gewissen, weil ich laut geworden bin. Egal welcher Anlass, immer muss ich kämpfen. Und obwohl ich ununterbrochen rede und erkläre, bleibt alles an mir hängen: das Aufräumen der Spielsachen genauso wie das Müllwegbringen und das Ordnen der Schulsachen. Morgens trödeln beide und ich muss eine Entschuldigung schreiben, wenn sie zu spät zur Schule kommen. Gestern hat Marina den Bogen überspannt. Als ich wollte, dass sie die Straßenschuhe im Wohnzimmer auszieht, sagte sie mit Augenverdrehen: »Sei nicht zickig, ich geh jetzt gleich zu Susy. Da ziehe ich vorher sicher nicht die Schuhe aus.« Da hat sich der aufgestaute Groll in mir mit zwei Wochen Hausarrest für Marina und einem Schreianfall entladen. Aber natürlich muss Marina jetzt nicht zwei Wochen zu Hause sitzen. Morgen ist das Geburtstagsfest ihrer besten Freundin, da darf sie hin. Aber es soll so nicht weitergehen. Machtkämpfe morgens, mittags und abends. Und das, obwohl wir uns lieben! ▬

Kinder haben ein Recht auf Grenzen

Ganz gleich wie alt das Kind ist: Es wünscht sich eine Richtschnur von seinen Eltern, an der es sich orientieren kann. Es ist wichtig, den kindlichen Willen nicht zu brechen und dabei dennoch die elterliche Kompetenz zu behalten.

Bedürfnisse erkennen und durchsetzen lernen sind wichtige Bestandteile der Persönlichkeitsentwicklung. Dadurch lernt ein Kind, für sich einzustehen und Kompromisse zu erarbeiten. Stößt ein Kind aber permanent an Grenzen und zu starre Vorgaben, lässt mit der Zeit jede Neugier und Motivation nach. Deshalb sind Interessenskonflikte zwischen Erwachsenen und Kindern sinnvoll. Ob daraus ständig eskalierende Machtkämpfe werden, entscheiden die Eltern. Denn zum Kämpfen gehören immer zwei. Wird über alles und jedes verhandelt, kostet das Nerven und schadet auf Dauer dem Familienklima. Kinder haben ein feines Gespür für Unsicherheiten und wunde Punkte der Erwachsenen. Sie versuchen ihren Willen oft dann durchzusetzen, wenn die Situation für die Erwachsenen gerade besonders ungünstig ist, wie zum Beispiel an der Supermarktkasse. Aufmüpfiges Verhalten darf kein Mittel werden, um seine Interessen durchzuboxen. Denn wenn diese Methode klappt, wird das Kind dieses Mittel immer wieder anwenden.

Klare Grenzen geben einen schützenden Rahmen, innerhalb dessen sich Kinder entfalten können. Ohne diesen fühlen sie sich aufgefordert, immer neu zu verhandeln. Sie probieren dann bei jeder Kleinigkeit aus, wie weit sie gehen können, und das kostet viel Kraft, die anderswo fehlt. Ein gewisses Maß an Machtkämpfen und Reibung ist völlig normal, da die Kinder auf diese Art für ihre eigenen Interessen einstehen lernen. Mit zunehmendem Alter wollen Sie ihre Grenzen erweitern und

stellen den Willen der Eltern in Frage. Nur so kann sich Autonomie und Eigenständigkeit entwickeln. Eltern haben die Funktion des Reibebaumes und die gilt es auszuhalten. Wenn Ihr Kind Ihre Autorität hinterfragt, ist dies auch ein natürlicher Bestandteil des Reifeprozesses.

TIPP

Es gilt der Grundsatz: Nur so viele Regeln wie nötig und so wenig wie möglich. Denn zu viele Regeln engen Kinder ein.

Inga, 32

» Schluss mit den Kräfte raubenden Machtspielchen

Klare Regeln, die auch eingehalten werden, helfen meinen Kindern, sich im Familienalltag besser zurechtzufinden.
- Zusammen mit meinem Mann überlege ich, was zurzeit die nötigsten Familienvereinbarungen sind. Wir sprechen gemeinsam mit unseren Kindern, welche und wie viele

das sind. Jede Woche werden eine, maximal zwei neue Regeln eingeführt: Denn zu viele Vereinbarungen auf einmal werden leicht vergessen. Die erste Woche steht unter dem Motto »Gute Nacht um acht«, und erst in der nächsten Woche kommt etwas Neues hinzu. Nach einiger Zeit werden Regeln zur Selbstverständlichkeit. Manches erübrigt sich auch mit der Zeit wieder. Wenn unser Zusammenleben wieder harmonischer verläuft, brauchen wir auch weniger auf Regeln zu achten.

- Ich stelle klar, dass ich ab jetzt keine Verantwortung mehr für die Fehler der Kinder übernehme, wenn diese von ihnen selbst getragen werden kann. Im Klartext heißt das, dass ich für das Zuspätkommen keine Entschuldigung mehr schreibe und auch keine Schulsachen mehr ordne. Meine beiden Kinder werden sich dafür in Zukunft selbst bei der Lehrerin verantworten müssen.

- Wenn Marina beleidigend ist oder Kämpfe provoziert, sage ich ihr, wie ich mich fühle: »Ich bin jetzt gekränkt, Schimpfwörter tun auch weh. Wenn ich mich beruhigt habe, rede ich weiter.« Denn ich brauche im Krisenfall selbst erst mal einen kühlen Kopf und ein paar Minuten Auszeit, um dann klar und ruhig reagieren zu können. Ein paar Mal tief durchatmen und der Satz »Auch wenn ich gekränkt bin, kann ich nun wieder klar denken« hilft mir dabei. Dabei klopfe ich meine Handkanten gegeneinander.

- Solange meine Kinder einen beleidigenden Tonfall zeigen, gehe ich nicht auf ihre Wünsche ein und diskutiere auch nicht. Markus und Marina lernen schnell: Schreien, Kämpfen oder Beleidigen sind absolute Wunscherfüllungskiller.

- Ich jammere nicht mehr: »Wie sieht es denn hier schon wieder aus? Jeden Tag dasselbe, nie tut ihr, was ich sage«, sondern ich gebe stattdessen ganz konkrete Aufträge: »Bitte räume hier auf. Ich komme in zehn Minuten wieder.« Ich verzichte auf Kommentare wie: »Warum nicht gleich so!« oder » Siehste, es geht ja doch!«, sondern ich zeige meine Freude: »Schön, dass ich mich jetzt auf dich verlassen konnte.«

So gehen Sie mit Regeln um

Kinder brauchen und mögen Regeln. Unklarheiten erzeugen schnell Streit. Versuchen Sie zum Beispiel einmal, ein »Mensch-ärgere-dich-nicht« nach neuen Spielregeln zu spielen. Ihr Kind wird vermutlich die bekannten Regeln sofort verteidigen und einfordern.

- Unklare Ansagen und Streit mit Ihrem Partner über Familienregeln vor den Kindern verunsichern den Nachwuchs. Deshalb sagen Sie nicht heute »Hü« und morgen »Hott«, »J-ein« oder »Ich weiß noch nicht«. Ein klares Ja oder Nein ist für die Kinder verlässlicher.

- Regeln sind nur dann sinnvoll, wenn sie eingehalten werden können. Ein Hausarrest, der am nächsten Tag gebrochen wird, oder ein Fernsehverbot, das niemand kontrollieren kann, weil das Kind allein zu Hause ist, machen unglaubwürdig und verleiten zum Lügen.

- Im Krisenfall entscheiden immer die Eltern. Wenn das Kind zum Beispiel bei roter Ampel über die Fahrbahn laufen möchte, weil »eh kein Auto kommt«, gibt es keine Diskussion. Je klarer und kürzer die Botschaft ist, desto besser: »Bleib sofort stehen.« Erklärt wird erst nachher, nicht in der Krisensituation.

- Wird eine Vereinbarung immer wieder verletzt, stellt sich die Frage, ob sie wirklich notwendig ist. Ist es wirklich wichtig, täglich das Spielzeug aufzuräumen, oder genügt es vielleicht zweimal die Woche? Manchmal ist weniger mehr.

- Bleiben Sie flexibel und diskussionsbereit. Vereinbarungen und Regeln müssen immer wieder verändert und Alter und Entwicklungsstand der Kinder angepasst werden. Helfen Sie Ihren Kindern, zur eigenen Meinung zu stehen, denn überzeugend argumentieren muss gelernt werden. Wenn der Ton stimmt, hören Sie zu, unterbrechen Sie nicht und fragen Sie genau nach. Manchmal haben Kinder einfach die besseren Argumente. Dann gilt es, sich überzeugen zu lassen. »Es ist schön zu hören, was du alles so überlegt hast. Lass uns versuchen eine Lösung zu finden, die für alle passt!«

TIPP

Wenn Sie das Kind an der Schulter leicht berühren, auf Augenhöhe gehen oder seine Hände halten, haben Sie sofort seine ganze Aufmerksamkeit. Sprechen Sie deutlich und leise. Vermeiden Sie zu viele Worte und Negativformulierungen. »Zieh dir die Hose an« ist besser als »Nun trödle doch nicht schon wieder so herum. Das nervt!«

Kraftset

Wohlfühltipp: Der Krabbelbaum

Kinder lieben spielerische Massagen. Das entspannt, schafft Nähe und Entspannung. Gerade nach einer Versöhnung oder am Abend vor dem Einschlafen tut das allen gut.

» Leg dich entspannt auf den Bauch und stell dir vor, du bist ein Baumstamm. Auf dir krabbeln jetzt ganz viele Tierchen auf und ab ... Jetzt lasse ich meine Finger Käferlein spielen ... und jetzt kommt eine Raupe und bahnt sich ihren Weg auf deinem Rücken ... und jetzt kommt eine Ameisenhorde und krabbelt herum ... Jetzt schlafen die Tiere alle ein. Chh ... Chh ... Nun kommt ein kleines Hündchen, das legt sich hin und schmiegt sich an den Baumstamm ... und jetzt schläft es auch ein. Träume mit ihm.

Lassen Sie Ihre Fantasie spielen, welche Tiere noch alle kommen und den Kinderrücken auf ihre Art berühren und massieren.

Krafttext: Im Spiegelhaus

» Leg dich entspannt hin und schließe die Augen. Ich erzähle dir jetzt eine Geschichte.

Stell dir einen kleinen Hund vor. Er hat ein wuscheliges braunes Fell und große Knopfaugen. Er ist noch ganz jung und ein bisschen tollpatschig. Dieses Hündchen hat von einem ganz besonderen Haus gehört, in dem es ganz viele Spiegel gibt. Jede Wand, jede Tür besteht aus Spiegeln. Wenn man sich umdreht, sind überall Spiegel. In diesem Haus gilt nur eine einzige Regel: Mach ein freundliches Gesicht! Weil es aber ein junger Hund ist, weiß er noch nicht, was Spiegel und Regeln sind. Beim Haus angekommen, läuft er gleich hinein. »Nein, ich werde nicht freundlich blicken«, denkt er sich, »Was geht mich die Regel an?« Er beginnt zu knurren und schaut böse. Aber – wie fürchterlich – da sind unzählige andere Hunde und alle knurren und zeigen ihre Zähne. Da erschrickt das Hündchen und läuft schleunigst davon. Als es nach Hause kommt, erzählt es seiner Hundemama von dem Erlebnis, und sie beginnt zu lachen: »Ja, hast du dich denn an die Regel in diesem Haus gehalten? Wenn du knurrst, knurren alle anderen Hunde natürlich auch.« Da wird das Hündchen nachdenklich. Am nächsten Tag geht es wieder zu dem Spiegelhaus und tritt ein. Es wedelt mit dem Schwanz und macht ein freundliches Gesicht. Alle anderen Hunde tun das heute auch. Und auf dem Heimweg wedelt es jedem Hund, der ihm begegnet, freundlich mit dem Schwanz zu. Fast alle wedeln zurück. Zu Hause sagt seine Mama: »Jetzt hast du etwas Wichtiges gelernt!«

» **Verabschiede dich nun von dem jungen Hündchen! Bleib noch eine Zeitlang ruhig liegen und spüre die Entspannung. Du weißt schon, wen der Hund in den Spiegeln gesehen hat, oder? Was, denkst du, hat das Hündchen gelernt?**

Zauberspiegel. Erklären Sie einen Spiegel in der Wohnung zum Zauberspiegel. Versuchen Sie, davor mit ihren Kindern verschiedene Gefühle durch Mimik dazustellen. Dem Kind wird die Botschaft dahinter ganz schnell klar: Ich kann meinen Gesichtsausruck selbst be-

stimmen! Und im Krisenfall können Sie selbst den Spiegel benutzen und bewusst einen anderen Gesichtsausdruck »aufsetzen«. Oft merken wir gar nicht, wie unfreundlich oder verbissen wir aussehen.

Meridiane enden an den Fingerkuppen

Viele Meridiane enden oder beginnen an den Fingerkuppen oder an den Zehenspitzen, und zwar an der Grenze zwischen Nagel und Fleisch. Die Stellen nennt man auch Finger- oder Zehennagelfalz. Diese Punkte befinden sich immer an beiden Seiten des Körpers, in diesem Fall an den Fingerenden beider Hände. Durch das Klopfen der Fingerspitzen werden gleichzeitig viele Meridiane erreicht.

Stärkerezept

Zauberspruch 3x oder öfter sagen und dabei klopfen:

    1. Ausgemacht ist ausgemacht, weil das gute Laune schafft!

oder   2. Unsre neue Regel heißt: … Ich bin dabei!

oder   3. Ich kenn mich aus, mein Kopf ist klar, wie wunderbar!

Kraftpunkt:

Klopfe mit den fünf Fingerspitzen der rechten Hand vor dem Körper gegen die Fingerspitzen der linken Hand. Am Ende legst du beide Hände auf die Brust.

Kindliche Gewalt und übermäßige Aggression

Unsere Kinder sollen lernen, sich durchzusetzen und sich zu wehren, wenn sie angegriffen oder zu Unrecht beschuldigt werden. Wir wünschen uns, dass sie ihre Interessen fair und selbstbewusst vertreten. Aber was tun, wenn das eigene Kind weit über das Ziel hinausschießt, plötzlich Gewalt anwendet und andere damit gefährdet oder gar verletzt?

Gewalt löst keine Probleme

Tanja, 40

» Marco schlägt andere Kinder

Marco ist zehn Jahre alt und geht in einen Hort. Letzte Woche, als ich noch am Abend mit ihm lernen will, schleudert er das Buch durch das Zimmer und macht damit eine Vase kaputt. Ich bin sauer, beherrsche mich aber und räume wortlos auf. Als sein Erzieher erzählt, dass Marco immer wieder scheinbar grundlos andere Kinder schlägt oder beschimpft, stelle ich ihn zur Rede. Er erklärt mir, dass ihn die anderen manchmal nerven und dass er deshalb schimpft. Aber schlagen – nein, das leugnet er.
Gestern hole ich ihn ab und beobachte, wie die Kinder in der Zweierreihe stehen. Marco steht hinter Florian, dem zarten Jungen, der einen Kopf kleiner ist als er. Und aus heiterem Himmel, ohne Vorwarnung, schlägt ihn mein Sohn mit voller Wucht ins Genick. Florian schreit vor Schmerz auf, dreht sich um und wirft sich mit seinem ganzen Gewicht auf Marco. Da Marco viel kräftiger ist, hat Florian keine Chance und Marco verspottet ihn auch noch. Obwohl ich in der Nähe bin, kann ich nicht reagieren, alles geht so schnell und ich bin entsetzt. Dann spüre ich Wut in mir und fühle mich gleichzeitig hilflos. Was ist nur los mit meinem Kind?

Aggression und kindliche Gewalt – normal oder gefährlich?

Ein gewisses Ausmaß an Aggression und körperlicher Durchsetzungsfähigkeit ist normal und wichtig. Unkontrollierte Gewalt, die anderen oder sich selbst schadet, darf jedoch nicht verharmlost werden. Im günstigsten Fall gelingt es, diese Impulse für »gute« Zwecke umzupolen, zum Beispiel für sportliche Wettbewerbe, und im Notfall zum Schutz der eigenen Sicherheit.

Oft entsteht gewalttätiges Verhalten bei Kindern aus dem Wunsch, Kontakt aufzunehmen oder zu spüren, dass sie etwas bewirken können – und sei es nur, dass ein anderes Kind weint. Auch Angst oder eine erlittene Kränkung stecken häufig dahinter. Frustrationen jeder Art – »Er wollte nicht mit mir spielen!«, »Schon wieder eine schlechte Note!« oder Überforderungsgefühle – können Auslöser für aggressives Handeln sein. Und so eigenartig es auch klingt: Verbale Gewalt – Fluchen oder Schimpfen – ist als Zwischenschritt durchaus positiv zu sehen. Denn es bedeutet, dass der Nachwuchs lernt, Gefühle mit Worten abzureagieren.

Tipp

Dort, wo die Grenze eines Menschen gewaltsam überschritten wird – sei es physisch oder psychisch –, endet die Freiheit des anderen. Und: Die Gewaltbereitschaft ist erwiesenermaßen deutlich erhöht, wenn ein Mensch selbst in irgendeiner Form Gewalt erlitten oder gesehen hat.

Tanja, 40

❯❯ Gewalt ist keine Lösung

Ich konfrontiere Marco mit seinem Verhalten und erkläre ihm ernst und eindringlich, dass ich keine Form von Gewalt dulde.

- Ich frage genau nach, was er mit dem Schlagen bezwecken wollte. Marco erzählt, dass er bei der Hausaufgabenbetreuung neben Florian sitzt und der ihm nie hilft. Mein Sohn gibt zu, dass er die Aufgaben oft nicht versteht. Irgendein Kind lässt ihn dann meist abschreiben, aber Florian sagt: »Du musst besser aufpassen. So wie ich. Ich bin viel schlauer als du.« Und manchmal lacht er ihn sogar aus. Das ärgert Marco schrecklich. Er wünscht sich, dass Florian dafür bestraft wird, aber niemand tut es. Ich kann Marco verstehen, denn auch ich mag Besserwisser nicht. Das rechtfertigt aber nicht gewalttätiges Verhalten.

- Dann erzähle ich Marco ein Erlebnis von mir: Als ich voriges Jahr mit dem neuen Auto in eine Kreuzung gefahren bin, hat mich ein anderes Fahrzeug mit überhöhter Geschwindigkeit gerammt. Der Fahrer ist ausgestiegen, hat mich angebrüllt, obwohl ich im Recht war. Ich wurde schrecklich wütend und wollte ihn am liebsten schlagen. Das hätte aber nichts gebracht. Deshalb habe ich die Polizei gerufen, die hat es dann geregelt. Und die Polizei für Kinder – das sind Erwachsene, Lehrer, Erzieher oder die Eltern.

- Ich bitte den Erzieher, die Sitznachbarn zu trennen, und vereinbare mit Marco, dass er sich in Zukunft von Christoph, dem Erzieher, Unterstützung bei den Hausaufgaben holt.

- Wir überlegen uns eine Art der Entschuldigung. Marco möchte Florian jetzt noch nicht die Hand reichen, aber er kann sich vorstellen, einen Zettel zu schreiben, auf dem steht: »Es war nicht richtig, dass ich dich geschlagen habe. Das tut mir leid.«
- Auf jeden Fall behalte ich Marco im Auge: In welcher Form, in welchem Umfeld, bei welchen Personen und Anlässen zeigt sich das aggressive Verhalten? Ich frage oft nach, sowohl bei ihm selbst als auch bei den Lehrern und Erziehern. Jeder Vorfall wird zum Thema gemacht. Wenn etwas passiert, werde ich sofort verständigt. Das weiß Marco.

So helfen Sie Ihrem Kind

Die besten Gegenspieler zu übermäßiger Aggression sind sichere Beziehungen, Erfolgserlebnisse und ein gutes Vorbild.

- Erklären Sie Ihrem Kind in einer ruhigen Minute, dass Reden und Verhandeln dauerhaftere Lösungen und mehr Anerkennung bringen als Stoßen oder Schlagen. »Ich vertraue dir«, mit Handschlag und Blick in die Augen, ist in jedem Fall ein motivierender Vertrauensvorschuss.
- Welche Fernsehsendungen schaut Ihr Kind? Welche Computerspiele spielt es? Besonders jüngere Kinder sehen fast nur Zeichentrickfilme. Im Gegensatz zur allgemeinen Meinung sind es aber oft besonders die Comicserien, die Gewalt verharmlosen und Kinder mit Schnelligkeit und Gewaltszenen überfordern.
- Suchen Sie Kontakt zu den Eltern des Rivalen Ihres Sprösslings. Wenn es sein muss, entschuldigen Sie sich auf Erwachsenenebene für das Verhalten Ihres Kindes. So gehen Sie auch mit gutem Beispiel voran. Vielleicht können Sie gemeinsam Hintergründe und Anlässe für die Vorfälle finden. Und bedenken Sie dabei, dass die Sicht Ihres Kindes nur »eine Wahrheit« ist.
- Wenn Ihr Kind im Zorn einen Gegenstand zerstört – wie zum Beispiel die Vase bei Marco – ist Wiedergutmachung gefragt. Erstens räumt der Verursacher selbst die Scherben weg, zweitens wird das Taschengeld für einige Zeit empfindlich gekürzt,

weil auch ein Kind – zumindest teilweise und in seinem Rahmen – für den angerichteten Schaden aufkommen soll.

- Wie könnte Ihr Kind seine körperlichen Kräfte gut einsetzen und zu Erfolgserlebnissen kommen? Sportarten, bei denen Regeln und Fairness im Team besonders wichtig sind, eignen sich gut, um spielerisch Grenzen zu beachten.
- Im Akutfall sehen Sie genau hin und verwechseln Sie bitte nicht spielerisches Balgen mit Gewalt. Ist es eine Rangelei, ein kindliches Kräftemessen? Damit testen Kinder Ihre Grenzen aus und spüren ihre eigene Kraft. Beides ist wichtig für die kindliche Entwicklung. Oder geht es tatsächlich um Bedrohung, Schmerz zufügen oder Erniedrigung eines anderen? Eine wilde Schneeballschlacht zum Beispiel oder ein kurzes Raufen zum Dampfablassen schaden der Entwicklung nicht. Wenn aber ein Kind ständig andere piesackt oder ihnen körperlich weh tut, ist die Sache ernst. Argumente wie »Ja, aber der andere hat angefangen!« oder »Er hat mich auch gezwickt« sind in der Akutsituation nicht zu diskutieren. Wenn aus Spiel Ernst wird und jemand sich bedroht fühlt, muss sich der Erwachsene klar bemerkbar machen: »Schluss jetzt damit! Sofort. Hier wird nicht geprügelt!« Wenn das nichts nutzt, lässt sich gewalttätiges Verhalten am besten durch sofortige Trennung der Kinder stoppen. Der Blickkontakt wird unterbrochen und eine Distanz zum Kontrahenten eingelegt.

PRAXIS

Stopp!

Wenn jemand »Stopp!«, »Aus!« oder »Halt!« sagt oder sichtlich unterlegen und verzweifelt ist, muss aufgehört werden. Solange das eingehalten wird, liegt normalerweise kein Grund zu ernster Sorge vor. Wenn ein Kind ein Nein des anderen ständig ignoriert und nicht aufhört, Gewalt auszuüben, ist es ein Zeichen, dass es selbst auch Hilfe braucht.

- Ernste Mimik, elterliche Präsenz und Konsequenzen sind angesagt: »Das ist kein Spaß, diese Handlung hat Folgen.« Denn gewalttätiges Tun verfestigt sich sogar, wenn darauf mit Inkonsequenz, Vergessen oder Verniedlichungen wie »Na ja, es ist ja eigentlich nichts passiert« reagiert wird.
- Fragen Sie Ihr Kind nach Ideen und Lösungen: »Welche Ideen hast du, wie du die Lage jetzt verbessern könntest? Was willst du an dir ändern? Was lernst du aus diesem schlimmen Vorfall? Welche Art der Entschuldigung kannst du dir vorstellen?«

- So seltsam es klingt: Für Kinder ist negative Aufmerksamkeit in Form von Tadel oder Zurechtweisung besser als gar keine. Die schnellste Art, gesehen zu werden, ist aggressives Verhalten. Auch wenn Sie das Gefühl haben, es gibt zurzeit wenig Anlässe für Lob: Richten Sie dennoch Ihre Aufmerksamkeit auch auf die positiven Dinge, die Ihr Kind zeigt – zum Beispiel wenn es einmal ohne Murren ins Bett geht oder ein anderes Kind auf die Schaukel lässt. Schenken Sie positive Zuwendung, zum Beispiel indem Sie sagen: »Ich habe bemerkt, dass du dein Zimmer aufgeräumt hast.« Nehmen Sie Positives nicht selbstverständlich, sondern heben Sie es hervor. Und vor allem: Loben Sie Ihr Kind, wenn es schrittweise lernt, mit Aggression umzugehen und auf Gewalt zu verzichten.

TIPP

Trennen Sie immer Handlung und Person. Also nicht: »Du bist völlig unmöglich und aggressiv«, sondern: »Was du da angerichtet hast, ist wirklich schlimm« oder »Dein Handeln war extrem gefährlich.«

Kraftset

Wohlfühltipp: Brrrrrrrrrr ………

Aggressionen gehen immer mit einer erhöhten Spannung einher und dienen dazu, diese abzubauen. Zeigen Sie Ihrem Kind einen Weg, Druck bewusst zu reduzieren und sowohl Anspannung als auch Entspannung deutlich wahrzunehmen. Lassen Sie Ihr Kind aussuchen, ob es die folgende Übung einmal oder öfter hintereinander machen möchte. »Beobachte dich selbst, wann du dich ruhig und locker fühlst.«

》 Stell dir vor, es ist bitter kalter Winter. Du frierst entsetzlich, beginnst zu zittern und spannst alle deine Muskeln an. Ich zähle langsam bis 5 und mit jeder Zahl wird dein Zittern stärker … Du bebst am ganzen Körper und spannst gleichzeitig alles an … Nun lass wieder locker und die Luft raus … Und du wirst dabei ruhig, so ruhig, dass du dich bequem hinsetzen möchtest.

Sprechen Sie gegen Ende immer leiser und ruhiger.

SOS-Tipps für zu Hause

Wenn die Wut plötzlich kommt, ist es gut, wenn Ihr Kind Gegenstrategien kennt, die die Aggressionen umleiten.

- Ganz schnelle Bewegungen, zum Beispiel Auf- und Abspringen, zwanzig Kniebeugen oder Trampeln wie ein Elefant.
- Den Ärger und die Wut auslachen: Das Kind beginnt mit einem leisen »ha« und wird immer lauter beim Sprechen der Lachsilbe »ha«, bis zu einem richtigen Wutlachen »hahahahahah….«, dann wird es wieder leiser.
- Wenn es geht, darf sich das Kind an einem Ort einschließen, an dem es niemand stört, zum Beispiel im Badezimmer oder im WC. Dann denkt es an die Dinge, die es gerade so wütend machen, und macht dabei eine grässliche Wutgrimasse. Nun flüstert es, so laut es kann, alles, was es gerne loswerden möchte. Egal ob das Schimpfworte oder Beleidigungen sind. Niemand hört es hier. Es darf alles sagen, was sonst verboten ist. Wenn der Ärger und die Wut herausgeflüstert sind, entspannt sich das Kind langsam, lässt alles locker und kommt wieder raus.
- Wutkissen: Ein Kissen, das ist nur zum Hineindreschen reserviert ist, ist prima zum Abreagieren. Danach muss es allerdings wieder in die Kiste.
- Ein Stapel alter Zeitungen, die im Akutfall so richtig zerfetzt werden dürfen – und hinterher auch selbst wieder aufgeräumt werden müssen.
- Und: Nehmen Sie Ihr Kind in die Arme und sagen Sie ihm: »Ich weiß, du packst das.« Das zeigt Vertrauen und macht Mut.

Krafttext:
Starke Hände schlagen nicht.

》 Nun sitzt du ganz bequem, beide Füße ruhen am Boden, ich sitze dir gegenüber und unsere Knie berühren einander. Wenn du willst, schließ die Augen.

Leg jetzt deine rechte Hand auf deine linke Hand. Spüre, wie sich deine linke Hand anfühlt. Mache mit deiner rechten Hand bei geschlossen Augen einen Spaziergang auf deiner linken Hand. Nimm jeden Finger vorsichtig zwischen die Finger der anderen Hand, jeden einzelnen, auch den kleinen … Geh dann auf deinen Handflächen innen spazieren … Nun mach es umgekehrt: Lege deine linke Hand auf die rechte. Erkunde zuerst wieder den Handrücken und dann jeden einzelnen Finger … Jetzt ist die Innenfläche dran … Du fühlst die Fingerknochen, die Haut … Gibt es Unterschiede? Ist eine Hand kühler als die andere? Hast du deine Nägel und Fingerspitzen schon betastet und erkundet? … Jetzt stell dir vor, was du mit deinen Händen alles machen kannst: Du kannst schreiben, malen, eine Katze streicheln … Ich nehme jetzt deine Hände in meine Hände. Wir erkunden gegenseitig unsere Hände. Wir lassen uns Zeit … Ich taste alle deine Finger der Reihe nach ab … Pass gut auf, jetzt spricht meine Hand zu deiner, sie sagt: »Starke Hände schlagen nicht!« Wenn deine Hand meine Hand verstanden hat, dann drücke sie jetzt ganz fest. Gut so. Meine Hand bedankt sich auch mit einem festen Drücker. Du weißt jetzt: Wenn du an Schlagen denkst, drücke kurz die Hände zusammen – das erinnert dich an: »Starke Hände schlagen nicht!« Das ist nun fest in deinen Händen verankert.

》 Lass die Hände noch zusammen liegen und spür ein paar Sekunden die neue Kraft und Ruhe!

Hinweis. Ihre Hand kann natürlich auch einen anderen Satz sagen, vielleicht »Ich bin cool und nichts kann mich aus der Ruhe bringen« oder »Ruhig Blut tut gut« oder was Ihnen passend erscheint.

Anker setzen. Durch einen bewusst gesetzten Auslöser – hier: »Zusammendrücken der Hände« – wird die Botschaft dieser Übung wieder wachgerufen. Das Neurolinguistische Programm (NLP) nennt dieses Phänomen auch »Ankern«. Ein Anker kann durch eine Geste, eine Berührung, einen Ton oder andere Sinneseindrücke gesetzt werden. Wenn Ihr Kind wissbegierig ist, wird es vielleicht diese Information spannend finden und auch in anderen Situationen »Anker« setzen.

Stärkerezept

Zauberspruch 3x oder öfter sagen und dabei klopfen:

      1. Ruhig Blut tut mir gut!

oder   *2.* Gelassenheit bringt mich weit!

oder   *3.* Ruhe macht fit – da mach ich mit!

Kraftpunkt:

Klopfe den Punkt unter der Unterlippe. Drücke am Ende die Hände

zusammen und aktiviere so den Anker.

Wutanfälle und Ausrasten

Wut ist eine wichtige Kraft, die uns schützt und hilft, uns zu behaupten und zu wehren. Unkontrollierbare Wutanfälle und häufiges Ausrasten machen ein Kind aber unbeliebt und führen zu heftigen Reaktionen bei der Umwelt. Wie können Eltern ihren Kindern helfen, überschüssige Impulsivität in kontrollierte Bahnen zu lenken und sozial vertretbar auszuleben?

Ein Kind sieht Rot

Michael, 40

» So viel Wut im Bauch!

Unser sechsjähriger Sohn Noah ist ein temperamentvolles, aber leicht zorniges Kind. Wenn er etwas nicht sofort bekommt oder die Dinge nicht so laufen wie er will, rastet er komplett aus. Er wird im Gesicht knallrot und schreit so laut, dass ihn unser ganzer Wohnblock hört. Wenn ich ihn beruhigen will und auf ihn einrede, schimpft er oder knallt etwas auf den Boden. Wir dachten, das geht vorüber. Aber jetzt fürchte ich, es liegt einfach in seiner Art. Ich weiß meistens nicht einmal, was ihn so ausrasten lässt. Er braucht immer seine Zeit, bis er sich wieder einkriegt. Ich rede dann nicht mehr darüber, lasse ihn ins Leere laufen und ignoriere ihn. Er muss doch irgendwie merken, dass es so nicht geht. Wenn ich selbst einen guten Tag habe, gehe ich mit so einer Situation relaxter um. Leider bin ich auch ein Mensch, dem leicht der Kragen platzt. Und dann schreie ich ihn an oder knalle die Tür hinter ihm ins Schloss. Das geht sehr auf die Substanz und tut mir nachher leid. Wie kann ich mit solchen Situationen besser umgehen? ▬

Wut als positive und als negative Kraft

Wut hat eine sehr starke Energie und wirkt oft ansteckend. Mit ihr werden Grenzen verteidigt, Unrecht aufgezeigt oder ein Platz in der Gemeinschaft erkämpft. Wutanfälle entstehen nicht aus heiterem Himmel, auch wenn es manchmal so aussieht. Meist treten sie auf, wenn Bedürfnisse nicht befriedigt werden oder Kinder ihre Wünssche nicht durchsetzen können. Auf familiäre Krisen reagieren Kinder ebenfalls häufig mit Wutausbrüchen. Auch Trennung oder Streit der Eltern, die Krankheit eines Familienmitglieds oder die Geburt eines Geschwisterchens sind verunsichernde Ereignisse. Die Befürchtung, verspottet zu werden, oder die Angst zu versagen und damit die Erwartungen der Eltern zu enttäuschen, können in Form von Wutausbrüchen an die Oberfläche kommen. Dahinter steht der Wunsch nach Aufmerksamkeit und Sicherheit. Das Temperament des Kindes spielt natürlich auch eine Rolle: Haben Sie ein aktives, eher lautes Kind, werden auch seine Gefühle intensiv sein und es wird zu heftigen Reaktionen neigen.

Impulsive Wut richtet sich grundsätzlich nicht mit böser Absicht gegen andere, sondern ist ein Versuch, sich selbst zu helfen und seine Absichten durchzusetzen. Die Begegnungen mit starken, unerwarteten Gefühlen sind Meilensteine auf dem Weg zur Selbstständigkeit und Selbstwahrnehmung. So wie das Nein-Sagen einen wichtigen Schritt in der kindlichen Entwicklung darstellt, ist auch eine Kindheit ohne gelegentliche Wutausbrüche nicht denkbar. Ständig verdrängter Zorn tut auf Dauer weder dem Körper noch der Seele gut. Sie sollte deshalb auch nicht mit Macht und Autorität unterdrückt werden. Aber wohin mit der Wut?

Michael, 40

» Gemeinsam gegen zu viel Wut

Noah und ich beschließen, dass wir beide besser mit unserem Zorn umgehen lernen wollen. Dazu möchten wir gemeinsam Verschiedenes ausprobieren.

- Ich beschließe, keine Türen mehr zu knallen oder selbst auszurasten, und gehe so mit gutem Beispiel voran.
- Wir beobachten beide unseren Zorn: Was macht ihn groß, was kleiner? Wir sprechen darüber, was ihn hervorgerufen hat und wieder zum Verschwinden bringt. Mit der Zeit lernt Noah, sich selbst dabei zu beobachten, wie lange er braucht, um ruhig zu werden. Ein Blick auf die Uhr, ein Lob, wenn die Zeit, die er dazu braucht, kürzer wird, spornt an. Dadurch, dass er sich selbst beobachtet, lernt er, sich selbst zu kontrollieren. Ich merke, dass das sein Selbstvertrauen stärkt. Wenn er sich wieder beruhigt hat, tut es uns beiden gut, wenn wir uns in den Arm nehmen.
- Wenn sich in mir eine Zornwolke zusammenbraut, ist mein Beruhigungsort das Badezimmer. Da schließe ich hinter mir für ein oder zwei Minuten die Tür, wasche mein Gesicht mit kühlem Wasser und atme mit gespitzten Lippen stoßweise aus. Dabei geht mein Dampf ab.
- Noah bekommt einen »Brüllkübel«, das ist ein alter Eimer, der wild bemalt wird und dazu dient, im Ernstfall ein paar Sekunden so laut wie möglich hineinzuschreien. Auch Schimpfwörter, die sich nicht unterdrücken lassen, dürfen hinein.
- Ich sorge dafür, dass mein Sohn ausreichend an der frischen Luft ist und sich austoben kann. Wenn er so richtig ausgepowert nach Hause kommt, kann ihn nichts aus der Ruhe bringen. ▰▰

So gehen Sie mit wütenden Kindern um

Die Wut richtet sich grundsätzlich nicht gegen Sie persönlich, sondern sie ist Ausdruck dessen, dass Ihr Kind mit starken Emotionen noch nicht zurechtkommt.

- Wenn es zu einer Krisensituation kommt, lassen Sie sich nicht von dem Zornvirus anstecken. Atmen Sie tief durch, zählen Sie innerlich langsam bis 10 und bedenken Sie: Ihr Kind meint nicht Sie persönlich.
- Wenn das Kind gerade tobt, ist es verbal nicht zu erreichen. Also versuchen Sie in

dieser Situation gar nicht, lange zu reden oder zu erklären. Wenn das Kind sich selbst wehtut oder Dinge zerstören will, halten sie es von hinten fest. Am besten so, dass es mit seinem Rücken an Ihrem Bauch lehnt. So kann es Ihnen nicht wehtun und spürt Ihre Nähe. Wenn Sie es schaffen, sprechen Sie dabei immer wieder deutlich und ruhig seinen Namen aus.

- Erst wenn die Wut verraucht ist, suchen Sie ein Gespräch. Schweigen macht nichts besser. Ermuntern Sie Ihr Kind zu erforschen, warum es wütend war. Beobachten Sie gemeinsam die Wutauslöser und die Vorboten eines Ausrasters. Das Verstehen der Wechselwirkung zwischen Ursache, Gefühl und Handlung bringt Erleichterung. Fragen Sie, was das nächste Mal bei einem drohenden Ausbruch helfen könnte. Kinder wissen oft ganz genau, was ihnen hilft. Zum Beispiel ein lautes »Stopp!« oder das Einschlagen auf ein Kissen.

- Führen Sie »Auszeiten« ein: an einem ruhigen Ort alleine runterkommen von der »Wutpalme«. Eine Auszeit sollte in Minuten nicht länger sein, als ein Kind alt ist, sonst kann sie Angst machen.

- Wenn Sie merken, dass sich eine Wut-Stimmung zusammenbraut, versuchen sie die 1-2-3-Methode: Zählen Sie langsam und laut von 1 bis 3, mit jeweils 10–20 Sekunden Pause dazwischen. Wenn möglich, können Sie dabei auch die Hand auf den Kopf Ihres Sprösslings legen und damit signalisieren: »Ich bin da und helfe dir.« In den meisten Fällen lassen das ruhige Zählen und die körperliche Berührung die gröbste Wut schnell verrauchen. Wenn das Kind aber dennoch tobt, gibt es Konsequenzen. Eine logische Konsequenz sollte immer mit dem Fehlverhalten zu tun haben. Wenn Ihr Kind im Supermarkt wegen eines Stickerhefts ausrastet, wäre ein verständlicher Zusammenhang, dass es das nächste Mal nicht mit zum Einkaufen darf und dass es

das Stickerheft an diesem Tag sicher nicht bekommt. Unlogisch wäre in diesem Fall, den Kinobesuch abzusagen oder das Kinderfest zu streichen. Bei uns Erwachsenen ist es auch nicht anders: Wenn Sie wegen zu schnellen Autofahrens nicht Geburtstag feiern dürften, würden Sie das auch nicht einsehen.

- Loben Sie Ihr Kind, wenn es lernt, innere und äußere Konflikte mit Hilfe von Worten zu lösen, wenn es sich auf einen Kompromiss einlässt oder wenn es neue Ideen ausprobiert.

- Wenn Sie selbst immer vernünftig oder beherrscht bleiben, Ihre Gefühle unterdrücken oder sie im Gegenteil unkontrolliert ausleben, kann das Kind den Umgang damit nicht lernen. Deshalb zeigen Sie, dass Sie Gefühle wie Wut und Enttäuschung kennen, aber auch, wie man damit umgehen kann. Sprechen Sie zum Beispiel mit lauter Stimme, atmen Sie laut, sagen Sie deutlich: »Jetzt bin ich sehr zornig. Ich brauche ein paar Minuten, um mich zu beruhigen.« So lernt Ihr Kind, dass man Gefühle verbal ausdrücken und die Reaktion aufschieben kann.

- Es hilft dem Kind, wenn es spürt, dass es ernst genommen wird. »Über diese Kleinigkeit musst du dich nun wirklich nicht aufregen«, macht es meist noch zorniger, weil es sich nicht verstanden fühlt. Besser Sie sagen: »Ich sehe, dass dich das sehr zornig macht.«

Tipp

Erfinden Sie gemeinsam sinnlose Wörter, wie »zischmix«, »bummzapp« oder »rumpelzak«. Das macht Spaß und im Ernstfall kann man sich damit anschreien und sogar beschimpfen. Meistens endet es in befreiendem Lachen und niemand ist beleidigt.

Kraftset

Wohlfühltipp 1: Vom Holzhacken zum Babywiegen

Über Bewegung und innere Vorstellungskraft kann Ihr Kind erleben, wie es sich selbst in eine entspannte Stimmung versetzen kann.

» Stell dir einen großen, dicken Baumstamm vor, der liegt vor dir. Mit aller Kraft willst du ihn mit einer Axt spalten. Nun tust du so, als würdest du wütend werden, weil es so schwer geht. Hacke mit ganzer Kraft so lange und so kräftig auf den Baumstamm, bis du müde und ruhig bist.

» Nun stell dir ein Baby vor. Es will einschlafen und du wiegst es in den Schlaf. Setz dich bequem hin, verschränke die Arme vor deinem Körper und wiege dich hin und her, als würdest du das Baby in den Schlaf schaukeln. Wiege hin und her, immer langsamer, bis das Baby die Augen zumacht und einschläft.

Wohlfühltipp 2: Gefühle ableiten

Das Kind setzt sich ohne Schuhe auf eine Stuhlkante. Nun krallt es mit den Zehen in den Boden und spannt dabei alle Zehnmuskeln an. Dabei denkt es an einen Blitzablei-

ter, der die Wut (oder jedes andere massive Gefühl) in den Boden ableitet. Wenn das Kind es möchte, kann es dabei auch die Fäuste ballen und eine Grimasse schneiden. Dann alles wieder locker lassen und die Erleichterung genießen.

Krafttext: Die Zaubertruhe und der Schlüssel

» Vor der Geschichte gebe ich dir einen Schlüssel in die Hand. Du wirst bald wissen, was diesen Schlüssel so besonders macht. Finde nun eine bequeme Position und schließe die Augen, wenn du möchtest. Höre in dich hinein, spüre, wie sich dein Atem anfühlt, wenn du so ruhig bist wie jetzt ... wie deine Brust sich hebt und senkt ...

Tief in dir sitzt irgendwo die Wut. Jetzt ist sie ruhig, aber manchmal kommt sie ganz plötzlich heraus, so schnell, dass du sie nicht aufhalten kannst, und dann macht sie, was sie will mit dir. Wo versteckt sie sich gerade? Im Bauch? In der Brust? Im Kopf? ... Was macht sie jetzt? Oh, sie schläft. Pssst! Nicht aufwecken! ... Nun siehst du eine Truhe, eine alte, schöne Truhe, verziert wie die Truhen bei Harry Potter. Die Truhe ist offen und du schaust hinein. Sie ist leer, es ist überhaupt nichts drin. Pass auf, du kannst die schlafende Wut in diese Truhe sperren. Nimm nun die schlafende Wut ganz, ganz vorsichtig in deine Hände und lege sie ganz vorsichtig in die Truhe … Sperre die Truhe nun mit dem Schlüssel ab, den du in der Hand hältst … Die Truhe ist eine Zaubertruhe und verzaubert jetzt die große Wut in eine kleine Wut … Du hörst es in der Kiste poltern … Krrrch … Dann wird es ganz ruhig … Nun ist die große Wut in eine Miniwut verzaubert worden. Bist du neugierig, was aus der großen Wut geworden ist? Sperr nun mit dem Schlüssel auf und sieh nach! Was ist aus der großen Wut geworden? Ist sie ein kleines Tierchen? Oder ein süßer

Minisaurier? Oder ein Steinchen, das starr und unbeweglich daliegt? Wie sieht sie aus? … Spüre den Schlüssel in deiner Hand. Wenn die große Wut wieder mal zu Besuch kommt und verzaubert werden muss, sperrst du sie einfach wieder in die Truhe ein.

» Bleibe noch eine Zeitlang ruhig liegen und denke an die Zaubertruhe. Nun atme mit mir ein paar Mal ein und langsam aus, streck dich und reibe die Handflächen aneinander. Wo hatte die Wut ihren Sitz in deinem Körper? Leg deine Hand dahin und spüre die Ruhe, die nun dort ist. Wie hat die verzauberte Wut ausgesehen? Was ist aus ihr geworden?

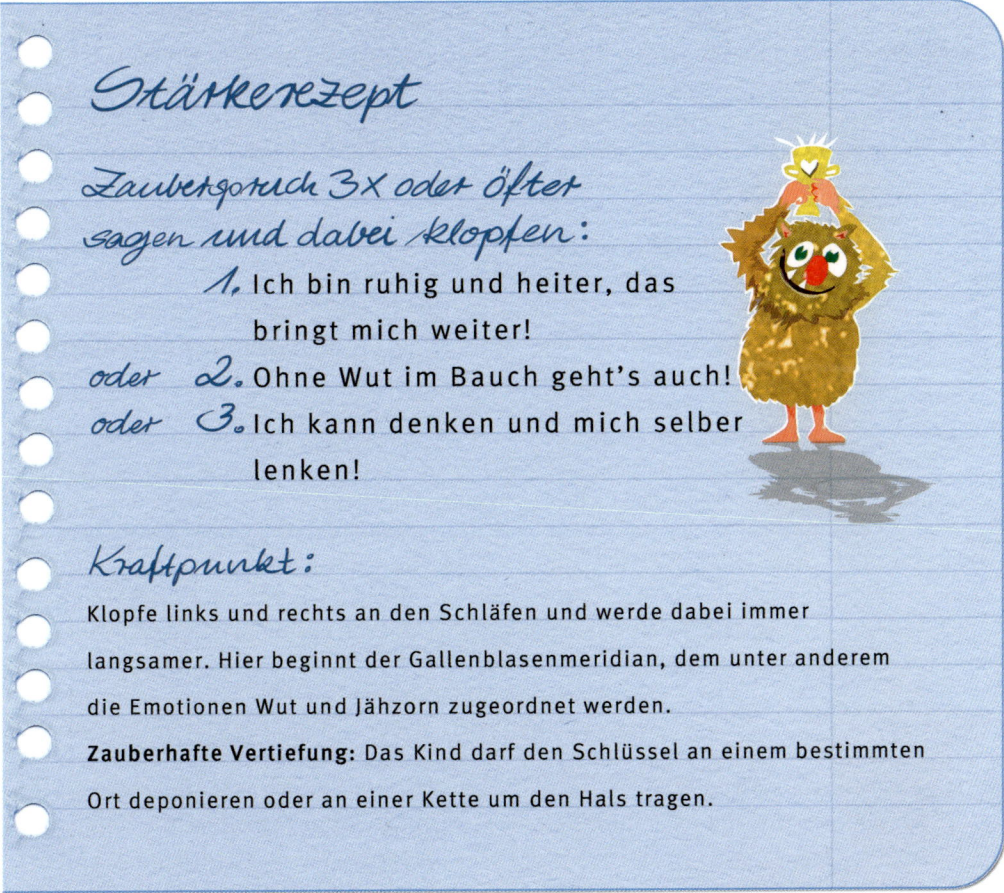

Stärkerezept

Zauberspruch 3x oder öfter sagen und dabei klopfen:

1. Ich bin ruhig und heiter, das bringt mich weiter!

oder 2. Ohne Wut im Bauch geht's auch!

oder 3. Ich kann denken und mich selber lenken!

Kraftpunkt:

Klopfe links und rechts an den Schläfen und werde dabei immer langsamer. Hier beginnt der Gallenblasenmeridian, dem unter anderem die Emotionen Wut und Jähzorn zugeordnet werden.

Zauberhafte Vertiefung: Das Kind darf den Schlüssel an einem bestimmten Ort deponieren oder an einer Kette um den Hals tragen.

Genervte Eltern

Wenn Sie denken, dass Sie mit diesem Zauberset ihr Kind dazu bringen, friedlicher und freundlicher zu Ihnen zu sein, dann irren Sie. Dieses Zauberset ist für Sie bestimmt. Damit auch Sie bei Streit und Stress gelassen bleiben und wieder neue Kraft tanken.

Elternstress

Susanna, 34

» Wenn alles zu viel wird

Ich lebe vom Vater meiner Kinder Hanna und Tobi getrennt. Hanna geht noch in den Kindergarten, Tobi hat gerade mit der Schule begonnen und ist am Nachmittag im Hort. Hanna und Tobi sind absolute Wunschkinder. Ich habe die Zeit mit ihnen daheim genossen, viel mit den Kindern unternommen, auch wenn alleine nicht alles einfach war.
Vor vier Monaten konnte ich wieder in meinen alten Beruf als Werbeassistentin zurückkehren. Ich arbeite Teilzeit bei einer internationalen Firma. Natürlich war mir klar, dass es zeitweise stressig zugehen wird. Aber ich habe nicht damit gerechnet, mich manchmal so überlastet zu fühlen. Ich bin entsetzt, wie sehr mich plötzlich das Streiten meiner Kinder nervt und wie leicht ich selbst wütend werde, wenn sie trödeln oder herumtoben. Ständig habe ich Angst, dass etwas Zusätzliches zum ohnehin übervollen Alltag dazukommt: Wenn zum Beispiel der Elternabend unerwartet genau an dem Tag angesetzt wird, an dem ich versprochen habe, länger in der Firma zu bleiben, merke ich, wie sich Druck in mir aufbaut, und ich nicht weiß, was ich jetzt tun soll.
Lange Schlangen im Supermarkt machen mich innerlich rasend. Wenn Hanna dann noch bei der Kasse zu schreien beginnt, weil wir ihr Lieblingsmüsli nicht im Einkaufswagen haben, frage ich mich, warum gerade mein Kind jetzt so unausstehlich ist und die Blicke der anderen Menschen auf uns zieht. Gestern hat mir Tobis Lehrerin mitgeteilt, dass er seit drei Tagen keine Aufgaben macht. Ich habe ihn zur Rede gestellt. Zuerst hat er einen Wutausbruch bekommen und dann hat er trotzig gesagt: »Warum erinnerst du mich nicht? Das interessiert dich sowieso nicht. Du wirst ja nicht einmal zum Elternabend gehen.« Das war mein absoluter Tiefpunkt, weil es stimmt: Ich habe wenig Zeit für meine Kinder.
Mir ist klar, dass es als berufstätige, alleinerziehende Mutter zweier Kinder nicht immer einfach ist. Ich will keine Fehler machen und möglichst perfekt sein. Dass es aber so anstrengend wird, habe ich nicht erwartet. Am meisten erschreckt mich, dass mir

meine Kinder manchmal sehr auf die Nerven gehen und ich oft unfreundlich zu ihnen bin. Wie soll das weitergehen, wenn mein Akku schon nach vier Monaten Doppelbelastung so leer ist? ▬▬

Gute Eltern machen Fehler

Alle Menschen machen Fehler – auch Mütter und Väter. Das ist nicht zu vermeiden und das ist gut so. Denn wir können uns entschuldigen, die Verantwortung übernehmen, es wieder gut oder ein andermal besser machen. Wir können aus unseren Fehler lernen – und das können Kinder wieder nur von uns Erwachsenen lernen. Therapeuten unterscheiden zwischen Schuldgefühlen und Schuldbewusstsein. Schuldgefühle machen hilflos, klein und mitunter auch aggressiv. Schuldbewusstsein hingegen ist eine Art innere Stimme, die uns sagt, dass wir uns Alternativen überlegen sollten, weil wir Fehler gemacht haben und unzufrieden sind.

Viele Eltern haben einen Alltag, der furchtbar viele Nerven kostet und an die persönlichen Grenzen geht. Die gesellschaftliche Erwartung an Mütter ist besonders groß. Wenn

Kinder irgendwo aus dem Rahmen fallen, wird meistens zuerst die Mutter beobachtet und hinterfragt. Der eigene Anspruch, alles richtig machen zu wollen, eine gute Mutter zu sein, im Beruf zu bestehen und den Haushalt in Schuss zu halten, kommt noch dazu. Die Enttäuschung, dass es einfach nicht immer so läuft wie geplant und dass es oft die eigenen Kinder sind, die den Strich durch die Rechnung machen, ist groß. Das erzeugt eine Gefühlsmischung aus Überforderung, Unzufriedenheit, schlechtem Gewissen, Zorn und Erschöpfung.

Es ist eine Tatsache, dass Kinder Erwachsene sehr wütend machen können, denn sie stellen naturgemäß ihre eigenen Bedürfnisse in den Vordergrund. Und sie erwarten Verständnis, Aufmerksamkeit und Liebe, auch wenn die Zeit knapp ist, sie wütend, unfreundlich oder quengelig sind.

Susanna, 34

» Ich bleibe gelassen

Ich mache mir bewusst, dass ich nicht alleine bin, auch wenn sich das für mich als alleinerziehende Mutter oft so anfühlt.

- Deshalb knüpfe ich Kontakte zu anderen Müttern und stelle dann oft fest, dass es überall ähnliche Probleme gibt. In Familie und Bekanntenkreis signalisiere ich, dass ich manchmal Unterstützung brauchen könnte. Vielleicht kann der Onkel das Auto zum Service bringen oder eine Nachbarin kurz auf meine Kinder aufpassen, wenn ich einkaufen gehe? Ich lege eine Liste von Menschen an, denen ich und meine Kinder vertrauen und die ich im Notfall kontaktieren kann. Das bringt schöne Erfahrungen für alle Beteiligten: Die nette ältere Nachbarin freut sich sehr, wenn sie helfen darf, die Großeltern haben die Möglichkeit, mehr Zeit mit den Enkeln zu verbringen, und die Kinder lernen, dass auch andere Menschen Vertrauen verdienen.
- Wenn ich ein störendes Verhalten an mir selbst entdecke – etwa lautes Schreien –, schreibe ich das auf. Und zwar positiv formuliert, in etwa so: »Ich rede mit ruhiger

Stimme und bleibe gelassen.« Ich suche mir ein Symbol für diesen Kraftsatz – etwa einen Babyschuh oder einen Stein aus dem letzten Urlaub –, das mich in einer Wutsituation an mein neues Vorhaben erinnert.

- Auch meine Sorgen schreibe ich mir von der Seele. Dafür benutze ich ein spezielles Büchlein. Statt am Abend zu grübeln, schreibe ich vor dem Zubettgehen einfach Kopf und Seele frei, ohne Rücksicht auf Formulierungen, und sperre das Buch dann in eine Lade ein. Dabei denke ich: »Für heute sperre ich die Sorgen weg.«

- Ich erkläre Tobi, dass ich nur einmal in der Woche alle Hefte durchsehen will und dass er für seine Aufgaben selbst verantwortlich ist. Aber ich verspreche, dass ich zum Elternabend gehe und mit der Lehrerin rede werde.

- Bewusstes Innehalten mehrmals am Tag lässt mich an Positives denken und Hektik austricksen. Um das nicht zu vergessen, habe ich ein stärkendes, symbolisches Hintergrundbild – die roten Rosen von meinem letzten Geburtstag – auf Handy und Arbeitsbildschirm gespeichert. Dann beobachte ich mich selbst: Mimik, Körperhaltung, momentane Gedanken und vor allem mein Stressniveau. Wenn ich auf der Stress-Skala von 0 bis 10 über 6 bin, hole ich ein Glas Wasser und öffne das Fenster. Ich richte den Blick in die Weite und stelle mir bewusst etwas Schönes vor, etwa den Ausflug vom letzten Sonntag oder den Spaziergang mit der Freundin. Dabei klopfe ich mit den Fingerspitzen in die Mitte der Brust, dort wo der Tarzanpunkt ist. Je öfter ich dieses Ritual durchführe, desto schneller komme ich wieder in eine positive, ruhige Grundstimmung.

Manchmal ist es, wie es ist

Manche Situationen lassen sich nicht sofort ändern.

Bleiben Sie gelassen und akzeptieren Sie es so, wie es gerade ist. Hören Sie auf sich zu fragen: »Warum ist ausgerechnet mein Kind so quengelig? Warum habe ich jetzt wieder die Nerven verloren?« Das bedeutet nicht, dass Sie sich mit allem und jedem abfinden müssen. Aber der innere Kampf gegen Tatsachen ist ein großer Energieräuber und ein Kampf gegen Windmühlen.

Besser, Sie sagen innerlich zu sich: Es ist jetzt so, wie es ist. Und erst dann überlegen Sie, ob Sie sofort etwas ändern können oder ob Sie da jetzt einfach »durch« müssen. Susanna im Supermarkt könnte zum Beispiel tief durchatmen und die Dame in der Schlange hinter ihr bitten, ob sie kurz ihren Einkaufswagen weiterschiebt, damit sie das fehlende Müsli für Hanna holen kann. Oder sie kann zu ihrer Tochter sagen: »Es tut mir wirklich leid, dass ich dein Müsli vergessen habe. Zu Hause schreibe ich es gleich auf den Einkaufszettel für morgen.« Wenn Hanna dennoch quengelt, dann gilt es, das einfach auszuhalten.

Es kann gestressten Eltern auch helfen, sich vorzustellen, dass sie die Ohren einfach zuklappen, sodass sie das dauernde Gejammer nicht mehr hören können. Sagen Sie dann zu Ihrem Kind: »Du, ich kann das jetzt leider nicht ändern und deshalb klappe ich meine Ohren einfach kurz zu, so wie der grooße graue Elefant im Zoo es macht.« Dann wird Ihr Kind wahrscheinlich an den »groooßen« Elefanten denken müssen und ob der wirklich seine Ohren zuklappen kann. Vermutlich wird es dadurch von seinem Ärger abgelenkt und Sie können die Ohren wieder aufklappen.

Kraftset für Eltern

5-Minuten-Wohlfühltipp für Elternnerven

Wenn Sie das Gefühl haben, alles wächst Ihnen über den Kopf und Ihr Kind ist im Moment einfach nur nervig, dann gehen Sie in ein anderes Zimmer oder, wenn es nicht anders geht, auf das WC oder ins Badezimmer. Wichtig ist die Ungestörtheit. Sie atmen nun 3-mal, so tief sie nur können, ein und ganz aus. Das senkt den Blutdruck und sorgt für einen klaren Kopf. Wenn Sie noch ein wenig mehr Zeit haben, können Sie wie folgt fortsetzen:

Klopfen Sie die Handkanten aneinander und sagen Sie 3-mal:

》 Ich bin eine gute Mutter, auch wenn ich mein Kind jetzt gar nicht aushalten kann.

Sprechen Sie wirklich das Gefühl, den Gedanken aus, der Sie jetzt bewegt, auch wenn es hart klingt.

Tipp

Ihr »Zaubersatz« beginnt immer mit einer positiven Aussage über sich selbst und setzt mit dem aktuellen Stressanlass fort. So wird das Negative nicht ignoriert.

Weitere Beispiele:
- »Ich bin eine gute Mutter, auch wenn ich mein Kind gerade ganz weit weg wünsche.«
- »Ich akzeptiere mich voll und ganz, auch wenn ich mich im Moment überfordert fühle.«
- »Ich bin eine gute Mutter, auch wenn ich am liebsten schreien möchte.«
- »Ich weiß, ich liebe mein Kind von ganzem Herzen, auch wenn es mich gerade entsetzlich nervt.«

- »Ich bin eine gute Mutter, auch wenn ich den Elternabend vergessen habe.«

Auch scheinbar paradoxe Sätze helfen, Ruhe in den Gefühlssturm zu bringen, zum Beispiel:
- »Ich bin eine gute Mutter, auch wenn ich es im Moment nicht glaube.«

So setzen Sie Signale in die gewünschte Richtung und akzeptieren sich dabei selbst, mit all dem, was Sie gerade stresst. Denn erst das macht Veränderungen möglich. Vermeiden Sie Formulierungen wie: »Ich werde eine gute Mutter sein, ich bemühe mich eine gute Mutter zu sein, in Zukunft will ich …«

Unser Unbewusstes akzeptiert nur die Gegenwart und braucht klare Formulierungen im Hier und Jetzt.

Der Wohlfühltipp im Überblick
- Finden Sie einen ungestörten Platz.
- Atmen Sie 3-mal langsam tief ein und aus.
- Überlegen Sie sich Ihren persönlichen Kraftsatz für die Situation. Sagen Sie ihn 3-mal und klopfen dabei die äußeren Handkanten aneinander (»Karateklopfen«).

So bauen Sie den Wohlfühltipp aus

- Nehmen Sie wieder drei tiefe Atemzüge. Dabei legen Sie eine oder beide Hände dorthin, wo Sie Ihren Herzschlag fühlen können.
- Fühlen Sie bewusst das Heben und Senken Ihrer Brust, Ihren jetzt ruhigen Atemrhythmus.
- Lächeln Sie dabei und schenken Sie dieses Lächeln einem ganz wichtigen Menschen – sich selbst. Sie haben es verdient.

- Jetzt sagen Sie sich ihren Zielsatz: »Ich bin sicher und gelassen« oder »Jetzt spreche ich mit ruhiger Stimme« oder …
- Nach ein paar Sekunden bewusster Stille und innerer Ruhe gehen Sie langsam und

mit aufrechter Haltung wieder zurück ins Geschehen. Beobachten Sie sich dabei, wo und wie Sie sich nun anders fühlen. Achten Sie dabei auch auf eine ruhige Atmung; besonders das Ausatmen erleichtert.

PRAXIS

Keine Rückzugsmöglichkeit?

Wenn Sie gerade nicht »mit sich selbst« reden können – in der Warteschlange würden Sie mit lautem Sprechen und Klopfen wahrscheinlich doch einiges Aufsehen erregen – und auch keine Rückzugsmöglichkeit haben, hilft es auch, sich diesen Satz zu denken, ruhig zu atmen und eine Handkante mit der anderen Hand rhythmisch zu drücken.

Entlang des äußeren kleinen Fingers und der ganzen Handkante verläuft nämlich ein Teil des Dünndarmmeridians, der besonders für seelische Harmonie zuständig ist. Ihn zu stimulieren hilft, klares, ruhiges Denken zu ermöglichen, Probleme mit Herz und Verstand zu bewältigen und Stress jeder Art zu reduzieren oder loszulassen.

Tun Sie etwas für sich

Ein chinesisches Sprichwort sagt: Nur wenn du viel zu tun hast, musst du auf Pausen achten. Nehmen Sie sich die Zeit – es wird Ihnen guttun.

Auszeiten – für Sie ganz allein

Mütter erwerben ganz automatisch die Fähigkeit, gut zu organisieren: schnell einkaufen und kochen, zwischendurch die Hausaufgaben kontrollieren … Setzen Sie diese Fähigkeit auch für sich selbst ein und organisieren Sie neben Beruf, Haushalt und Kind auch Ihre eigenen persönlichen Freiräume. Ein Abendessen mit der besten Freundin, ein gemeinsames Wochenende ohne Kinder, ein Telefonat mit einem lieben Menschen oder ein Schaumbad vor dem Schlafen sind Kleinigkeiten mit großer Wirkung. Behandeln Sie sich mindestens genauso nett, wie Sie eine gute Freundin

behandeln würden. Vergessen Sie nicht: Es sind die Kleinigkeiten, die unser Leben bereichern.

Sagen Sie Ihren Kindern, wenn Sie nicht gestört werden möchten. Sie werden es akzeptieren, vor allem dann, wenn Sie danach ein gemeinsames Spiel oder eine schöne Unternehmung anbieten. Wenn Sie zu Ihrem Kind sagen: »Jetzt brauche ich 15 Minuten Zeit für mich, das ist, bis der große Zeiger der Uhr auf ›11‹ steht«, lernt ihr Kind ganz nebenbei auch noch die Uhr. Sie können dann die Zeit für einen Wohlfühltipp, für ein kurzes Ausruhen auf der Couch oder eine erfrischende Dusche nutzen – spüren Sie aufmerksam nach, was Sie selbst jetzt brauchen, um nachher wieder fit zu sein. Durch Ihr Vorbild können Kinder lernen, dass es in Ordnung ist, sich zurückzuziehen, wenn rundherum alles zu viel wird.

Eine Ruhezone zum Krafttanken

Ideal dafür ist ein Sofa, ein Sessel oder ein Ort in Ihrem Schlafzimmer mit Blick auf etwas Schönes: ein Foto, frische Blumen, den Baum vor dem Fenster oder ein persönliches Kraftsymbol. Diese Zone wird nicht mit Krimskrams, Bügelwäsche oder Spielzeug vollgeräumt. Sie ist »reserviert« für Sie, zum Innehalten und Krafttanken, dafür, das Schöne zu sehen und durchzuatmen. Vielleicht dürfen auch Ihre Kinder diese Zone benutzen? Allerdings nur mit Ihrer Erlaubnis und als absolutes Privileg.

Zeitinseln statt Zeitdruck

Möglichst viel Zeit mit den Kindern zu verbringen, ist sicher ein wichtiger Faktor der Beziehung, aber eben nur einer. Denn mehr Zeit ist nicht automatisch eine Garantie für gute Be- und Erziehung. Zeit ist Maß für Quantität, in der Beziehung kommt es dagegen in erster Linie auf die Qualität an. Je älter Kinder werden, desto wichtiger wird die qualitative Komponente in der Gemeinsamkeit.

Füllen Sie daher die Zeit, die Ihnen mit Ihrem Kind zur Verfügung steht, mit Dingen, die Spaß, Nähe und Vertrauen bringen. Ein gemeinsamer Spaziergang in der Natur, ein kurzer Schaufensterbummel oder ein kleiner gemeinsamer Imbiss tun beiden gut. Ein kürzeres, doch intensives Gespräch ist wertvoller als oberflächliches Aneinander-Vorbeireden, ein gemeinsames Spiel bringt näher als Stunden alleine vor der Spielkonsole, auch wenn die Eltern im Nebenzimmer sind. Kosten Sie mit dem Kind die Momente aus, in denen Sie gemeinsam die Zeit vergessen können, zum Beispiel vor dem Einschlafen oder am Sonntagnachmittag. Die Wochenenden müssen nicht übervoll mit Freizeitangeboten sein. Weniger kann viel mehr sein.

Ein kurzer, herzlicher Abschied am Morgen: »Ich freu mich schon, wenn ich dich von der Schule abhole! Bis dahin viel Spaß« schafft einen Faden der Verbundenheit durch den Alltag. Genießen Sie bewusst die Minuten des Miteinander-Lachens, -Träumens und -Spielens, frei von Hektik und Anspannung. Begeben Sie sich mindestens einmal täglich mit Ihrem Kind auf eine solche Zeitinsel. Da hat das Kind Sie ganz für sich und spürt, dass es wichtiger ist als die Uhr oder der Terminkalender. So wie eine Insel im Meer nicht groß sein muss, um einem Menschen Halt unter den Füßen zu geben, muss eine Zeitinsel mit Ihrem Kind im Alltag nicht lang sein.

PRAXIS

Humor macht alles leichter

Der Elternalltag eignet sich hervorragend für komische Betrachtungen. Statt sich zu ärgern, gilt es, bewusst auch die komische Seite von stressigen Situationen zu sehen: die Katze am Weihnachtsbaum oder die Geburtstagstorte, in die der Legoturm fällt ... Statt des üblichen Ärgers wegen des Zähneputzens lassen Sie doch mal die Zahnbürste sich schrecklich ärgern, mit verstellter Stimme schimpfen und sich beklagen, dass sie nicht gemocht wird.

Überlegen Sie sich, wie Sie selbst über diese Situation in fünf oder zehn Jahren denken werden und welche lustigen Geschichte Sie später Ihrem Kind darüber erzählen möchten.

Oder stellen Sie sich vor, wie ihr Lieblingskomiker diese Situation verfilmen würde.

Prioritäten setzen

Es ist nicht unbedingt wichtig, jeden Tag alle Hefte durchzusehen, wenn es einfach nicht geht. Aber es ist sehr wichtig, bei Schlüsselmomenten im Kinderleben dabei zu sein. In Situationen, in denen das Gefühlsleben eines Kindes sehr aufgewühlt ist oder ein wichtiges Ereignis stattfindet, sollten zumindest Mutter oder Vater verlässlich da sein. Der erste Schultag, die Nacht nach der Mandeloperation, der Kindergeburtstag, die Versöhnung nach einem heftigen Streit und der erste Elternabend sind solche Schlüsselerlebnisse. Sie entscheiden darüber, ob ein Kind sich prinzipiell wichtig oder alleingelassen fühlt.

Akzeptieren Sie sich selbst

Nur wer prinzipiell zu sich selbst steht, wirkt auch nach außen selbstsicher und auf Kinder überzeugend.

Sich selbst auch in stressigen und nervigen Stimmungen anzunehmen fällt aber oft schwer. Wir kritisieren uns leicht, zweifeln an unseren Fähigkeiten als Mutter oder Vater, sehen auf andere, scheinbar problemlosere Familien voll Sehnsucht oder sogar Neid. Eine innere Stimme nörgelt dann an uns selbst oder an unseren Kindern herum. Oft sind wir mit uns selbst viel strenger, als wir es mit jedem anderen Menschen wären. Diesen inneren Nörgler können wir durch Übungen im Alltag besiegen:

Sagen Sie innerlich »Halt!« und »Stopp!«, wenn Sie merken, dass Unzufriedenheit mit sich selbst oder mit den Kindern auftaucht. Je öfter Sie sich dieser innerlichen, destruktiven Stimmen bewusst werden, desto leichter wird es Ihnen fallen, diese Gedanken durch etwas Versöhnliches und Nettes zu ersetzen, wie zum Beispiel: »Jetzt bin ich gerade laut geworden. Das ist nicht okay, aber davon geht die Welt nicht unter.« Oder: »Ich bin heute gereizt und ungeduldig. Das ist nicht mein Tag. Ich rede später mit meinem Kind darüber.«

Konzentrieren Sie sich auf Ihre positiven Eigenschaften und Fähigkeiten. Sehen Sie auch Ihr Kind durch diese liebevolle, wertschätzende Brille. Dazu können Sie sich in Gedanken vorstellen, dass Sie sich wirklich eine »rosarote Brille« aufsetzen, die die beunruhigenden Bilder für eine Zeit lang wegfiltert. Keine Sorge, Sie vergessen dadurch Ihren Ärger nicht und sehen auch nicht alles für alle Zeit unrealistisch rosarot. Aber die rosa Brille hilft, sich selbst so anzunehmen, wie man ist, um dann in Ruhe zu überlegen, was anders werden soll. Wenn es etwas gibt, das Sie gerne ändern möchten, nützt es nichts, sich deswegen fertigzumachen und dadurch das Selbstvertrauen zu schwächen.

Wenn Sie ungestört und unbeobachtet sind, stellen Sie sich vor einen Spiegel. Blicken Sie sich lange und tief in die Augen. Nun dürfen Sie zu sich selbst laut oder nur in Gedanken sagen, was Sie an sich und an sich als Mutter mögen. Lächeln Sie sich nun so an, wie Sie einen ganz lieben und vertrauten Menschen anlächeln würden, um ihm Mut zu machen. Sich selbst anzunehmen und anzulächeln ist die Basis dafür, auch anderen mit mehr Nachsicht und Lockerheit zu begegnen.

Kraftsets bei Problemen in Familie und Freizeit

Harmonie und Vertrauen wachsen auf dem Boden positiv überstandener Auseinandersetzungen und gemeinsam bewältigter Schwierigkeiten. Kinder brauchen von ihren Eltern Sicherheit und Halt, Einfühlungsvermögen und liebevolle Konsequenz, bei nächtlichen Alpträumen genauso wie bei Eifersuchtsszenen.

Alpträume und schlechte Nächte

Wenn Alpträume den Schlaf unterbrechen oder Kinder in der Nacht oft aufschrecken, wehren sie sich ganz besonders gegen das Einschlafen. Aber Eltern brauchen auch Zeit für sich und möchten, dass das Kind morgens ausgeschlafen ist. Das Problem mit schlechten Nächten lässt sich vermutlich nie ganz lösen. Aber Sie können es deutlich abschwächen.

Ich kann nicht einschlafen

Natalie, 39

» Tränen in der Nacht

Lisa ist neun und Paul sechs Jahre alt und noch im Kindergarten. Beide Kinder sind im Alltag nicht besonders ängstlich. Aber die Nächte sind häufig unruhig und das Einschlafen zieht sich stundenlang hin. Lisa träumt oft schlimme Sachen. Sie erzählt dann von grässlichen Monstern oder dass sie sich alleine verirrt hat. Am frühen Abend fragt sie mich: »Mami, werde ich heute wieder schlimm träumen?« Mit dieser Sorge kann sie natürlich nicht gut einschlafen. Paul wiederum schreit oft in der Nacht auf. Wenn ich es höre und ins Kinderzimmer laufe, schläft er meist schon wieder. Einmal ist er in der Nacht im Wohnzimmer herumgegangen und hat am nächsten Morgen nichts davon gewusst. Ich bin ziemlich sicher, dass er hie und da schlafwandelt. Ist das ein Grund zur Sorge? Ich möchte meinen Kindern so gerne helfen. ▬

Alpträume und andere nächtliche Störenfriede

Schweres Einschlafen und schlechte Träume können viele Ursachen haben. Dazu zählen aufregende Alltagserlebnisse genauso wie der für den folgenden Tag geplante Ausflug oder ein spannender Film. Nach einem schlimmen Traum flüchten die Kinder meist zu den Eltern ins Bett und wollen zu Recht beruhigt und getröstet werden. Allen Alpträumen vorzubeugen ist nicht möglich, aber ein ruhiger Tagesausklang trägt viel dazu bei, dass sie seltener auftreten.

Manchmal fahren Kinder auch ohne ersichtlichen Grund in der Nacht aus dem Schlaf hoch. Dieses nächtliche Aufschrecken (Pavor nocturnus) tritt häufig zwischen dem fünften und zwölften Lebensjahr auf. Die Kinder wachen mit einem Schrei auf und wirken verängstigt. Meistens schlafen sie nach ein paar Minuten von selbst wieder ein und haben am nächsten Tag keine Erinnerung an den Vorfall. Vermutlich sind auch hier die Ursachen in unbewältigtem Stress und mentaler Anspannung zu suchen. Auch positive Erlebnisse wie eine Geburtstagsfeier oder der Besuch der Lieblingstante zählen dazu.

Seltenes Schlafwandeln ist bei Kindern ebenfalls nicht ungewöhnlich. Es reicht vom Aufsetzen bis zu Handlungen wie Hausschuhe anziehen oder in der Wohnung herumgehen. Dennoch passiert alles ohne Wachbewusstsein. Typisch dafür ist auch, dass die Kinder sich am Morgen an nichts erinnern können. Vermutlich liegen hier die Ursachen in der Unreife des zentralen Nervensystems und ebenfalls an unverarbeiteten Erlebnissen.

Je besser Kinder am Abend zur Ruhe kommen und die Erlebnisse des Tages verarbeiten können, desto weniger nächtliche Störungen sind zu erwarten. Doch wie lässt sich das am besten bewerkstelligen?

Natalie, 39

》 Gemeinsam gegen die nächtlichen Quälgeister

Ich führe einen gleichbleibenden Rhythmus ein, auch am Wochenende. Es hilft der ganzen Familie beim Entspannen, wenn jeder Abend ruhig und ähnlich abläuft.

- Wir überlegen uns gemeinsam Einschlafrituale. Lisa mag besonders gerne das Schnuppern an einen Wattebausch mit reinem ätherischem Öl – zum Beispiel Lavendel – und Paul trinkt eine Tasse Melissentee.
- Wenn dennoch ein böser Traum die Nacht stört und sich Lisa am nächsten Tag noch daran erinnert, überlegen wir, was den Traum ausgelöst haben könnte: War es der Streit mit Paul beim Zähneputzen? Oder die Aufregung vor dem Wandertag? Dann holen wir die Kasperlefiguren und Lisa sucht sich eine als »schlimmen Traum« aus, meist den Räuber oder den Teufel. Den spiele ich dann. Sie schimpft ihn aus, schlägt ihn in die Flucht oder sperrt ihn ein. Einmal möchte sie das Alptraummonster sogar einfrieren und legt es mit großem Hallo in die Tiefkühltruhe. So kann der grässlichste Traum nicht mehr gefährlich werden und bleibt als lustiges Spiel in Erinnerung. Manchmal will meine Tochter selbst den bösen Traum spielen und die anderen Figuren erschrecken. Auch das macht ihr großen Spaß und hilft, die Angst zu vertreiben.
- Wenn Paul in der Nacht mit einem Schrei hochschreckt oder aufsteht, führen wir ihn wortlos und ohne ihn zu wecken zurück ins Bett und decken ihn liebevoll zu. Ich kontrolliere, ob Fenster und Wohnungstür abgeschlossen sind. Am nächsten Tag sprechen wir vor Paul nicht davon, um ihn nicht zu beunruhigen.
- Langsam werden unsere Nächte nun ruhiger. ▬

So reduzieren Sie schlimme Träume

Wenn der Tag ruhig ausklingt und die Gedanken auf Positives gelenkt werden, fällt das Einschlafen leichter und böse Träume haben kaum eine Chance.

- Kuscheln, ruhige Tätigkeiten oder Gespräche vor dem Schlafengehen sind besser als Diskussionen, wilde Spiele oder Streit. Sehen Sie sich gemeinsam ein Bilderbuch an, erzählen Sie eine Geschichte oder beten Sie gemeinsam, wenn das in Ihr Weltbild passt. Ältere Kinder lesen vielleicht gerne vor dem Einschlafen noch ein wenig. Damit lernen sie auch, auf ihr eigenes Schlafbedürfnis zu achten, und machen alleine das Licht aus. Fragen Sie Ihr Kind vor dem Einschlafen nach schönen Tageserlebnissen. »Was hat dir heute in der Schule, im Kindergarten besonders gut gefallen? Woran erinnerst du

dich gerne? Wovon würdest du gerne träumen?« Dadurch wird der Blick auf Positives gelenkt.

- Die Figuren aus Filmen oder Comicserien kommen in verzerrter Form in der Nacht gern zu Besuch. Auch Kindersendungen oder Computerspiele vor dem Zubettgehen wühlen Kinder oft auf. Außerdem verhindert das Licht des Bildschirmes das natürliche Müdewerden.
- Ein Zauberkissen oder eine Zauberdecke behüten den Schlaf Ihres Kindes und schützten es vor dem Aufwachen. Das kann ein ganz gewöhnliches Kissen oder eine kleine Decke sein, die zum Zauberkissen oder zur Zauberdecke erklärt wird. Auch

ein Zaubertuch, das über die Bettdecke gelegt wird, wirkt Wunder. Jeden Abend decken Sie Ihr Kind behutsam mit der Zauberdecke zu. Wichtig für das wirksame Ritual ist, dass Decke, Schlummertuch oder Kissen ausschließlich am Abend verwendet werden. Sonst verlieren sie die magische Kraft.

- Ein Traumfänger ist ein Motiv aus der Indianerkultur, das an der Decke aufgehängt wird und böse Träume einfangen soll, bevor sie Schaden anrichten. Basteln oder kaufen Sie gemeinsam einen Traumfänger. Das ist ein Metallring, über den Fäden gespannt werden, die eine Art Netz bilden. Dann wird er noch nach Lust und Laune verziert.
- Genug Bewegung und Sport tagsüber – nicht vor dem Schlafengehen – verstärken das natürliche Schlafbedürfnis und ermöglichen rasches Einschlafen. Ein Geborgenheitsgefühl entsteht auch durch sanftes Schaukeln in einer Hängematte, sanftes Wiegen in einem Schaukelstuhl oder in Ihren Armen.
- Wenn das Kind nach einem Alptraum aufwacht, können Sie es trösten, indem Sie ihm die Hand auf die Stirn legen und wiederholt flüstern: »Sch-sch-sch, ich bin ja da. Alles ist gut.« Wiederholungen wirken auf die Seele beruhigend. Drängen Sie Ihr Kind auf keinen Fall, den Traum zu erzählen. Es soll möglichst gut und schnell weiterschlafen.

Tipp

Sanftes Daumendrücken beruhigt. Dafür einfach den Daumen einer Hand mit der anderen Hand umschließen und im Atemrhythmus leicht drücken. Nach einigen Minuten wird die Hand gewechselt und der andere Daumen ist dran.

Kraftset

Wohlfühltipp 1: Augenrollen

Nach einem stressigen Tag ist Einschlafen besonders schwer. Vielleicht gibt es auch Erlebnisse, die das Kind nicht loslassen. Augenbewegungen helfen gut, unliebsame Gedanken zu vertreiben.

》 **Leg dich bequem hin und schieße deine Augen. Nun bewege bei geschlossenen Lidern die Augen hin und her, auf und ab … Nun lege ich meine Hand auf deine geschlossenen Augen. Deine Augen werden nun ganz ruhig. Das machen wir jetzt ein paar Mal: Augen zu – die Augäpfel hin- und herbewegen – Hände auf die Augen – Ruhe genießen …**

Wohlfühltipp 2: Frische Luft

Auch frische Luft und eine angenehme Raumtemperatur wirken sich gut auf den Schlaf aus. Als positiven Nebeneffekt stärken Sie mit diesem Ritual auch das Immunsystem Ihres Kindes.

Machen Sie jeden Tag vor dem Zubettgehen das Fenster kurz auf. Atmen Sie gemeinsam bei geöffnetem Fenster tief ein und aus. Wenn es kalt ist, kann Ihr Kind einfach eine Jacke anziehen.

Ein kurzer Spaziergang in der Dämmerung oder sogar in der Dunkelheit, Hand in Hand mit Ihrem Kind, bringt neben dem gemeinsamen Erlebnis noch ein wenig Bewegung und Sauerstoff für die Lungen. Dann ist es im Bett noch kuscheliger und wärmer.

Krafttext: Wolkenträume und Traumwolken

》 **Du liegst ganz bequem und kuschelst dich in dein Kissen. Du bist gut und weich zugedeckt und machst die Augen zu.**

Du siehst nun in Gedanken über dir einen tiefblauen Himmel. Wolken ziehen herum, kleine Wolken, große Wolken, dunkle Wolken, weiße Wolken … Das sind ganz besondere Wolken, denn in jeder lebt ein anderer Traum. Darum sieht jede Wolke anders aus. Schau, da kommt eine ganz besonders hübsche Wolke langsam vom Himmel heruntergeschwebt. Sie hat eine zarte Farbe und mitten auf ihrem Wolkenbauch sitzt ein kleines, fröhliches Lachgesicht … Das ist eine Wolke, in der ein besonders netter Traum wohnt. Sie landet neben dir und lädt dich ein, aufzusteigen. Du steigst auf und fühlst dich umgeben von weicher Wolkenwatte. Sie fühlt sich an wie warmer, weißer, wohliger Badeschaum. Die nette Wolke trägt dich ganz sicher und schaukelt dich sanft hin und her … hin und her … und du wirst langsam von dem Schaukeln müde.

》 **Du kannst jetzt entscheiden, ob du auf der Traumwolke einschlafen willst, oder ob du lieber absteigen möchtest und dich in die Kissen kuscheln willst … Genieße die Ruhe, die sich in angenehme Müdigkeit verwandelt …**

Sprechen Sie leiser und langsamer, je weiter die Geschichte fortschreitet. Wenn Ihr Kind angenehm entspannt und müde ist, reden Sie nicht mehr über seine Eindrücke aus der Geschichte, damit es sanft einschlafen kann.

Stärkerezept

Zauberspruch 3x oder öfter sagen und dabei klopfen:

Dieser Zaubersatz wird leise und langsam gesprochen. Beim Sprechen wird das Kind immer langsamer und leiser. Oder Sie sprechen für Ihr Kind, denn Ihre Stimme beruhigt.

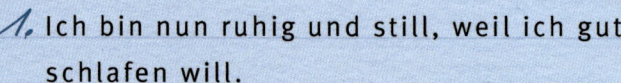

1. Ich bin nun ruhig und still, weil ich gut schlafen will.

oder 2. Ich schlaf jetzt ein, das ist fein.

oder 3. Meine Wolke gibt gut Acht. Gute Nacht.

Kraftpunkt:

Lege eine Hand auf deine Stirn, die andere auf deine Brust.

Auf das Klopfen kann beim Einschlafen verzichtet werden.

Mögliche Weiterführung: Wenn ihr Kind gut geschlafen hat, malt es am nächsten Tag die nette Traumwolke, die über dem Bett hängen darf. Auch ein großer, weicher Wattebausch kann zur Traumwolke erklärt werden und über dem Bett hängen.

Geschwisterstreit

Ein Leben in ständiger Harmonie ist nicht möglich, und ein verträgliches Quantum an Auseinandersetzungen ist ganz normal. Alle Eltern von mehreren Kindern kennen das Thema Geschwisterstreit. Aber nicht jeder heftig ausgetragene Kampf um den Lieblingsteddy ist ein Warnsignal. Nur wenn ständig die Fetzen fliegen, müssen Sie eingreifen – aber richtig.

Kleinkrieg im Kinderzimmer

Stefan, 38

》 Unsere Kinder streiten ständig

Der sechsjährige Julian und die siebenjährige Laura haben eigene Zimmer. Da sie fast gleich alt sind, interessieren sie sich häufig auch für dieselben Dinge. Manchmal wird zum Beispiel die längst vergessene Babypuppe plötzlich wieder interessant, nur weil der Bruder sie wiederentdeckt. Laura beklagt sich, dass Julian ständig an ihren Fersen klebt. Auch wenn ihre Freundin zu Besuch ist, kommt er in ihr Zimmer und will mitspielen. Wenn Julian mal in Ruhe eine Legoburg baut, ist Laura sofort zur Stelle, mischt sich ein oder zerstört sogar sein Werk. Dann wird es laut, Spielzeug fliegt durch die Luft, die Kinder schreien, weinen und raufen. So oder so ähnlich spielt sich das tagtäglich mehrmals ab und nagt an unseren Nerven. Manchmal geht der Spuk von selbst vorbei. Meistens laufen wir ins Kinderzimmer und stehen hilflos dazwischen. Sollen wir ein Machtwort sprechen oder die Kinder alles allein ausfechten lassen? ▬

Streiten will gelernt sein

Was für Kinder noch normal ist, empfinden Erwachsene oft als sehr nervenaufreibend. Wenn Geschwister im ähnlichen Alter sind, gibt es noch mehr Reibeflächen und damit mehr Streit, als wenn der Altersunterschied größer ist. Meistens sind Kinder aber in der Lage, Konflikte selbst auszutragen. Sie beenden ihre Auseinandersetzungen oft, indem sie einfach aufhören zu streiten und weitermachen, als wäre nichts gewesen, oder sich aus dem Weg gehen. So können sie sich wegen eines Autos in die Haare geraten und in der nächsten Sekunde wieder friedlich miteinander spielen. Prinzipiell gilt: Kinder reagieren rasch, handeln spontan und lösungsorientiert. Sie kommen schnell von einer Emotion in die andere, und deshalb fällt ihnen auch Streiten und rasches Versöhnen leicht.

Die Mischung aus Kämpfen, Durchsetzen, Nachgeben und Versöhnen sind eine Art soziales und emotionales Fitnesstraining, bei dem Kinder Mut und Durchsetzungsvermögen üben. Aber auch Rücksichtnahme, Verzicht und das Aushandeln von Lösungen sind soziale Kompetenzen, die Geschwister tagtäglich ganz von selbst lernen. Eltern machen mitunter den Fehler, dass sie Kinderstreit mit den Maßstäben von Erwachsenen messen und aus diesem Blickwinkel heraus als viel zu heftig interpretieren.

Greifen Eltern zu schnell ein, nehmen sie den Kindern die Möglichkeit, aus eigener Kraft die Situation zu meistern. Das gutgemeinte, rasche Schlichten von außen führt zwar zu schnellen Scheinlösungen, langfristig verhärten sich aber oft die Fronten. Oder ein Kind

beginnt aus taktischen Gründen einen Streit, damit die Erwachsenen ihm zu Hilfe kommen und es einen Vorteil hat.

Als Faustregel gilt: Einschreiten ist dann gefragt, dann wenn ein Kind zerstörerisch oder verletzend gegen sich, gegen Sachen oder gegen andere vorgeht. Auch wenn eines der Geschwister immer der Verlierer ist oder nachgeben muss, braucht es Unterstützung. Denn auf Dauer ist das Recht des Stärkeren kein Argument.

Stefan, 38

» Ruhe bewahren und nur eingreifen, wenn es nötig ist

Wir Eltern laufen nicht mehr wegen jedes Schreis ins Kinderzimmer, sondern wir vertrauen unseren Kindern, dass sie selbst Lösungen finden.

- Wir gehen auch nicht jeder Ursache auf den Grund. Wenn es den Kindern gelingt, den Streit aus der Welt zu räumen, finden wir Worte der Anerkennung: »Die Burg habt ihr super gemeinsam gebaut!«
- Es gibt allerdings Situationen, da fühle ich mich selbst durch das Gezeter so irritiert, dass ich klare Grenzen setzen muss. Letztens haben die Kinder während einer Autofahrt so heftig gestritten, dass ich mich nicht mehr konzentrieren konnte. Ich habe am Parkplatz angehalten und wortlos gewartet, bis wieder Ruhe eingekehrt ist. Das hat sofort geholfen und viel mehr gebracht als langes Erklären oder Sich-Einmischen.
- Wenn Laura mit ihrer Freundin allein sein will, dann hat sie das Recht darauf. Kinder haben wie Erwachsene manchmal das Bedürfnis, alleine oder nur mit einem Menschen zusammen zu sein. Ich schütze diesen Wunsch. Das wird eine Familienregel und ein »Bitte-nicht-stören«-Schild an der Kinderzimmertür hilft bei der Umsetzung.
- Julian ist jünger und seiner Schwester oft unterlegen. Wenn der Streit eskaliert, hole ich ihn schweigend aus der Situation heraus und lasse ihn erst mal bei mir ruhig werden. Dann kann jedes Kind seinen Standpunkt erklären und niemand darf den anderen unterbrechen. Ich passe nur auf, dass die Gesprächsregeln eingehalten werden. Dann frage ich beide nach Ideen, wie sie wieder miteinander klarkommen können. Die Lösung muss dabei nicht immer mit dem Problem zu tun haben. Wenn der Streit zum Beispiel den Besitz des Lieblingsteddys betrifft, kann es auch helfen, wenn Julian ein Buch nimmt und Laura ein Puzzle beginnt. Der Teddy ist oft gar nicht mehr wichtig. ▪

So reagieren Sie auf Streit

Sie brauchen sich nicht in jeden Streit einzumischen und müssen auch nicht Partei ergreifen.

- Warum-Fragen führen in die Sackgasse, denn jedes Kind hat aus seiner Sicht völlig logische Erklärungen für sein Verhalten. Besser Sie fragen: »Der Reihe nach: Was ist passiert?« Am Ende fassen Sie nur zusammen, was Sie gehört haben: »Du wolltest unbedingt zu Ende spielen und deinen Bruder hat es richtig genervt, dass er den Gameboy nicht haben konnte. Er ist ausgerastet und du hast ihn angeschrien.« Damit signalisieren Sie, dass Sie die Situation verstehen, ergreifen nicht Partei und bieten keine fertige Lösung an. So werden Sie zum Vermittler und nicht zum Polizisten.
- Vorschusslob kann kontraproduktiv sein: »Ihr seid so kluge, vernünftige Kinder. Ich bin sicher, heute geht es ganz ohne Streit.« Und was ist, wenn Ihre Kinder den Frieden nicht durchhalten? Sind sie dann keine klugen, vernünftigen Kinder mehr? Besser, Sie zeigen echte Freude, wenn ein Tag harmonisch verlaufen ist.
- Haben Sie Mut zu paradoxen Ideen und führen Sie eine »Streitzeit« ein: Zu einer gewissen Uhrzeit am Tag soll 15 Minuten lang möglichst viel gestritten werden. Diese scheinbar unsinnige Forderung führt meist

PRAXIS

Streit und Ärger abklopfen

Bringen Sie beruhigenden Körperkontakt und Spaß in die aufgeheizte Stimmung, indem Sie den Streit und den Ärger wegklopfen, der auf den Kindern sitzt. Dazu stehen die Kinder nebeneinander und Sie klopfen beiden gleichzeitig auf die Schultern, auf die Arme, die Beine und den Rücken hinunter. »Geht's schon oder muss ich noch weiter klopfen?« Bestenfalls klopfen die Kinder einander noch gegenseitig den Ärger ab.

sehr schnell dazu, dass die Streitthemen ausgehen. Wenn zu einer anderen Zeit Konflikte auftauchen, wird auf die »Streitzeit« verwiesen.

- Bestimmte Orte in der Wohnung können Sie zu »streitfreie Zonen« erklären, zum Beispiel das Wohnzimmer oder Ihr Arbeitszimmer. Dort sind lautstarke Kabbeleien absolut tabu. Wenn hier gestritten wird, gibt es klare Konsequenzen, zum Beispiel fünf Minuten wortlosen Spaß- und Spielentzug für beide. Wenn ein Kind selbst Ruhe und Timeout-Zeit möchte, kann es sich auch wortlos dorthin zurückziehen und darf nicht gestört werden.

Kraftset

Wohlfühltipp 1:
Den Streit symbolisch beenden

Wenn Sie dem Kind bei dieser Übung einen Schwamm – es reicht ein Putzschwämmchen als Symbol – in die Hand geben, kann es sich alles besser vorstellen und den Wohlfühltipp auch pantomimisch mitmachen.

》 Stell dir eine Schultafel vor. Darauf ist ein Bild von eurem Streit vorhin gemalt. Nun stell dir vor, du hast einen großen Schwamm in der Hand. Damit löschst du jetzt dieses Bild aus. Ich helfe dir dabei. Pass auf, dass du auch alles wirklich gut wegwischst und kein Zipfelchen übrig lässt. Welches andere Bild möchtest du an die Tafel malen?

Gemeinsam »löschen« Sie nun mit großen, ausladenden Bewegungen dieses Gedankenbild aus.

TIPP

Diese Übung hilft nicht nur bei Streit. Sie können sie bei jedem beliebigen Thema einsetzen und damit alle negativen Gedankenbilder, die sich bei Ihrem Kind festgesetzt haben, löschen.

Wohlfühltipp 2:
Ein Versöhnungsritual

Kinder lieben Lichter. Das Anzünden einer Kerze kann zum Versöhnungsritual werden und das Ende eines Streits symbolisieren. Bei Bedarf können Sie auch schweigend mit einer Kerze in der Hand ins Kinderzimmer gehen. Die Frage »Möchtet ihr sie gleich anzünden oder noch weiter streiten?« beendet häufig sofort die dicke Luft.

Wohlfühltipp 3:
Wohltuende Berührungen

Helfen Sie Ihren Kindern, miteinander friedlich in Körperkontakt zu kommen.

Jedes Kind holt sein Lieblingskuscheltier, das jetzt agiert. Lassen Sie Ihre Kinder erfinderisch sein und fangen Sie zum Beispiel so an:

» Dein Hase darf deine Schwester ganz vorsichtig am Rücken klopfen … Jetzt darf der Teddy vorsichtig auf dem Rücken deines Bruders herumspringen … Am Schluss kannst du mit deiner eigenen Hand deinem Bruder etwas auf den Rücken malen, ein Herz, eine Sonne oder was du magst.

Aber Achtung: Solche Rituale dürfen nicht zu häufig eingesetzt werden, sonst verlieren sie den Zauber des Besonderen.

Krafttext: Friedenslichter in der Zauberhöhle

Richten Sie vorher für jedes Kind ein Teelicht oder andere Kerzen her, aber verdecken Sie diese noch unter einem Tuch.

» Setzt oder legt euch nebeneinander und sucht eine angenehme Position. Nun atmet gleichmäßig und stellt euch vor, wir sitzen alle im Kino. Wir sehen einen spannenden Film, in dem ihr beide gemeinsam die Hauptrollen spielt. Der Film heißt: Friedenslichter in der Zauberhöhle.

Ihr steht beide vor einem geheimnisvollen Eingang zu einer dunkeln Höhle. Nur gemeinsam dürft ihr dort eintreten, sonst könnt ihr die Abenteuer nicht bestehen. Nur gemeinsam kann euch da drinnen nichts passieren. Deshalb gebt ihr euch jetzt die Hände. (Sie können beim Erzählen die Hände der Kinder ineinanderlegen.) Du spürst die Hand von … und du spürst die Hand von … Jetzt geht ihr in die Höhle rein. Ganz schön unheimlich ist es da, Fledermäuse und Spinnweben sind an den Wänden, der Boden ist nass und glitschig. Irgendwo tropft Wasser von der Decke. Aber ihr wisst, es kann euch nichts passieren. Ganz vorne in der Höhle ist es hell … Fest haltet ihr euch an den Händen und geht weiter zu dem hellen Licht … In der Mitte eines Raumes am Ende des Gangs stehen zwei Kerzen mit ganz besonders hellen Flammen. Ihr schaut euch um. Die Höhle sieht hier gar nicht mehr so unheimlich aus. Ihr seht die Steinwände, die unterschiedliche Farben haben. An manchen Stellen auf dem Boden wächst Moos. Nachdem ihr eine Weile geschaut habt, nimmt

Stärkerezept

Zauberspruch 3 x oder öfter sagen und dabei klopfen:

1. Frieden hat die Zauberkraft, die starke Kinder schafft!

oder 2. Versöhnen tut gut und macht Mut!

oder 3. Gemeinsam und nicht einsam sind wir stark!

Kraftpunkt:

Klopfe mit beiden Händen leicht die Ohrläppchen auf und ab.

jeder von euch eine Kerze in die freie Hand. Sie flackert ein bisschen, aber ihre Flamme ist stark. So geht ihr zusammen Hand in Hand den Gang zurück, ganz vorsichtig, Schritt für Schritt, damit die Kerzen nicht ausgehen. Wie gut, wieder an der frischen Luft zu sein! Ihr atmet tief ein und lächelt euch zu.

❯❯ Nun ist der Film zu Ende, ihr geht aus dem Kino und kommt in Gedanken wieder her zu mir. Genießt noch ein wenig die Ruhe und Stille ... Nun schüttelt eure Hände und dann greift beide vorsichtig unter das Tuch. Da sind die Friedenslichter, für jeden von euch eins.

Das Ritual des Kerzenentzündens beendet die Fantasiereise. Jedes Kind darf seine Kerze selbst anzünden. Natürlich achten Sie darauf, dass die Kerzen nicht unbeaufsichtigt bleiben.

PRAXIS

Rituale und Gewohnheiten

Kinder lieben Rituale und bekannte Abläufe, denn sie geben Sicherheit und sind für Kinder berechenbar. Das stärkt den Kindern den Rücken für neue Erfahrungen und ist die Grundlage für Konzentration und innere Ruhe. Auch wir Erwachsene mögen es gerne, wenn der Morgenkaffee im Büro immer um dieselbe Zeit getrunken wird und die Oma jeden Samstagabend auf die Kinder aufpasst. Zusätzlich reduzieren fixe Gewohnheiten den Kampf um Regeln und lästige Pflichten. Wenn die Schulsachen täglich vor dem Zubettgehen kontrolliert werden, fordern Kindern das meist bald um diese Zeit ein oder erledigen es gar selbstständig. Bei familiären Krisen geben Rituale und Gewohnheiten Halt und schenken Geborgenheit. Auch wenn ein Familienmitglied erkrankt ist, wird Ostern gefeiert, auch wenn die Eltern eine Trennung überlegen, bleibt das Gutenachtritual gleich. Wenn die Übungszeit für das Einmaleins täglich um 18 Uhr festgesetzt ist, muss nicht jeden Tag neu darüber verhandelt werden. Jede Klasse, jede Familie, jede Gemeinschaft hat eigene Rituale und Gewohnheiten. Das unterscheidet sie von der Parallelklasse oder von der Nachbarsfamilie und stärkt das Zusammengehörigkeitsgefühl.
Ein Ritual wirkt besonders gut, wenn es speziell von Ihnen für Ihr Kind erfunden worden ist, wie zum Beispiel das Versöhnungsritual mit der Kerze.

Eifersucht und Neid

Wenn ein Kind eifersüchtig ist, gönnt es dem andern nichts und beobachtet mit Argusaugen, wie die Zuneigung verteilt ist. Erwachsene möchten die Zufriedenheit fördern und die Bindung unter Kindern und Stiefkindern stärken, aber besonders in Patchwork-Familien ist das keine leichte Aufgabe.

Früher hattest du mich viel lieber

Sabine, 40

» Immer Zoff in der neuen Familie

Jana ist neun und Jens sieben Jahre alt. Vor zwei Jahren habe ich mich vom Vater der beiden getrennt. Die Zeit davor und danach war nicht einfach, doch wir schafften es, den Kindern zuliebe an einem Strang zu ziehen. Seit ein paar Monaten habe ich einen neuen Partner. Roberts Sohn Alex ist acht Jahre alt und nur an den Wochenenden bei uns. Im Großen und Ganzen funktioniert die neue Familie gut. Wenn nur die Eifersucht nicht wäre! Es reicht schon, dass ich Alex bei den Hausaufgaben helfe, um Jana zum Trotzen und Schmollen zu bringen. Wenn Alex ein Spielzeug von Jens in die Hand nimmt, protestiert dieser sofort lautstark und reißt es an sich, auch wenn er es selbst schon jahrelang nicht mehr benutzt hat. Die Kinder verhalten sich so bissig und neidisch, wie ich sie sonst nicht kenne. Das ist sehr belastend, weil ich selbst gerade eine neue Beziehung aufbaue und mir Raum und Zeit dafür wünsche. Was kann ich tun, um das Miteinander der Kinder zu fördern und ständigen Neid und Eifersucht zu vermeiden?

Eifersucht oder die Angst zu kurz zu kommen

Die Sorge, benachteiligt zu werden oder die Gunst des geliebten Menschen zu verlieren, führt dazu, dass man dem anderen jede Art von Zuwendung neidet. Neid und Eifersucht treten in Übergangsphasen verstärkt auf. Wenn ein Baby auf die Welt kommt, Eltern neue Partner finden oder Stiefgeschwister hinzukommen, rivalisieren Kinder neu um die Positionen im Familiensystem. Sie beobachten genau, welche Rolle die »Neuen« einnehmen und wie viel Aufmerksamkeit sie bekommen. Dabei haben die Eltern meist selbst alle Hände voll zu tun, um die Veränderungen zu bewältigen. Das Zusammenfinden in einer neuen Familienstruktur kostet viel Energie und führt oft zu Reibungen, die nicht ganz zu vermeiden, aber zu mildern sind.

Die Akzeptanz von neuen Familienmitgliedern fällt nicht vom Himmel. Sie wächst meist langsam und muss behutsam und verständnisvoll gefördert werden. Wenn ein Kind sich permanent weigert, irgendetwas zu teilen, und nie dazu bereit ist, andere mitspielen zu lassen, meint es, zu kurz zu

157

kommen. Hinter dem Neid und der Eifersucht verbergen sich oft Gefühle wie Enttäuschung oder verletztes Selbstwertgefühl und viele bange Fragen: Hat Mama mich jetzt noch genau so lieb? Wer ist für mich da? Was kann das andere Kind besser? Bekommt es mehr? Muss ich jetzt alles teilen?

Wenn Kinder rivalisieren, muss das aber nicht zwangsläufig bedeuten, dass sie sich nicht mögen. Denn sie kämpfen nicht wirklich gegeneinander, sondern streiten vielmehr um die Aufmerksamkeit und Liebe ihrer Bezugspersonen. Diese Art von Streit nervt besonders, und das soll sie auch. Wenn Sie jetzt den Schiedsrichter spielen, haben die Kinder ihr Ziel erreicht. Denn mit dieser Art von Streit möchten sie herausfinden, ob Papa oder Mama kommen und für wen sie Partei ergreifen. Bleiben Sie besser neutral und gelassen.

Sabine, 40

❯❯ So stärke ich meine Kinder

Wir unternehmen viel gemeinsam. Trotzdem schenke ich jedem der beiden auch einzeln mehr Aufmerksamkeit.

- Ein ins Ohr geflüstertes »Ich denk an dich!« beim Abschied vor der Schule oder ein Besuch mit Jens alleine in seiner Lieblingstierhandlung lässt meine Kinder strahlen.
- Wenn ich im Trubel des Alltags etwas übersehe, ungerecht oder genervt bin, dann stehe ich dazu: »Du hast recht, ich habe versprochen mit dir ins Kino zu gehen. Tatsache ist, ich habe es vergessen. Das tut mir sehr leid. Sehen wir nach, wann wir es nachholen können.« Dadurch spürt mein Kind, dass es ernst genommen wird und dass es mir wichtig ist.
- Unter vier Augen rede ich mit jedem Kind einzeln und höre zu, wie es ihm geht. Jens beklagt sich zum Beispiel, dass ich weniger Zeit für ihn habe, und Jana jammert: »Ich glaube, du magst mich nicht mehr so wie früher, seit Alex und Robert da sind!« Ich höre nur zu und bedanke mich für ihre Ehrlichkeit.
- Wir einigen uns auf ein besonderes Geheimritual, das nur für Jens und Jana gilt und von dem auch nur die beiden wissen, was es bedeutet: Wenn ich eine Hand auf meine Herzgegend lege und dreimal leicht klopfe, dann heißt das: Da seid ihr drin und niemand kann euch diesen Platz wegnehmen. Auch wenn wir unter vielen Menschen sind oder Robert und Alex dabei sind, wirkt unser geheimes Zeichen sofort. Schließlich haben meine Kinder ein Recht auf meine ganz besondere Liebe und Vertrautheit. ▬

So reagieren Sie auf Eifersucht und Neid

Gefühle wie Neid, Wut und Eifersucht sind in Ordnung und gehören zum Leben. Sie sollten nur nicht überhandnehmen.

- Ihre Kinder dürfen auch mal kräftig über jemanden herziehen, ohne dass Sie versuchen, es ihnen auszureden. Wenn der Dampf abgelassen ist, sieht die Welt meist freundlicher aus.
- Es ist richtig und wichtig, Sicherheit und Liebe mit Worten zu bestätigen. Aber Worte reichen für Kinder nicht aus. Sie brauchen handfeste Beweise, wie Umarmen, Kuscheln, Verlässlichkeit und gemeinsame

Zeit. Das ist Balsam für die Seele und der beste Verbündete gegen Neid, Eifersucht und Konkurrenzdruck. Kinder sind verschieden alt, haben individuelle Ansprüche und unterschiedliche Bedürfnisse. Vermeiden Sie deshalb eine unfaire Gleichbehandlung. Besser Sie erklären, warum Sie sie aufgrund des Alters, verschiedener Vorlieben und Talente unterschiedlich behandeln: »Es bekommt nicht jeder das Gleiche, denn ich versuche, jedem das zu geben, was er braucht und was zu ihm passt.« Wenn aus falsch verstandenem Gerechtigkeitssinn alle Kinder zur selben Zeit ins Bett müssen und automatisch alles doppelt gekauft wird, empfinden sie das zu Recht als ungerecht und verlieren die Freude daran.

- Solidarität und Zusammenhalt unter Geschwistern und Stiefgeschwistern wächst langsam. Wenn es einmal gemeinsam gegen die Erwachsenen geht, nehmen Sie das mit Humor und Anerkennung: »Na, ihr seid aber ein starkes Team. Von so vielen Argumenten lass ich mich gerne überzeugen!« Das lässt Kinder zusammenwachsen und ein »Wir-Gefühl« entstehen.
- Kinder werden oft dazu angehalten, ihre Sachen zu teilen. Doch mal ehrlich, möchten Sie immer alles teilen? Jeder Mensch hat ein Recht auf Eigentum. Erlauben Sie jedem Kind, wenigstens drei Sachen festzulegen, welche für die anderen absolut tabu sind – außer der Besitzer erlaubt es ausdrücklich und freiwillig. Das Lieblingsbuch von Oma oder die Babypuppe vom Weihnachtsmann sind für alle anderen Familienmitglieder verboten, auch wenn der Eigentümer gerade nicht zu Hause ist.

PRAXIS

Versöhnungsflieger für Trotzköpfe

Sich nach einer Eifersuchtsszene wieder anzunähern, ist für Kinder oft schwer und peinlich. Sie beruhigen sich meist schnell, können aber nur schwer Worte dafür finden und sich ohne Gesichtsverlust wieder annähern. Hier kann es helfen, in einer entspannten Stimmung »Versöhnungsflieger« zu basteln. Diese einfach gefalteten Papierflieger können zusätzlich mit »Friedensbotschaften« wie »Ich möchte wieder mitspielen« oder »Ich habe mich eingekriegt und komme wieder« beschriftet werden, das muss aber nicht sein.

Der Flieger wartet in einer Lade auf seinen Einsatz, und das Kind kann wortlos entscheiden, wann es eine Versöhnungsbotschaft starten lässt.

- Jedes Kind hat Eigenarten, Stärken und Besonderheiten. Vergleiche wie: »Es wäre schön, wenn du so fleißig wärst wie …«, verstärken die Eifersucht. Achten Sie gut darauf, keines der Kinder grundsätzlich hervorzuheben, auch wenn es vielleicht wirklich das »bravere« ist. Besser Sie lenken die Aufmerksamkeit auf individuelle Fähigkeiten jedes Kindes. Besonders dann, wenn es gerade Schwächen zeigt, braucht es Ihr Verständnis. Dabei können Sie ruhig auch ein wenig umdeuten: »Ich finde es schon beeindruckend, wie du für deine Wünsche kämpfst.«

Kraftset

Wohlfühltipp 1: Der Superkuschler

Immer wenn ein Kind meint, dass es zu kurz kommt, oder sich ärgert, darf es sich einen »Superkuschler« holen: Dann wird es wortlos ganz fest gedrückt und geherzt. Das bedeutet: »Ich hab dich soooo lieb!« So gestärkt kann das Kind viel mehr tolerieren, als wenn es sich auf die Seite gestellt oder getadelt fühlt.

Wohlfühltipp 2: Luftzeichnen

Diese Übung hilft Kindern, sich spielerisch auf andere einzustellen, und fördert gleichzeitig die Körperkoordination. Sie können die Übung zu zweit oder mit mehreren Kindern durchführen:

Sie stehen sich aufrecht gegenüber und zeichnen beidhändig spiegelbildlich in der Luft, zum Beispiel kleine Kreise, Schleifen, eine Acht. Zuerst sind Sie der Dirigent: Was Sie in der Luft vorzeichnen, das machen die Kinder nach. Dann ist eines der Kinder der Dirigent, danach das andere. Das kann abwechselnd mehrmals wiederholt werden, wenn die Kinder Freude daran haben. Zum Schluss zeichnen Sie alle gleichzeitig ein großes Herz in die Luft und die Fingerspitzen berühren sich in der Mitte.

Krafttext: Die Versteh-Fee und der Neid-Kobold

Auch dieser Text ist für ein oder mehrere Kinder geeignet. Achten Sie dann bitte auf die richtige Formulierung.

>> **Macht es euch gemütlich und hört genau zu.**

Stellt euch vor, ihr seid in einem Wald. Hier stehen viele, viele Bäume. Seht genau hin, sie tragen ganz besondere Früchte: lauter kleine Früchte in Herzform. Das sieht wunderschön aus. Plötzlich hört ihr ein leises Weinen und seht eine Fee unter einem Baum sitzen. Ihr sagt: »Nanu, wer bist du denn?« – »Ich bin eine Versteh-Fee, ich kann Menschen helfen, sich gut zu verstehen«, schluchzt sie, »aber

> ## PRAXIS
>
> ### Herzpuzzle
>
> Schneiden Sie ein Papierherz aus und zerschneiden Sie es dann in mehrere Teile. Die Kinder dürfen nun gemeinsam das »Herzpuzzle« zusammensetzen. Wenn es fertig ist, schreiben alle ihre Namen hinein und verzieren es vielleicht zusätzlich. Das Herzpuzzle bekommt schließlich einen Ehrenplatz an der Wand. Das stärkt das Zusammengehörigkeitsgefühl.

gerade war der Neid-Kobold da und hat meine schönste Herzfrucht geklaut und mitgenommen. Er will diese Frucht schon lange haben. Er will alles haben, was ich habe. Ich fürchte, er hat sie aus Wut und Eifersucht zerschnitten. Der Neid-Kobold ist sehr neidisch, er mag es gar nicht, wenn Menschen sich gut verstehen und zufrieden sind. Könnt ihr mir helfen, die gestohlene Herzfrucht wiederzufinden? Ich brauche Hilfe beim Zusammensetzen.« Ihr wollt der Fee gerne helfen und macht euch auf die Suche nach der zerschnittenen Herzfrucht. Da, unter der gelben Blume liegt ein Teil … und dort unter dem grünen Strauch liegt noch eines … Sucht selbst, wo das nächste Herz-Teil liegt. Ihr hebt alle Teile auf und setzt sie zusammen wie ein Puzzle. Dann bringt ihr die ganze Herzfrucht der Fee zurück. Die Versteh-Fee strahlt über das ganze Gesicht. »Danke, ihr habt mit sehr geholfen. Nun bin ich zufrieden und glücklich und kann Menschenkindern wieder helfen, dass sie sich gut verstehen. Zum Dank werde ich euch auch gerne helfen, wenn ihr mich braucht. Wenn ihr unzufrieden seid, denkt einfach an mich und legt dabei die Hand auf euer Herz. Das erinnert euch an mich und an die Macht der Herzfrucht.«

» Bleibt noch eine Zeitlang ruhig liegen und denkt an die Versteh-Fee … Jetzt bewegt eure Füße und reibt die Hände aneinander, bis sie warm sind. Legt nun eine Hand dorthin, wo euer Herz schlägt … (eventuell nehmen Sie die Kinderhand und legen sie auf die Brust). Wann könntet ihr die Versteh-Fee brauchen? Wie viele Teile hatte eure Herzfrucht? Was bedeutet Zufriedenheit für euch? Wo spürt ihr sie?

Stärkerezept

Zauberspruch 3x oder öfter sagen und dabei klopfen:

1. Zufriedensein hat Zauberkraft, die gute Laune schafft!

oder 2. Der Streit ist jetzt fort an einem andern Ort!

oder 3. Wir gehören zusammen. Ja, das tut gut!

Kraftpunkt:

Klopfe mit einer Hand unter der Nase. Deine andere Hand liegt auf der Brust, dort wo du dein Herz spürst.

Langeweile

Kisten voller Spielzeug, Regale voll mit Kinderbüchern, Kuscheltiere im Bett, Sport- und Freizeitaktivitäten noch und noch. Und trotzdem klagen viele Kinder über Langeweile. Wenn ein Kind trotz genügender Beziehungs- und Spielangebote nicht weiß, was es tun soll, braucht es keine Animateure und keine künstliche Bespaßung. Selbstmotivation ist angesagt!

Mir ist sooo langweilig!

Ulrike, 39

» Nichts kann die Kinder begeistern

Meine Zwillinge Lara und Hannes sind acht Jahre alt und top in der Schule. Schon mit vier Jahren konnte Lara Klavier spielen. Hannes war im Kinderfußball und in der musikalischen Früherziehung. Jetzt trainieren beide zweimal die Woche Kindertennis und einmal bleiben sie zum Theaterspielen länger in der Schule. Am Wochenende versuche ich, Konzerte oder Zirkus unterzubringen. Dennoch hängen meine Kinder oft mit Nullbock-Stimmung herum. Hannes schlurft gähnend zwischen Spielkonsole und Kühlschrank hin und her, von Lara höre ich: »Alles ist langweilig!« Dabei sind ihre Zimmer voll mit Spielsachen, halbfertigen Bausätzen und allem, was Kindern angeblich Spaß macht. Auf meine vielen Vorschläge zucken sie nur angeödet mit den Achseln: »Bitte keinen Stress!« Neue Spiele bringen kurz Freude, aber bald ist der Reiz verflogen und meine Zwillinge wirken wieder unzufrieden und lustlos. Ich bin mit meinen Ideen langsam am Ende. Was soll ich denn noch machen, um sie zufrieden zu stellen? ▬

Zu viel und doch zu wenig

Klar, zu wenig Beachtung und Beschäftigung führt bei Kindern zu psychischen Problemen. Aber viele Kinder leiden an zu viel Beobachtung von Seiten der Erwachsenen und an einem Übermaß an Angeboten. So gut es auch gemeint ist – wir tun unseren Kindern damit keinen Gefallen. Nicht jedes neue Spiel muss gekauft und nicht jede freie Stunde muss mit Bespaßen oder Fördern gefüllt werden. Ein übervoller Terminkalender erzeugt Stress und verhindert, dass die Kinder sich selbst beschäftigen lernen und genussvoll Tagträumen nachhängen. Die Geschäfte und die Medien sind voll mit verlockenden Dingen. Die meistens sind aber nach dem Kauf nicht lange interessant und landen traurig in einer Ecke. Wenn Kinder an ständige Impulse von außen gewöhnt sind, spüren sie oft trotz äußerer Fülle eine innere Leere und Unzufriedenheit.

Erst zeitweilige Phasen der Lange-Weile machen kreativ und ermöglichen gleichzeitig, das Erlebte zu verarbeiten. Und nur in jenen

Zeiten, in denen nichts ansteht, sind Kinder und Erwachsene wirklich gefordert nachzuspüren, wohin das eigene Interesse sie lenkt.

Das gelingt nur, wenn Kinder das zunächst unangenehme Gefühl der Langeweile aushalten lernen.

Ulrike, 39

» Wir entrümpeln Kalender und Kinderzimmer

Ich setze mich mit den Kindern zusammen und frage sie, worauf sie sich freuen und was sie wirklich gerne machen.

- Dann durchforsten wir die regelmäßigen Termine. Natürlich will ich, dass Lara und Hannes bestmöglich gefördert werden. Aber wir streichen Tennis und Theater ab dem kommenden Halbjahr und beschließen, keine zusätzlichen Kurse zu buchen, da beide Kinder keinen konkreten Wunsch äußern können.
- Auch das Wochenendprogramm wird reduziert: Samstag und Sonntag bleiben, soweit es geht, frei. Wenn sich spontan etwas ergibt, hat es Platz. Wenn nicht – auch gut, dann wird es eben ein ruhiges Wochenende zu Hause.
- Ich räume mit den Kindern die Regale und Ecken im Kinderzimmer aus: Alle Spielsachen, die mehr als drei Monate nicht mehr benutzt worden sind, kommen erst mal in den Keller: Die vielen Comic-Hefte, denen Seiten fehlen, die Puppen, mit denen Lara nie gespielt hat, die Holzeisenbahn aus der Kindergartenzeit. Vielleicht fragen die Kinder ja nach einer Weile danach, dann können wir sie wieder hochholen. Nur wenige geliebte Spielsachen bleiben da.
- Lara und Hannes sind sehr erstaunt, als ich ihnen mitteile, dass Neues erst angeschafft wird, wenn die unfertigen Bausätze vollständig zusammengebaut sind. Für jedes neue Spiel muss außerdem ein altes das Regal verlassen.

- Lara hat die Idee, ihre alten Sachen auf einem Kinderflohmarkt zu verkaufen. Voll Eifer macht sie sich ans Organisieren. Seit langem habe ich sie nicht mehr so begeistert gesehen.
- Wenn ich im Garten arbeite oder den Haushalt mache, bitte ich die Kinder mitzuhelfen. Gerne übernimmt Lara das tägliche Gießen der Rosen und Hannes fühlt sich wichtig, wenn er umgraben darf. Dabei sammeln die Kinder auch Holzabfälle, Blätter, Steine und anderes Naturmaterial. Diese Dinge regen ihre Fantasie an. Ich staue nicht schlecht, was meine Kinder aus diesen Dingen basteln. ■

Weniger ist oft mehr

Langeweile gehört zum Alltag dazu und lässt sich manchmal nicht verhindern.

- Wenn Ihre Kinder manchmal an nichts Freude finden können, reagieren Sie nicht automatisch mit vielen Vorschlägen. Besser Sie sagen ruhig: »Ich kann verstehen, dass du dich jetzt nicht wohlfühlst. Manchmal ist das eben so. Ich kann dir die Entscheidung, was du tun möchtest, aber nicht abnehmen. Lass dir einfach Zeit, ich bin sicher, dann kommt eine Idee.«
- Gelangweilt können Kinder allerdings auch wirken, wenn sie emotional überfordert oder in Familienkonflikte verstrickt sind und Unterstützung brauchen. Dann steckt hinter der Langeweile in Wahrheit Verunsicherung. Ein erster Schritt, um Klarheit zu gewinnen, ist ein ehrliches Gespräch.
- Wenn Ihr Kind in der Schule über Langeweile klagt, kann das sowohl ein Zeichen von Unter- als auch von Überforderung sein. Sprechen Sie mit dem Lehrer, um dessen Ansicht zu erfragen.
- Manchmal lässt sich Langeweile im Alltag auch nicht verhindern: Wartezeiten beim Arzt, lange Autofahrten oder Krankheiten, die es nicht zulassen, dass man das Haus verlässt, sind für Kinder wirklich schwer auszuhalten. Für diese Zwecke können Sie »in einer langweiligen Stunde« Kärtchen schreiben, auf denen einfache Spielideen stehen, zum Beispiel: »Ich sehe was, was du nicht siehst«, »Berufe raten« oder »Mandalas anmalen«.
- Viele Kinder mögen es, wenn die liebsten Wohlfühltipps aus diesem Buch auf Kärtchen geschrieben werden. Im Anlassfall wird dann eine Karte gezogen und die Idee wird durchgeführt.

Kinder können helfen. Gerald Hüther, einer der bekanntesten Pioniere in der Hirnforschung und Pädagogik, vertritt die Meinung, dass glückliche Kinder Aufgaben in der Gemeinschaft übernehmen können und sollen, zum Beispiel andere Menschen unterstützen, sich um Tiere kümmern und kindgerechte Arbeiten im Alltag übernehmen. Natürlich in ihrem Rahmen und gemäß ihrer Entwicklungsstufe. Aber die Umwelt muss das auch zu schätzen wissen. Das heißt: Kinder brauchen Anerkennung und Wertschätzung, damit sie erfahren, dass ihr Tun auch Wirkung hat und wichtig und richtig ist.

Kraftset

Wohlfühltipp 1: In die Stille hören

Ruhe und Stille sind heute selten. Bewusstes Hören gelingt Kindern immer schlechter. Durch diesen einfachen Trick werden das Hören und die Konzentration angenehm trainiert.

Suchen Sie alles, was Geräusche macht, und schalten Sie es gemeinsam aus. Schließen Sie Türen und Fenster. Horchen Sie dann eine Minute mit geschlossenen Augen auf alle Geräusche, die sich sonst verstecken. Was hört Ihr Kind? Zum Beispiel das vorbeifahrende Auto, das Atmen des Babys, den grummelnden Bauch, die tickende Uhr, die schnurrende Katze. Je öfter Sie die Übung machen, desto mehr wird Ihr Kind wahrnehmen.

Wohlfühltipp 2: Energie-Gähnen

Gähnen verbessert die Atmung und die Sauerstoffversorgung im Gehirn. Es fördert entspanntes Sehen, weil die Befeuchtungsfunktion der Augen stimuliert wird, und löst Verspannungen in den Kiefermuskeln. Viele Nervenverbindungen vom Gehirn zum Körper passieren den Bereich des Kiefergelenks.

Weil Gähnen ansteckend ist, macht es Spaß, gemeinsam zu gähnen. Sollte sich das Gähnen trotzdem nicht einstellen, dann tun Sie als ob. Auch das hat Wirkung.

Machen Sie diese Übung mit Ihrem Kind gemeinsam und beginnen Sie mit einigen tiefen Atemzügen. Denken Sie dabei ganz intensiv an Gähnen. Öffnen Sie bei jedem Atemzug den Mund ein Stückchen weiter. Wenn Sie ganz fest ans Gähnen denken, wird es sich von alleine einstellen. Gähnen Sie beide, so laut Sie können, und lassen Sie die Luft mit einen lauten Ton oder Seufzer heraus.

Wohlfühltipp 3: Der Nasenstift

Es gibt Tage, die nicht enden wollen. Das Wetter ist so schlecht, dass man keine Lust hat, nach draußen zu gehen. Lesen, Malen, Musik hören und Mittagsschläfchen – alles ist schon gemacht. Die Freunde haben auch keine Zeit und alle Arbeiten sind erledigt. In solchen Situationen wünschen sich Kinder Impulse, um aus der unangenehmen Lethargie herauszufinden und ihre Fantasie zu nutzen.

» Streck dich ein paar Mal ganz durch und klatsche dabei fest in die Hände. Nun bleib so stehen, dass dein Rücken gerade ist. Stell dir nun vor, dass an deiner Nase eine Bleistiftspitze befestigt ist, mit der du in der Luft schreiben kannst. Drehe nun den Kopf nach links und schreibe mit deiner Nasenspitze deinen Namen von links nach rechts in die Luft. Lass dabei die Augen offen. Zeichne nun mit dem Nasenstift ein paar Wellenlinien von rechts nach links und wieder zurück. Am Ende

male eine Sonne in die Luft oder irgendetwas anderes, was dir gerade einfällt. Wichtig ist dabei, dass du die Bewegungen langsam ausführst. Jetzt zeichne ich mit meiner Nasenspitze etwas (Einfaches) in die Luft und du rätst, was es ist. Und umgekehrt – jetzt zeichnest du und ich rate.

Krafttext: Wolkenreise

» Zeichne mit deiner Nase die Umrisse einer Wolke, du wirst sie gleich brauchen. Sie kann dir nämlich helfen, aus dieser langweiligen Stimmung herauszufinden. Mach es dir bequem und genieße es, dass es im Moment nichts zu tun gibt. Schließe die Augen.

Stell dir vor, die Wolke, die du gerade gezeichnet hast, zieht am Himmel vorbei, und nicht nur deine Wolke, sondern ganz viele andere Wolken auch. Schau dir die Wolken an. Es sind Zauberwolken, in denen tolle Abenteuer wohnen. Sie warten nur darauf, dass du sie in deiner Fantasie und Vorstellungskraft lebendig machst. Du erkennst plötzlich Figuren: wilde Wolkentiere, Wolkenmonster, Wolkenbäume … Lass dir Zeit, da gibt es wirklich Tolles zu entdecken … Auf einmal siehst du eine Wolke, die aussieht wie ein wunderschönes Wolkenpferd. Sie senkt sich auf dich nieder und stupst dich mit ihrer weichen Wolken-Pferdenase an. Das bedeutet: »Steig auf, schau dir die Welt von oben an. Auf mir bist du sicher.« Vorsichtig steigst du auf das Wolkenpferd. Es fühlt sich ganz weich an, wie Watte. Du sitzt sicher und sehr bequem. Langsam und vorsichtig hebt sich das Wolkenpferd und schwebt mit dir durch die Luft … Was siehst du unter dir? Wasser? Berge? Ein Abenteuerland? Oder unser Haus? … Ich lasse dir jetzt ein wenig Zeit, damit du dir alles in Ruhe ansehen kannst … Nun trägt dich dein Wolkenpferd wieder hier her zu mir und lässt dich absteigen. Du bedankst dich.

Das Pferd mag dich sehr, und du weißt, du kannst es in deiner Fantasie jederzeit wieder zu dir holen, wenn dir mal langweilig ist und du einen Ausflug machen möchtest.

» Öffne nun die Augen, bewege Hände und Füße. Jetzt bist du wieder hier bei mir. Erzähl mir von deiner Reise auf dem Wolkenpferd. Was hast du alles von oben gesehen? Hast du jemanden getroffen bei deinem Ritt auf dem Wolkenpferd?

Stärkerezept

Zauberspruch 3× oder öfter sagen und dabei klopfen:

1. Ich genieß die freie Zeit und freu mich auf Gemütlichkeit!

oder 2. Meine Fantasie hat Zauberkraft, die tolle Abenteuer schafft!

oder 3. Ideen kommt raus aus eurem Haus!

Kraftpunkt:

Klopfe mit den Fingerspitzen der einen Hand auf die Innenfläche der anderen Hand. Dann wechsle die Hand. Das harmonisiert und aktiviert.

Probleme mit Fernseher und Computer

Viele Eltern sehen es mit Sorge, wenn Ihr Kind sehr viel Zeit vor einem Bildschirm verbringt. Und das zu Recht. Denn oft lässt sich nicht nachvollziehen, was das Kind gerade tut oder mit wem es in Kontakt steht. Helfen Sie Ihrem Kind, die positiven Seiten der Medien zu nutzen und einen maßvollen Umgang damit zu erlernen.

Der Flimmerkisten-Blues

Konrad, 42

» Benjamin hängt nur noch vor dem Monitor

Der elfjährige Benjamin ist ein eher ruhiges Kind. Er hatte immer einige gute Freunde, konnte sich aber auch lange mit sich selbst beschäftigen. In der letzten Zeit hat er oft Ringe unter den Augen, weil er stundenlang in den Bildschirm starrt. Er zieht sich aus der Familie mehr und mehr zurück und sein Gesichtsausdruck vermiest uns oft die Stimmung. Er ist ein richtiger Stubenhocker geworden. Freunde laden ihn ein, aber er hat keine Lust und beschäftigt sich lieber mit dem Computer. Wir haben ihm schon oft gesagt, wie sehr wir uns um ihn sorgen, und fragen ihn immer wieder, wieso er sich so verändert. Er sagt dann bloß: »Ich bin nicht gut drauf« oder »Ich will meine Ruhe« und schließt seine Zimmertür hinter sich. Manchmal bringe ich ihm sogar das Essen auf sein Zimmer, weil er so in den Computer vertieft ist, dass er seinen Hunger und Durst nicht beachtet. Wenn ich den PC ausschalten will, reagiert er sauer und sagt, er brauche das Internet für die Schule. Aber ich merke, dass er in Wahrheit mit virtuellen Freunden on-line spielt. Seine Lehrer warnen, dass zu viel am Computer zu sitzen süchtig, depressiv und einsam macht. Wir sollten auf ihn aufpassen. Aber wie soll das gehen? Er sitzt doch nur in seinem Zimmer. Die ganze Familie macht sich schon Gedanken und ist bedrückt und ratlos. Sicher ist nur: Benjamin braucht jetzt Unterstützung. ▬

Wie viel Medienkonsum vertragen Kinder?

Experten aus Pädagogik, Psychologie und Gehirnforschung streiten über das Ausmaß vernünftigen Medienkonsums und darüber, was ab welchem Alter erlaubt ist. Grobe Richtlinien besagen, dass bis zum Schuleintritt eine halbe Stunde am Tag vor dem Fernseher, dem Computer oder der Spielkonsole erlaubt ist.

Für 6- bis 10-Jährige liegt der Grenzwert in etwa bei 50 Minuten und für über 10-Jährige bei maximal 60 Minuten täglich. Pauschal- und Durchschnittswerte sind aber immer kritisch zu hinterfragen, da jedes Kind anders ist und anders reagiert.

Wichtig ist nicht nur, wie lange ein Kind vor dem Bildschirm verbringt, sondern auch, was es dabei zugeführt bekommt. Eltern sollten wissen, was ihre Kinder über die verschiedenen Medien konsumieren, gemeinsam auswählen und über die Inhalte sprechen. Das ist die Basis für einen gesunden, kritischen Umgang damit. Aufgabe der Eltern ist es, mit ihrem Kind gemeinsam von Anfang an die kindgerechten digitalen Welten zu entdecken und unabhängig davon ein lebendiges, spannendes Leben in der realen Welt zu ermöglichen. Denn die virtuellen Welten haben entscheidende Nachteile: Körperliche Bewegung und echte Begegnungen bleiben auf der Strecke.

Nur eine situationsgerechte Flexibilität im Umgang mit Medien schafft Harmonie im Familienleben und Einsicht bei den Kindern. Mit einer starren Haltung kommt man auf Dauer nicht weit. Wenn an einem Regentag das lang erwartete, gerade veröffentlichte Computerspiel für den Elfjährigen eintrifft, darf ein Auge zugedrückt werden. Dafür bleibt am nächsten Tag der Bildschirm dunkel und es wird gemeinsamen Hobbys nachgegangen. Virtuelle Medien sprechen vor allem den optischen Sinn an. Vielleicht ist das auch ein Grund, warum Kinder heute erwiesenermaßen schlechter zuhören können?

Eine Erziehung zu Kraft und mentaler Stärke fängt bei Kleinigkeiten an: Kann Ihr Kind normale Dinge des Alltags wie Schnürsenkel binden, ein Butterbrot streichen, eine Schere richtig benutzen oder das Hemd alleine zuknöpfen? Es gibt Sechsjährige, die souverän im Umgang mit dem Handy sind, aber ihre eigene Wohnungstür nicht alleine auf- und zusperren können.

Ruhige Jungen wie Benjamin neigen eher dazu, sich von schlechten Stimmungen durch künstliche Welten und Onlinespiele abzulenken. Mädchen tendieren eher zu sozialen Netzwerken und virtuellem Plaudern. Untersuchungen zeigen, dass es tatsächlich immer mehr depressive Kinder gibt. Ob dafür die digitalen Verführungen mitverantwortlich sind, darüber streiten die Experten.

Aber Achtung: Nicht jede temporäre Verstimmtheit, nicht jede Krise, nicht jedes Miesepetergesicht ist gleich eine Depression. Und nicht an allem und jedem sind die Medien Schuld. Bevor Benjamins Vater gleich einen Psychologen zu Rate zieht, gilt es einiges Punkte zu beachten und Neues zu versuchen.

PRAXIS

Das echte Leben finden

Helfen Sie Ihren Kindern, ganzheitlich zu leben und zu erfahren, dass es Tätigkeiten gibt, die nur das reale Leben bereithält, Dinge, die der beste Bildschirm in 3D-Qualität nicht bieten kann. Eine realitätsbezogene, starkmachende Erziehung fördert alle Sinne: Bewusstes Riechen, genussvolles Schmecken, das Fühlen von Wasser, Wind und Sonne auf der Haut und genaues Hören machen wach und fit. Schaukeln, Rad fahren, im Sand spielen, Kekse backen, Schwimmen, Blätter sammeln, Kinderlieder singen, Wandern, Karten spielen und Herumalbern – das ist echtes Leben. Körperliche Bewegung, mannigfaltige Sinneseindrücke, Zeit mit der Familie und echte Freunde sollten im Leben Ihres Kindes auf jeden Fall an erster Stelle und vor dem Medienkonsum stehen. Dann lernt Ihr Kind: Echtes Leben kann durch nichts ersetzt werden.

Konrad, 42

» Wir surfen jetzt manchmal gemeinsam

Benjamin und ich führen ein langes Gespräch, in dem ich ihm sage, dass er sich in letzter Zeit sehr verändert hat und dass wir vermuten, dass das am Computer liegen könnte.

- Ich lasse mir von Benjamin zeigen, was er spielt, und bin beeindruckt, wie gut er sich mit dem PC und dem Smartphone auskennt. Das sage ich ihm auch. Ich mache deutlich, dass Computer und PC-Spiele an sich nichts Böses sind, ein kontrollierter Umgang damit also in Ordnung ist. Ich sage aber auch, dass wir es nicht okay finden, dass Benjamin sich stunden- und tagelang abseilt und für den Rest der Familie nicht erreichbar ist.
- Um einen Überblick zu bekommen, wie lange Benjamin was am PC macht, beschließen wir gemeinsam, dass Benjamin ein Computertagebuch anlegen wird. Darin trägt er genau ein, von wann und bis wann er jeden Tag vor dem Bildschirm sitzt und was er dort tut: Spielen, Musik hören, surfen, für die Schule recherchieren …
- Dann lasse ich mir zeigen, welche Spiele er spielt. Dabei fällt mir auf, dass ein Spiel als Altersbeschränkung 16 Jahre hat. Das wird aussortiert. Auch wenn Benjamin ein langes Gesicht macht, signalisiere ich: »Da gibt es kein Pardon« und lasse nicht mit mir reden. Auch über die Netzwerke, die mein Sohn besucht, informiere ich mich genau. Und ich logge mich selbst in ein Spiel ein, was er gerne spielt, und spiele mit. Benjamin freut sich, wenn er mir von seinen Erfolgen erzählen kann, und ich verstehe besser, was er gerade macht.
- Wir vereinbaren per Handschlag einen Zaubercode: »Game over!« Das heißt im Klartext: In spätestens 10 Minuten ist der Bildschirm aus. Immer wenn Benjamin am PC die Zeit vergisst, schicke ich ihm eine SMS mit dem Zaubercode. Er reagiert dann zwar nicht mit heller Freude, aber sein Handschlag-Ehrenwort hält er ein.
- Am Wochenende verbringe ich mehr Zeit mit meinem Sohn, auch wenn dieser am Anfang nicht begeistert reagiert. Bei einem gemeinsamen Badetag am Stausee spreche ich auch andere Bereiche des Lebens an: Freunde, Schule, Sport, den nächsten gemeinsamen Urlaub. Früher hat sich Benjamin immer gewünscht, tauchen zu lernen. Nun wird gemeinsam geplant, wie und wo das möglich sein könnte. Zuhause recherchieren wir gemeinsam im Internet, wo gute Tauchschulen für Kinder zu finden sind.
- Diese gemeinsamen Erlebnisse tun uns allen gut und Benjamin wird wieder fröhlicher und zugänglicher. ▬

So regeln Sie den Medienkonsum

Es ist wichtig, dass Sie sich selbst mit elektronischen Medien auskennen, wenn Ihre Kinder in das entsprechende Alter kommen. Nur dann können Sie mitreden und werden von Ihren Kindern ernst genommen.

- Wenn Ihre Kinder von Netzwerken oder Internetspielen erzählen, hören Sie genau zu und fragen Sie ruhig nach, wenn Sie etwas nicht verstehen. Lassen Sie sich die Seiten zeigen und ihre Faszination erklären.
- Möglicherweise ist Ihr Kind in einem Spiel oder einem Netzwerk gefangen, aus dem es selbst gerade nicht herausfindet. Das ist prinzipiell nicht immer tragisch und Teil der heutigen Jugendkultur. Aber wenn Kinder in dieser Phase keine Hilfen, sondern

nur Zurechtweisungen und Vorwürfe erhalten, verlieren sie leicht die Standfestigkeit in der Realität und flüchten noch mehr in die virtuellen Abenteuer. Darunter leiden dann Familie, Freunde und auch die schulischen Leistungen.

- Klare Regeln senken den Stresspegel. Überlegen Sie, wie lange Ihr Kind vor dem Bildschirm sitzen darf, und teilen Sie ihm das mit. Achten Sie darauf, dass diese Regeln eingehalten werden. Gemeinsame Essenszeiten sind wichtig und sollten auch eingehalten werden. Lassen Sie sich nicht erweichen, dass die Mahlzeiten vor dem Computer oder Fernseher eingenommen werden dürfen.
- Für Schulkinder heißt eine weitere wichtige Regel: Nicht direkt nach dem Lernen eines neuen Stoffs vor dem Bildschirm sitzen. Denn das verhindert, dass sich das Gelernte in Ruhe festigen kann.
- TV und PC sollten nie als Belohnung für Leistung – »Wenn du null Fehler schaffst, bekommst du das neue Spiel« – und schon gar nicht als Köder für gemeinsame Familienaktivitäten eingesetzt werden. Versprechungen wie »Wenn du jetzt mit essen gehst, darfst du heute lange fernsehen« sind zwar meist wirksam, aber für den Lerneffekt negativ. Denn indirekt wird damit vermittelt, dass der Bildschirm über allem, sogar über der gemeinsamen Mahlzeit, steht. Besser: »Komm, überlege bitte mit uns, wohin wir essen gehen wollen. Worauf hast du Lust? Nachher können wir uns gemeinsam einen Film ansehen.«
- Welche Werte sind Ihnen wichtig? Machen Sie sich darüber Gedanken und leben Sie diese Werten Ihrem Kind bewusst vor. Das gilt auch im Umgang mit den elektronischen Medien. Überprüfen Sie Ihren eigenen Medienkonsum und zeigen Sie Ihrem Kind, dass Sie selbstkritisch sein können. Auch Fernsehen und E-Mails gehören dazu.
- Vor- und Grundschulkinder brauchen weder einen Fernseher noch einen PC in ihrem Zimmer. Vielleicht können Sie die Spielkonsole oder den PC in einen Raum stellen, der auch von anderen Familienmitgliedern genutzt wird. So haben Sie Ihr Kind immer im Blick.
- Gemeinsame Familienaktivitäten sind toll, wenn alle Spaß dabei haben. Planen Sie gemeinsam, lassen Sie sich überraschende, neue Dinge einfallen und fragen Sie auch Ihre Kinder. Oft haben sie gute Ideen, die allen gefallen. Ein Abenteuerspaziergang mit Laterne im dunklen Wald, ein Lagerfeuer am See, ein spannendes, gemeinsames Hobby …

Kraftset

Wohlfühltipp: Gedankenfäden herausziehen

Starker Medienkonsum verwirrt Kinder häufig und führt dazu, dass sie sich viele, oft sehr komplizierte Gedanken machen. Helfen Sie Ihrem Kind, seine Gedanken zu entwirren.

》 Überlege, was dich im Moment besonders beschäftigt, worüber du nachdenkst, oder spüre, wie es sich anfühlt, wenn du nicht gut drauf bist … Beobachte einfach, was dir da einfällt und wie es dir dabei geht, wenn dein Kopf so voll ist … Jetzt nimm diesen Gedanken, diese Miesepeterstimmung, diesen Ärger und zieh ihn mit beiden Händen aus deinem Kopf heraus! Dabei kannst du dich recken und strecken. Wenn du alle Gedankenfäden ganz herausgezogen hast, wickle sie zusammen wie ein Wollknäuel auf. Jetzt komm mit mir zum Fenster. Wir werfen es gemeinsam hinaus.

PRAXIS

Der magische Faden

Lassen Sie Ihr Kind einen echten »magischen Faden« aussuchen. Alte Wollreste, selbstgehäkelte Schnüre oder Freundschaftsbänder können dafür verwendet werden.

Erklären Sie dieses Band »zum magischen Faden«. Er erinnert Ihr Kind an das Kraftset und seine guten Vorsätze.

Suchen Sie gemeinsam einen guten Platz für den Faden aus: am Handgelenk des Kindes, an der Gürtelschalle, am Schulranzen …

Bei Bedarf brauchen Sie nur auf den »magischen Faden« zu zeigen und Ihr Kind weiß, was gemeint ist.

Wenn das Kind am Anfang kurz über seine Gedanken reden möchte, hören sie einfühlsam zu, wenn nicht, beginnen Sie gleich mit dem »Fädenziehen«. Sie machen pantomimisch mit und ziehen ebenfalls ganz lange, unsichtbare Gedankenfäden aus der Stirn und aus dem ganzen Kopf in alle Richtungen heraus.

Krafttext: Der magische Faden

Vor dem Erzählen können Sie mit Ihrem Kind über zukünftige Pläne sprechen:

》 Worauf freust du dich? Was hast du dir vorgenommen? Denk an den nächsten Urlaub am Meer, das neue Haustier, das Geburtstagsfest … Stell dich hüftbreit hin, so, dass beide Füße fest auf dem Boden stehen und so, als hätten sie Wurzeln in der Erde. Beuge ganz leicht die Knie und finde eine Haltung, in der du mühelos lange stehen kannst. Dein Rücken ist gerade, der Kopf ist leicht und du siehst nach vorne.

Stell dir vor, in deinem Kopf ist ein großer Bildschirm, auf dem du dein eigenes Leben sehen kannst … Wie in einem Film siehst du dich und deine Aktivitäten … Du kannst selbst entscheiden, was in deinem Lebensfilm passiert. Vielleicht siehst du genau, worauf du dich freust in der nächsten Zeit? Lass dir Zeit und geh in Gedanken in deine Vorstellung … Jetzt schalte auf einen anderen Kanal um, der zeigt dir, was du früher gerne gemacht hast … Du siehst dich mit deinen Freunden, das Weihnachtsfest voriges Jahr … (setzen Sie hier ein, was für Ihr Kind passt).

Dann siehst du dich vor deinem PC sitzen …. und schaltest ihn jetzt aus. Ping. Aus. Einfach so. Es geht ganz leicht, du kannst dir dabei zusehen. Du weißt: Die echten Abenteuer sind in deinem eigenen Kopf und im echten Leben, das vor dir liegt. Ist das nicht toll?

Stell dir nun vor, ein magischer, starker, schillernder Faden in deiner Lieblingsfarbe verbindet den Mittelpunkt der Erde unter dir mit der Sonne über dir. Und dieser Faden geht genau durch dich hindurch, hält dich und stärkt dich bei allem, was du tust … Hebe jetzt dein Kinn ein bisschen an und drücke die Brust ein wenig nach vorn … Du kannst mühelos lange so stehen bleiben, denn dein magischer Faden hält dich und erinnert dich an deine Abenteuer im Kopf.

Atme tief und hörbar ein und langsam wieder aus … Ich mache natürlich mit: Mit jedem Atemzug werden wir noch ein bisschen größer. Spüre in dich hinein. Stell dir deinen Zauberfaden vor, wie er dich hält und mit der echten Welt verbindet.

Nimm noch einen tiefen Atemzug und genieße ein paar Augenblick in Ruhe und Stille, wie fest du auf dem Boden stehst … Du weißt: Die echten Abenteuer sind in deinem eigenen Kopf.

》 Wie fühlst du dich jetzt? Bemerkst du eine Änderung? Wo im Körper fühlst du dich anders? Wann, denkst du, ist es nötig, den Bildschirm abzuschalten? Wann möchtest du das das erste Mal mit Leichtigkeit machen?

Stärkerezept

Zauberspruch 3x oder öfter sagen und dabei klopfen:

1. Ich mach mir meine echte Welt, so wie sie mir gefällt!

oder 2. Ich hab die Kraft, die das Ausschalten schafft!

oder 3. Heute bleibt die Glotze aus und ich geh raus!

Kraftpunkt:

Klopfe den Tarzanpunkt in der Mitte der Brust. Während des Klopfens und Zaubersprechens können wir gemeinsam auf und ab gehen. Bewegung tut gut nach dem Stehen.

Service

Bücher zum Weiterlesen

Becker-Oberender, C.: **Klopfaku-pressur mit Kindern, Jugendlichen und Familien.** VAK, Freiburg 2008.

Dehner-Rau, C, Reddemann, L.: **Gefühle besser verstehen.** Trias, Stuttgart 2011.

Dreikurs, R., Gould, S., Corsini, Raymond J.: **Familienrat: Der Weg zu einem glücklicheren Zusam-menleben von Eltern und Kindern.** Klett-Cotta, Stuttgart 2005.

Gallo, F.: **Handbuch der energe-tischen Psychotherapie.** VAK, Freiburg 2002.

Gallo, F., Vincenzi, H.: **Gelöst – entlastet – befreit: Klopfakupres-sur bei emotionalem Stress.** VAK, Freiburg 2004.

Hüther, G., Hauser, U.: **Jedes Kind ist hochbegabt.** Die angeborenen Talente unserer Kinder und was wir aus ihnen machen. Albert Knaus, München 2012.

Juul, J.: **Aus Erziehung wird Beziehung.** Authentische Eltern – kompetente Kinder. Herder, Freiburg 2005.

Lohaus, A., Domsch, H., Fridrici, M.: **Stressbewältigung für Kinder und Jugendliche.** Springer, Heidelberg 2007.

Maaß, E., Fraumann, M., Groth, S., Schrade, F.: **Von Ärgermäusen und Zauberjacken.** Die NLP-Schatz-kiste mit Kindern. VAK, Freiburg 2004.

Omer, H., von Schlippe, A.: **Autorität ohne Gewalt.** Elterliche Präsenz als systemisches Kon-zept. Vandenhoeck & Ruprecht, Göttingen 2002.

Omer, H., Lebowitz, E.: **Ängstliche Kinder unterstützen.** Die elterliche Ankerfunktion. Vandenhoeck & Ruprecht, Göttingen 2012.

Spitzer, M.: **Digitale Demenz.** Droemer, München 2012.

Vogt-Hillmann, M., Burr, M. (Hrsg.): **Lösungen im Jugendstil.** Systemisch-lösungsorientierte Kinder- und Jugendlichentherapie. Borgmann, Dortmund 2005.

Wilk, D.: **Die Ruhe im Wasserglas.** Entspannungs- und Trancege-schichten, die Seele und Körper harmonisieren. Carl Auer, Heidel-berg 2013.

Weiterführende Links

www.eft-info.com/eft-lernen/

www.gerald-huether.de

www.lerntipp.at

www.schule-sorglos.de/eltern

www.zeitzuleben.de/2282-lachen-tut-so-gut/

Register

SERVICE

Liebe Leserin, lieber Leser,

hat Ihnen dieses Buch weitergeholfen? Für Anregungen, Kritik, aber auch für Lob sind wir offen. So können wir in Zukunft noch besser auf Ihre Wünsche eingehen. Schreiben Sie uns, denn Ihre Meinung zählt!

Ihr TRIAS Verlag
E-Mail Leserservice: Kundenservice@trias-verlag.de
Lektorat TRIAS Verlag, Postfach 30 05 04, 70445 Stuttgart, Fax: 0711-8931-748

**Bibliografische Information
der Deutschen Nationalbibliothek**
Die Deutsche Nationalbibliothek verzeichnet diese Publikation in der Deutschen Nationalbibliografie; detaillierte bibliografische Daten sind im Internet über http://dnb.d-nb.de abrufbar.

Programmplanung: Katja Widmann
Redaktion: Ursula Brunn-Steiner

Umschlaggestaltung und Layout: CYCLUS Visuelle Kommunikation, Stuttgart

Bildnachweis:
Umschlaggrafik vorn: Andrea Koopmann, Bönningstedt
Zeichnungen im Innenteil: Andrea Koopmann, Bönningstedt

2. Auflage 2018

© 2018 TRIAS Verlag in Georg Thieme Verlag KG, Rüdigerstraße 14, 70469 Stuttgart
© 1. Auflage 2014 TRIAS Verlag in MVS Medizinverlage Stuttgart GmbH & Co. KG, Oswald-Hesse-Straße 50, 70469 Stuttgart

Printed in Germany

Satz und Repro: Fotosatz Buck, Kumhausen
Druck: Westermann Druck Zwickau GmbH, Zwickau

Gedruckt auf chlorfrei gebleichtem Papier

ISBN 978-3-432-10741-7   1 2 3 4 5 6

Auch erhältlich als E-Book:
eISBN (ePub) 978-3-432-10742-4

Besuchen Sie uns auf facebook!
**www.facebook.com/
trias.tut.mir.gut**

Lassen Sie sich inspirieren!
**www.pinterest.com/
triasverlag**